LOS MISTERIOS DE LA VIDA

DE LA
VIDA

INTRODUCCIÓN A LAS ENSEÑANZAS DE OSHO

Osho

ARKANO BOOKS

Primera edición: marzo 1997
Sexta edición: noviembre 2003

Título original: *Life's Mysteries*

Traducción: Swami Samarpán Vicente y Swami Deva Fernando

Diseño de portada: Arnoud Smits

© Osho International Foundation, 1995
Publicado originalmente por Penguin Books India (P) Ltd. 1995

De la presente edición española:
© Arkano Books, 1996
   Alquimia, 6 - Polígono «Los Rosales»
   28933 Móstoles (Madrid) - España
   Tel.: (91) 614 53 46 - Fax: (91) 618 40 12
   e-mail: editorial@alfaomega.es - www.alfaomega.es

Depósito Legal: M. 43.102-2003
I.S.B.N.: 84-920921-4-9
Impreso en España por: Artes Gráficas COFÁS, S.A.

ÍNDICE

PRÓLOGO

Me encontré con Rajneesh solamente una vez; ocurrió al principio de los setenta cuando vivía en «Woodlands», cerca de la esquina de Kemp, en Bombay. Yo había leído algo acerca de él en los periódicos y me había cruzado un par de veces con discípulos suyos, que vestían túnicas color azafrán y llevaban un medallón con su foto colgado al cuello. Todavía se le conocía como Acharya (profesor); los honoríficos Bhagwan (Dios) y Osho vinieron algunos años más tarde. Yo no tenía un gran deseo de conocer a Rajneesh pero sus admiradores me persuadieron de que él era diferente a los otros maestros espirituales y que podría encontrar respuestas a preguntas que me preocuparan. En esta búsqueda yo había visitado muchos ashrams y oído discursos de gurus y hombres de Dios. No decían nada nuevo. La mayoría de sus sermones eran variaciones sobre el tema de que Dios habita en el interior de cada ser humano y si la gente mirara hacia dentro encontraría la Iluminación, la Verdad y la Realidad. No era más que echar vino nuevo en las mismas botellas. Lo que encontraba más interesante que las enseñanzas de estos hombres de Dios era estudiar el impacto que tenían sobre sus seguidores. ¿Por qué acudían cientos y miles desde todas las partes del mundo a escuchar sus discursos y vivir en la austeridad prescrita por las reglas de sus ashrams? ¿Y qué era lo que ellos encontraban y yo no? Así que sin ningún problema en particular fui a ver a Rajneesh, más por curiosidad que por aprender algo. Me dieron una cita y me advirtieron que no me pusiera ningún perfume o colonia (nunca lo hago) y que no usara ningún jabón perfumado en mi aseo de aquella mañana.

Llegue a Woodlands a la hora de la cita y me introdujeron en una amplia habitación repleta de libros. Me dijeron que tenía que esperar unos minutos al Acharya. Así que mientras tanto eché un vistazo a las estanterías. La mayoría de la colección era en inglés;

y algunos en sánscrito e hindú. Me quedé asombrado ante el alcance de sus temas: desde religión, teología, filosofía, historia, literatura, biografías y autobiografías hasta libros de humor y crimen. Se me ocurrió que no había visto libros en los otros ashrams que había visitado. Algunos tenían bibliotecas para el uso de los discípulos, pero la mayoría consistían en libros de temas religiosos o tratados que resumían los sermones de sus gurus. Otros gurus leían muy poco más allá de las escrituras hindúes, los *Vedas*, los *Upanishads* y las lecturas épicas, y raramente se molestaban en leer libros sobre el zoroastrismo, el judaísmo, la Cristiandad o el Islam. Rajneesh sí. Consecuentemente, mientras los demás contaban solamente con sus religiones o con lo que vagamente habían aprendido de segunda mano, Rajneesh había estudiado en sus fuentes originales y desarrollado una visión propia. Jain Mahavira y Buda conocían el hinduismo pero nada más. No estoy seguro de lo que Zaratustra sabía cuando elevó la llama a un símbolo de pureza. Conocemos mejor el terreno sobre el cual los profetas judíos construyeron el edificio de la fe hebrea; conocemos lo que la Cristiandad y después el Islam tomaron de las enseñanzas de los profetas del Antiguo Testamento. El Islam se enorgullece de que su fundador, el profeta Mahoma, fuera totalmente iletrado. La teología de la última de las grandes religiones de India, el sikhismo, está mayormente basada en el vedanta; ninguno de los primeros maestros ostentan ninguna erudición. Rajneesh quizá haya sido el primero de los grandes maestros que ha examinado cuidadosamente los principios de otras fes: podríamos afirmar sin miedo a equivocarnos que es el único que ha estudiado a fondo todas las demás religiones. Este hecho en sí mismo le da la autoridad suficiente para que se le escuche con respeto.

Entró Rajneesh. Un indio de estatura media; un hombre que rondaba los cuarenta, de complexión frágil y delicada. Tenía una fina y suelta ondeante barba encaneciendo en sus bordes, un gorro de lana y una túnica color azafrán que le llegaba a los tobillos. Lo que más me impresionó fueron sus ojos: grandes, magnéticos. Me saludó con una sonrisa radiante al tiempo que juntaba sus manos dándome la bienvenida: «Namaskar».*

---

* Expresión de salutación *(N. de los T.)*

Nos sentamos; y enseguida en un tono amable y con acento marcadamente indio me preguntó: «¿Qué puedo hacer por usted?».

«No mucho —le respondí— no tengo ningún problema.»

«¿Entonces para qué ha venido a verme? Está desperdiciando su tiempo. Y el mío.»

No era un buen comienzo para un diálogo. «Tengo curiosidad. Quisiera saber por qué tanta gente viene a verle. ¿Qué obtienen de usted?» —dejé caer.

«Tienen problemas —contestó—. Y trato de resolverlos de la mejor manera que puedo. Si usted no los tiene, entonces no hay nada que yo pueda hacer por usted.»

Rápidamente pensé en algún problema. «Bueno, yo soy agnóstico, no creo en la existencia de Dios. Sin embargo soy incapaz de llegar a un acuerdo con el fenómeno de la muerte. Sé que es inevitable pero no puedo aceptar la idea de la reencarnación ni del Día del Juicio Final. Para mí la muerte es un punto final. Y aún así le tengo miedo, me da miedo morir. ¿Cómo podría vencer este miedo que siempre está presente en algún rincón de mi mente?

Esperó un momento antes de responder. «Tienes razón, no hay forma de escaparse de la muerte ni de saber cuándo llegará. Continúa recordándote a ti mismo este hecho y expónte ante la muerte y ante los que mueren; tu temor disminuirá. No es algo tan horrible. Más allá de esto no hay nada que puedas hacer.»

Todo lo que me dijo tenía mucho sentido para mí pues es lo que yo había estado haciendo durante algunos años: visitar los crematorios y los cementerios, sentarme junto a los cuerpos de amigos y familiares que habían muerto. Por un tiempo eso me ayudó a sobrellevar el horror a la muerte, pero de nuevo volvía. En el momento en que conocí a Rajneesh no sabía que él se subscribía a la teoría de nacimiento, muerte y renacimiento. Si lo hubiera sabido le hubiera hecho más preguntas. Y aunque no muy impactado por su respuesta a mi pregunta, salí con la impresión de que había estado con un hombre que no me había embaucado con la jerga que solían usar los gurus, swamis, acharyas y mullahs. Podía entenderle. Estábamos en el mismo nivel.

Traté de saber más acerca de él y de su mensaje. Yo tenía la suerte de ser amigo de una joven y atractiva chica italiana, Gracia Marciano, ferviente discípula suya. Tendría alrededor de veinte años, ojos grises y pelo cobrizo, recogido en un pañuelo de color azafrán, y vestía una camisa y un pareo del mismo color. También llevaba el medallón con la foto de Rajneesh al cuello. Cada vez que venía a verme a mi oficina, traía algún libro sobre aquel y sus enseñanzas; ella incrementó mi interés por él. Sobre Gracia hablaré más adelante. Antes, algo sobre la vida de Rajneesh.

Rajneesh fue el mayor de once hijos de un negociante de tejidos. Nació en una pequeña aldea, Kuchwada, en el distrito de Madhya Pradesh, el 11 de diciembre de 1931. Su primer nombre fue Chandra Mohan. Su familia era jainista así que su nombre completo era Chandra Mohan Jain. Pasó los años de infancia lejos de sus padres; vivía con su Naana y Naani (los abuelos maternos). Era un niño precoz, brillante en los estudios pero siempre dispuesto a hacer cualquier travesura: sus profesores, hartos de sus diabluras le llevaban constantemente ante el director. Era también muy aficionado a discutir y estaba dispuesto a todo por la verdad. La enfermedad y muerte de su abuelo fue una experiencia traumática en su infancia: al no haber médicos en su aldea, le tuvieron que llevar en una carreta de bueyes al pueblo más cercano donde había un hospital y el anciano murió en el camino. El incidente dejó una profunda huella en la mente de Rajneesh, quien a menudo habla de este hecho.

En 1953 Rajneesh se licenció en filosofía en la Universidad de Jabalpur, obteniendo las mejores calificaciones. La lectura extensiva de todas las religiones y las horas pasadas en contemplación le convencieron de que había logrado la experiencia mística suprema; había alcanzando la iluminación. Fijó una fecha precisa para este evento; el 21 de marzo de 1953. Tenía entonces solamente 21 años.

En 1958 fue nombrado profesor de filosofía de la universidad de Jabalpur. Combinó la enseñanza con los discursos dados en diferentes ciudades de la India. Atraía enormes audiencias porque lo que decía era nuevo para la gente. Tenía una voz hipnótica y enlazaba sus iconoclásticos sermones con parábolas para ilustrar sus diferentes aspectos y mucho humor, demoliendo con una lógica irrefutable las creencias sagradas mantenidas durante siglos. Miles de hombres y mujeres, principalmente los cultos, se convirtieron a su forma de pensar. En 1974 creo su primera comuna, en Puna. Por aquel entonces su fama como maestro se había extendido por todas partes y los extranjeros llegaban en tropel para oírle, probar los sistemas de meditación que él había desarrollado y convertirse en sus discípulos. Se les daban nuevos nombres, vestían ropa de color naranja y llevaban alrededor del cuello un medallón con su fotografía. Los hindúes ortodoxos se alarmaron ante su éxito. Aparecieron fotos en revistas indias y extranjeras con fotos de sus discípulos danzando en estado de éxtasis o desnudos, y empezaron a correr rumores de extrañas orgías sexuales. Se le describía como el guru del sexo. El entonces primer ministro, Morarji Desai, un hombre de muy estrechas miras y sin mucha sabiduría ni visión, dijo muchas cosas duras sobre él. Rajneesh le respondió con el desdén que se merecía; tenía una opinión muy baja de los políticos así como de todos los santones que hay por todo el país con sus enormes audiencias de simplones seguidores. De acharya (profesor), Rajneesh se convirtió en Bhagwan (Dios) para sus adeptos. Más tarde, decidió dejar la India y tratar de expandir su mensaje en regiones más hospitalarias.

En 1981, sus discípulos americanos adquirieron un rancho de 25.000 hectáreas en Oregón, donde fundaron una comuna denominada Rajneeshpuram. Mientras miles de sus seguidores acudían de las partes más remotas del planeta para asistir al festival anual, las Iglesias americanas unieron su ortodoxia ante el reto a sus creencias tradicionales de este Mesías de Oriente. Se levantaron acusaciones contra la comuna por uso de drogas, promiscuidad sexual y crimen. Ninguna de ellas fue estimada o llevada a juicio pero produjo suficiente material para escritores de ficción como John Updike que basó su novela S en la comuna.

El Gobierno Federal de los Estados Unidos siempre ha considerado sospechosas las comunas religiosas. Y Rajneeshpuram llegó a ser la mayor y más próspera de ellas, atrayendo seguidores entre la gente rica y famosa que obsequiaban a su Bhagwan con regalos: además de varios modelos de Mercedes Benz, había una flota de casi cien Rolls Royce. «¿Por qué no uno para cada día del año?», respondía burlonamente Rajneesh a aquellos que criticaban su estilo de vida. Sus seguidores llevaban pegatinas en los coches con la leyenda: «Jesús ahorra, Moises invierte, Bhagwan gasta». Rajneeshpuram tenía sus propios teatros, restaurantes, salones de belleza, escuelas y piscinas: era un pueblo modelo, vigilado de cerca por la Iglesia y el Gobierno.

Rajneesh decía: «Una comuna debe vivir de forma que se vaya haciendo más y más rica, que no superproduzca gente... la superproducción crea mendigos, crea huérfanos, y una vez que hay huérfanos hay más *Madres Teresas*. Mi ashram es absolutamente diferente (a los ashrams indios) porque la gente aquí baila, canta, se toma de la mano, se abraza, se quiere, goza. Este no es el concepto oriental de un ashram, que tiene que ser un lugar absolutamente triste, más como un cementerio que como un jardín».

En 1985 el Gobierno americano decidió atacar. Rajneesh fue acusado de treinta y cinco cargos de representación fraudulenta para incumplir las leyes de inmigración. Tras permanecer arrestado y retenido en prisión durante diecisiete días, fue deportado.

Rajneesh volvió a la India sin seguridad alguna acerca de dónde podría crear un nuevo centro. En febrero de 1986 se embarcó en una gira alrededor del mundo esperando encontrar un nuevo refugio. Se le rechazó la visa de entrada en veintiún países. Volvió a Bombay en julio de ese mismo año, y en enero de 1987 retomó su ashram en Puna, ahora conocido como Osho Comune International.

Yo visité el centro de Osho de Puna, en Koregaon Park. Osho Rajneesh estaba en un delicado estado de salud y se le había aconsejado no recibir visitas. Pasé un par de horas visitando la comuna. En la gran sala de meditación resonaba la música; había una banda de cuatro músicos tocando, mientras algunos sannyasins bailaban y otros estaban tranquilamente sentados en silencio cogidos de las manos o en profunda meditación. Cada uno iba a lo suyo. Entre los laberínticos senderos que atravesaban una profunda vegetación había una cascada, un estanque con cisnes, estudios, una gran biblioteca, diferentes salas de actividades, habitaciones residenciales, un centro comercial, librería, y oficinas. Toda la comuna había sido construida por los discípulos, entre los que se hallaban arquitectos, ingenieros, carpinteros, electricistas, fontaneros; cada uno contribuía lo mejor que podía. Nada había sido construido por constructores o mano de obra contratada. Lo que más me sorprendía era la sonrisa que encontraba al cruzarme con ellos. Un espíritu de libertad y armonía impregnaba la comuna. Era distinto a las docenas de ashrams que había visitado en las diferentes partes del país, donde nadie sonreía y todo el mundo parecía que estaba estreñido por las desdichas del mundo, al considerar que una buena risa era una blasfemia. Me pregunto si esto se debía a su liberación de las inhibiciones sexuales acerca de las que tanto se ha dicho y escrito. Permitidme que vuelva años atrás, a mi encuentro con la joven italiana Gracia Marciano, quien me introdujo a las enseñanzas de Rajneesh.

Gracia había venido a verme de vez en cuando y siempre me traía algo de literatura acerca de Rajneesh. Yo leía todo lo que me traía, sobre todo para mantener la conversación en nuestro próximo encuentro. Ella no hablaba de otra cosa; obviamente trataba de acercarme a él. Un día en tono desenfadado le dije: «Gracia, ¿me quieres convertir en discípulo de Bhagwan? No tienes que hacerme leer todo esto. Mi precio es otro». No me preguntó cuál era el precio: mantuvo una mirada inocente en sus ojos. Esto volvió a ocurrir dos o tres veces y Gracia decidió que no la estaba tomando muy en serio, así que en un siguiente encuentro me confrontó abiertamente: «¿Te gusta mi cuerpo? ¿Te gustaría hacer el amor conmigo? Mi cuerpo no es nada, lo puedes tener cuando quieras. Yo vendré a ti». Esto desmoronó todo el enamoramiento ilícito que yo tenía dentro. Ella no tenía complejos acerca de eso, era yo el que los tenía; mi mente estaba estancada por deseos libidinosos. Al confrontarme tan directamente derribó la barrera que se levantaba entre nosotros y nos hicimos amigos. Algunos meses después cuando mi esposa y yo pasamos por Roma de camino a los lagos italianos, nos llevó a cenar. Algún tiempo después me volví a encontrar con ella en una conferencia en Los Ángeles; se había casado con un productor de televisión. Y ya no llevaba las ropas naranjas ni el medallón con la foto de Rajneesh al cuello.

Cuando volví a visitar la comuna de Puna, Rajneesh había dejado el honorífico nombre de Bhagwan y tomado el calificativo japonés *osho*. No es una palabra fácil de traducir: «o» significa amor, respeto y gratitud; «sho» quiere decir: expansión multidimensional de la consciencia y la existencia viniendo desde todas direcciones. Y finalmente dejó también el nombre de Rajneesh y aludía a él simplemente como Osho.

A mediados de 1988 sintió que había dicho todo lo que tenía que decir: comenzó a retirarse gradualmente de la vida pública y sus discursos se fueron espaciando. No gozaba de buena salud, sufría de diabetes y asma, y también tenía razones para creer que había sido deliberadamente envenenado en la cárcel: sus discípulos creen que le pusieron talio en la comida (es un veneno sin sabor que tarda mucho tiempo en destruir el cuerpo). A pesar de disponer de la mejor atención médica al respecto, Rajneesh nunca fue capaz de recuperar su salud. Dio su último discurso público en abril de 1989. Dos de sus discípulos cercanos, el canadiense Swami Jayesh y el doctor inglés Swami Amrito, le atendieron constantemente durante los últimos días de su vida. Swami Amrito proporcionó un vívido relato de su diálogo con Osho en los últimos momentos antes de su muerte. Amrito le tomó el pulso y le indicó que su fin estaba cerca; Osho simplemente asintió con la cabeza indicando que lo sabía. Amrito le preguntó si debería pedir un cardiólogo para reanimarle el corazón, a lo que Osho contestó: «No, simplemente dejadme marchar. La existencia decide el momento».

Osho dio instrucciones acerca de qué hacer con su habitación y sus pertenencias: «Poned una moqueta como la del baño en toda la habitación». Y señalando a su estéreo, dijo: «¡A Nirupa le gustará!». Nirupa había limpiado su habitación durante muchos años. «Aquellos, ¡sacadlos! —continuó apuntando a los humidificadores (son muy ruidosos)—, pero aseguraos de que el aire acondicionado esté siempre puesto.» Se le preguntó acerca de su Samadhi, y respondió que después de su muerte su cuerpo debería ser llevado a la sala de meditación. «Luego llevadlo a los crematorios; ponedme el gorro y los calcetines antes de sacar mi cuerpo.»

Unas semanas antes de su muerte alguien le preguntó qué ocurriría con su trabajo después de haberse ido. Osho contestó: «Mi confianza en la existencia es absoluta. Si hay algo de verdad en lo que digo, sobrevivirá...; la gente que siga interesada en mi trabajo simplemente llevará la antorcha, pero sin imponer nada a nadie.

»Yo seguiré siendo fuente de inspiración para mi gente. Y eso es lo que la mayoría de los sannyasins sentirán. Quiero que crezcan por si solos; cualidades como el amor, alrededor del cual no puede crearse ninguna Iglesia; como la consciencia, la cual no es monopolio de nadie, al igual que la celebración, regocijándose y manteniendo unos ojos claros e inocentes, como los de un niño...»

Según parece, justo antes de morir, a las cinco de la tarde del 19 de enero de 1991, Osho dijo: «Os dejo mi sueño».

Había prohibido el luto y la lamentación. Esa tarde su féretro fue sacado del ashram entre una multitud de sus discípulos cantando y bailando durante todo el camino hasta la Tulsi Ram Gat. Su hermano Swami Vijay Bharti encendió la pira funeraria y su cenizas se llevaron de regreso al ashram al día siguiente.

Nueve meses antes de morir, Osho mismo dictó las palabras que deberían ser escritas en el lugar donde se depositaran sus cenizas.

Están inscritas en una placa de mármol:

OSHO

NUNCA NACIÓ - NUNCA MURIÓ

SÓLO VISITÓ ESTE

PLANETA TIERRA ENTRE

EL 11 DE DICIEMBRE DE 1931 Y EL 19 DE ENERO DE 1991

Cualquiera que sea el futuro de la comuna de Puna, no importa quién la administre, seguirá siendo un lugar de peregrinaje para millones de admiradores diseminados por todo el globo. Su sueño mantendrá a la gente en años venideros.

*

Sería tan ridículo tratar de resumir las enseñanzas de Osho en una introducción como tratar de meter las aguas del océano en una taza de té. Durante los treinta y cinco años en los que dio discursos diarios, respondiendo a cuestiones preguntadas por discípulos y visitantes, tocó una amplia y asombrosa gama de temas. Ellos han sido fielmente grabados y después transcritos en papel y publicados. Hay casi seiscientos volúmenes publicados de los discursos de Osho y miles de cintas asequibles en centros y librerías. Muchos de sus discursos fueron sobre textos sagrados de las diferentes religiones; otros trataban de respuestas en contestación a preguntas. Yo personalmente puedo garantizar su profundidad. Algunas mañanas en Kasauli escuché cintas acerca de las plegarias matinales de Guru Nanak, versos que yo había traducido al inglés; yo creía conocer todo lo que merecía la pena conocerse acerca de estas plegarias, hasta que escuché la voz de Rajneesh proponiendo que había significados esotéricos detrás de cada línea de los *Upanishads* y de los escritos de los santos Bhaktis: no había oído nada tan profundo ni siquiera procedente de los escritores del sikhismo.

Puede parecer extraño que Osho prefiriera responder preguntas mundanas expuestas por visitantes y discípulos, a exponer sus propios puntos de vista sobre otras religiones y sus fundadores. Nada era demasiado trivial para él: un joven abandonado por su novia quería saber qué podía hacer al respecto; un hombre y una mujer casados querían saber si las relaciones extramatrimoniales eran pecaminosas; algún otro preguntaba qué era el amor, y en qué se diferencia del capricho y la lujuria. Y cosas así. Esto es lo que Osho tenía que decir acerca de tales preguntas en su recopilación *The golden future*:

En lo que a mí respecta, las sesiones de preguntas y respuestas son más significativas porque están relacionadas con vosotros, están relacionadas con vuestro crecimiento. Ciertamente os movéis en la oscuridad, tratando de encontrar un camino. No podéis preguntar cuestiones de la altura de Zaratustra, o de Khalil Gibran; y tengo que responder a vuestra realidad.

¡Escuchar a Zaratustra y Khalil Gibran es un maravilloso entretenimiento: podéis conmoveros y llorar y puede que os sintáis estupendamente, pero es sólo aire! Seguís siendo los mismos; nada cambia en vosotros. A veces hablo sobre Buda, sobre Chuang Tzu, sobre Zaratustra, sólo para daros una visión de la altura que la gente ha alcanzado, simplemente para haceros conscientes de esas estrellas lejanas. No son tan lejanas como parecen; gente como vosotros ha llegado hasta ahí. Están a vuestro alcance.

Esta es la razón por la que he hablado sobre Zaratustra, Buda, Bodhidharma y otros: para crear un anhelo en vosotros. Pero

sólo el anhelo no es suficiente. Así que os tengo que dar el cami-
no; tengo que arreglar el desastre que sois, recoger vuestros frag-
mentos, que se han esparcido por todo el espacio... juntarlos
todos, y de alguna manera empujaros al camino.
Las series de preguntas y respuestas tienen que ver con voso-
tros, con vuestro crecimiento, vuestro progreso. Y los discursos
sobre Zaratustra o Khalil Gibran son el lugar donde deberíais
estar; pero todavía no estáis allí.

La primera cosa que hay que hacer es discernir vuestras prio-
ridades, qué tiene importancia y qué no la tiene, decía:

¿Habéis visto la piedra de toque sobre la que se valora el oro?
Dejad que esta sea vuestra piedra de toque para saber lo que es
importante: ¿se lo llevará la muerte?, entonces no es importante.
Entonces el dinero no lo es; útil, pero no importante, sin impor-
tancia. El poder, el prestigio, la responsabilidad; la muerte
vendrá y se lo llevará, ¿así que por qué armar tanto jaleo por los
pocos días que estás aquí? Esto es una caravana, pasamos la
noche, y por la mañana nos vamos.

Los discípulos de Osho se llaman así mismos sannyasins. Pero
a diferencia de otros que toman *sannyas* no se les pide que renun-
cien al mundo para vivir vidas solitarias en las cuevas de los
Himalayas o en junglas. Cuando se le preguntó si era verdad que
sus sannyasins lo celebraban todo, Osho respondió:

¡Has oído correctamente! Mis sannyasins lo celebran todo.
La celebración es la base de mi sannyas; no la renuncia sino el
regocijo; regocijarse en todas las bellezas, en todos los gozos, en
todo lo que la vida ofrece, porque toda esta vida es un regalo de
Dios.
Las viejas religiones os han enseñado a renunciar a la vida.
Son todas negativas; su actitud es totalmente pesimista. Están
todas en contra de la vida y sus placeres. Para mí, vida y Dios son
sinónimos; de hecho, vida es una palabra mucho mejor que Dios,
porque Dios es solamente un término filosófico, mientras que
vida es real, existencial. La palabra «Dios» existe solamente en

las escrituras; es una palabra, una mera palabra. La vida está
dentro y fuera de ti; en los árboles, en las nubes, en las estrellas.
Toda esta existencia es una danza de vida.
Yo enseño el amor a la vida.

¿Hay un Dios que controle nuestros destinos? Osho contesta:

La vida no tiene otro fin que sí misma, porque la vida es otra
forma de llamar a Dios. Todas las otras cosas de este mundo pue-
den tener un fin, pueden ser un medio para algún fin, pero al
menos una cosa tendrás que dejar como el fin de todo sin que sea
el medio para nada.
Puedes llamarlo existencia.
Puedes llamarlo Dios.
Puedes llamarlo vida.
Son diferentes nombres para una sola realidad.
Dios es el nombre dado a la vida por los teólogos, pero encie-
rra cierto peligro porque puede ser refutado; hay argumentos en
su contra. Casi la mitad de la Tierra no cree en ningún Dios. No
solamente los comunistas, sino los budistas, las jainistas y miles
de librepensadores son ateos. El nombre «Dios» no es muy ade-
cuado porque se lo ha puesto el hombre y no hay evidencia ni
prueba ni argumento que lo soporte. Es casi una palabra vacía.
Significa lo que tú quieras que signifique.
La palabra «existencia» es mucho mejor. Todos los grandes
pensadores de este siglo son existencialistas. Han abandonado
completamente la palabra «Dios». La existencia en sí misma es
suficiente para ellos.

Osho no tenía paciencia con los ascetas que se privaban a sí
mismos de todos los lujos e infligían dolor a sus cuerpos como
parte de su disciplina religiosa: «Yo considero religioso solamente al hombre que afirma la vida». Decía:

Un auténtico hombre de religión tendrá sentido del humor.
Este Universo es nuestro, este es nuestro hogar. No somos huér-
fanos. La Tierra es nuestra madre. El Cielo, nuestro padre. Todo
este vasto Universo nos pertenece y nosotros formamos parte de

él. De hecho no hay división entre nosotros y el todo. Estamos orgánicamente unidos a él, formamos parte de una orquesta. Sentir la música de la existencia es la única religión que yo puedo aceptar como auténtica, como válida... No hay un Dios en forma de persona. Dios está en todas partes: en los árboles, en los pájaros, en los animales, en la humanidad, en los sabios y en los ignorantes.

En respuesta a la pregunta de un joven que sentía que el amor por su novia acabaría una vez que mantuvieran relaciones sexuales, Osho respondió:

No estoy en contra del sexo, sino en favor de hacer de él un acto sagrado... El sexo se siente como una humillación... pero trae consigo algunos momentos de profunda pureza y también de gozo e inocencia. Trae momentos de eternidad, en los que de repente no existe el tiempo. También trae algunos momentos en los que el ego desaparece: en los profundos espasmos orgásmicos se olvida el ego. Te da algunos vislumbres de Dios, de ahí que tampoco haya que renunciar a él.

Osho en cambio no parece muy claro cuando condena la homosexualidad como producto de la religión, porque era practicada en los monasterios donde no se permitía la entrada a mujeres. Gays y lesbianas no son subproductos de los monasterios y los conventos: nacen así. Y no todos se convencerán ante su afirmación de que «el sexo tiene que convertirse en un gran arte meditativo. Esta es la contribución del tantra al mundo. Y esta es la mayor contribución posible, porque te da las llaves para transformar lo más bajo en lo más elevado. Te da las llaves para transformar el fango en flores de loto. Es una de las mayores ciencias que han existido». Y continuaba en ese tono.

Respondiendo a otra pregunta (¿Por qué es tan difícil relacionarse con los demás?), Osho enumera las razones:

Se necesita algo de comprensión. Y hay que darse cuenta de unas cuantas verdades básicas. La primera es que nadie ha nacido para otro. La segunda es que nadie está aquí para satisfacer tus ideales de cómo alguien debería ser. La tercera es que tú eres el maestro de tu propio amor, y puedes dar tanto como quieras; pero no puedes exigir el amor de la otra persona, porque nadie es esclavo de nadie. Si se pueden comprender estos simples hechos, no importa si estás casado o soltero, podéis estar juntos; permitiéndoos espacio el uno al otro, sin interferir nunca en la individualidad del otro.

De hecho, el matrimonio es una institución anticuada.

Y en primer lugar, vivir en una institución no es bueno. Todas las instituciones son destructivas. El matrimonio ha destruido casi toda posibilidad de felicidad en millones de personas; y todo por cosas que no valen para nada. Para empezar, el matrimonio, el propio ritual, es artificial.

Prosigue para ser más específico:

Y si te tomas el matrimonio más en serio, entonces mejor que seas libre: ¿por qué tendrías que casarte? Si amas a alguien, vive con esa persona; forma parte de tus derechos básicos. Puedes vivir con quien quieras, puedes amar a quien quieras.»

Opinando sobre el amor y la amistad, Osho dijo:

La amistad es la forma más elevada del amor. En el amor, siempre hay algo de lujuria, en la amistad toda posesividad desaparece. En la amistad no hay nada burdo; todo se vuelve absolutamente sutil.

«El amor es egoísta —afirma trazando sus orígenes desde la palabra sánscrita *lobha:* avaricia—. Nadie se eleva en el amor, todo el mundo cae. ¿Por qué te enamoras? Porque caes de la consciencia a la inconsciencia, de la inteligencia al instinto —Y continúa alabando la amistad— ˙La vida es un espejo, refleja tu rostro. Sé amistoso, y toda la vida te reflejará amistad. La gente sabe de sobra que hasta un perro te devuelve el buen trato que le des: se hace tu amigo. Y hay gente que ha llegado a saber que hasta un árbol se hace tu amigo si le ˙ratas con amistad.

»Trata de experimentar con la amistad. Prueba con un rosal y verás el milagro. Verás como ocurre, poco a poco; porque el hombre no se ha comportado amistosamente ᴄon los árboles, por eso se han vuelto muy temerosos.»

Osho tenía su propia terapia para la tensión:

Y te sorprenderá que al dirigirte a cualquier parte de tu cuerpo, esta te escucha, te obedece: ¡es tu cuerpo! Entra dentro de tu cuerpo con los ojos cerrados, desde los pies hasta la cabeza, buscando cualquier lugar donde haya tensión. Y entonces háblale a esa parte como se le habla a un amigo: deja que se cree un diálogo entre tú y tu cuerpo. Dile que se relaje, dile: «No tengas miedo, no hay nada que temer. Yo estoy aquí para cuidarte; relájate». Lentamente, poco a poco, aprenderás a hacerlo. Entonces el cuerpo se relajará.

Luego da otro paso más: dile a la mente que se relaje. Y si el cuerpo escucha, la mente también escucha; pero no se puede empezar por la mente, hay que empezar por el principio. No se puede empezar por el medio. Mucha gente empieza por la mente y fracasa; fracasa porque empieza por un lugar equivocado. Todo debe hacerse en el orden correcto.

Su opinión acerca de cómo transcender el propio ego:

Es una ficción, a veces desaparece. El mejor momento es al dormir sin sueños. Así que ten bien claro que el momento de dormir es de gran valor, no te lo pierdas por ninguna razón... La segunda gran fuente de la experiencia de la ausencia del ego es el sexo, el amor...; si puedes hacer el amor totalmente, el ego desaparecerá porque en el punto más alto, en el clímax del acto amoroso, eres pura energía. La mente no puede funcionar. Con tal gozo, con tal explosión de energía, la mente simplemente se para. Es tal el aumento de energía que la mente se siente perdida, y no sabe qué hacer. Es perfectamente capaz de funcionar en situaciones normales, pero cuando ocurre algo muy nuevo y vital, se para. Y el sexo es lo más vital.

Si puedes entrar profundamente en el acto amoroso, el ego desaparece. Esa es su belleza: ser otra fuente de un vislumbre de

Dios; como en el dormir profundo pero mucho más valioso, porque en el sueño profundo eres inconsciente. Al hacer el amor serás consciente; consciente pero sin mente.

Osho elevó el hacer el amor a una categoría sagrada: «Cuando hagas el amor, reza, medita, pon incienso, canta, baila. Tu habitación debería ser un templo, un lugar sagrado; y el acto amoroso no debe ser algo hecho con prisas. Entra en él profundamente, saboréalo con toda la lentitud y elegancia que puedas. Y te sorprenderás. Tú tienes la llave».

No hay duda de que Osho creía en la reencarnación. No explica en qué se basa para llegar a esa conclusión, pero a la vez que exalta la posición del loto como la mejor postura para la meditación, afirma que los monjes budistas preferían encontrarse con la muerte sentados de esa manera, bien despiertos. Y continúa: «Si estás despierto mientras estás muriendo, tendrás una clase de nacimiento totalmente diferente: nacerás consciente. El que muere consciente, nace consciente. El que muere inconsciente, nace inconsciente. El que muere consciente puede elegir el vientre adecuado para sí mismo: puede elegir, se lo ha ganado. El hombre que muere inconscientemente no tiene el derecho a elegir el nuevo vientre; le ocurre inconscientemente, accidentalmente».

Aún más difícil de comprender para el hombre corriente es el concepto de Osho acerca de la meditación. Dice: «Correr puede ser una meditación, hacer deporte, bailar, nadar, cualquier cosa puede ser una meditación. Mi definición de la meditación es: siempre que tu cuerpo, mente y alma funcionan al unísono, al mismo ritmo, es meditación, porque esto traerá consigo un cuarto elemento. Y si estás atento a lo que hagas, si lo haces como una meditación, no para participar en las Olimpiadas sino como una meditación, tendrá una belleza enorme».

Osho animaba a sus seguidores a decidir por sí mismos el curso correcto de la acción. Decía:

Haz lo que tu naturaleza te dicte, haz lo que tus cualidades intrínsecas anhelen hacer. No hagas caso a las escrituras, escucha a tu propio corazón; esa es la única escritura que yo receto. Sí, escucha muy atentamente, muy conscientemente, y nunca te equivocarás. Escuchando a tu propio corazón nunca te dividirás. Al escuchar a tu corazón empezarás a moverte en la dirección correcta, sin pensar siquiera qué es lo que está bien y qué es lo que está mal.

Otro enigma que puede ser difícil de entender es la ambivalente actitud de Osho hacia su propia patria. Él eligió abandonarla; y decidió (quizá con reservas) volver a ella. En respuesta a la pregunta «¿Por qué hay tanta violencia en la India?» dijo: «Es debido a las enseñanzas de la no violencia. Durante cinco mil años a la gente se le ha enseñado a no ser violenta, a aprender el truco de aparentar. Y lo único que ha ocurrido es que han reprimido su violencia. Están sentados sobre un volcán; y cualquier excusa, cualquier pequeña excusa desencadena la violencia. Y se esparce como el fuego».

En otro momento explica lo que él cree que es único acerca de la India:

La India no es solamente un lugar geográfico o histórico. No es sólo una nación, o un simple pedazo de tierra, es algo más: es una metáfora, poesía, algo invisible pero tangible que vibra en cierto campo energético que no hay en ningún otro país.

Durante casi diez mil años, miles de personas han alcanzado la suprema explosión de la consciencia. Su vibración todavía está viva, su impacto está en el aire; simplemente necesitas cierta percepción, cierta capacidad para recibir lo invisible que envuelve está extraña tierra.

«El misticismo es monopolio de la India —afirma—. Es profundamente pobre, y aún así, espiritualmente posee una rica herencia.» Osho toca un terreno histórico un tanto dudoso cuando mantiene que Jesús pasó diecisiete años de su vida en la India. Lo que Cristo dice, continúa, lo trajo de la India, mayormente de las enseñanzas de Gautama Buda. Según Osho, Cristo regresó a la India, después de haber sido descendido de la cruz sin que llegara a morir, donde vivió hasta la edad de ciento doce años y murió en Pahalgam, Cachemira, donde está enterrado. Ningún estudioso de la historia del cristianismo o de la historia hindú aceptaría esta tesis.

Osho no esperaba, ni siquiera quería, que sus discípulos tomaran cualquier cosa que dijera como un evangelio de la verdad. Quería que todo el mundo pensara por sí mismo, liberándose de las trabas de la religión convencional y de las ideas de moralidad. Así, libre, uno podría entregarse a propósitos creativos sin preocuparse por el poder, la fama o el dinero, viviendo en cambio un alegre abandono y risa.

Nueva Delhi
Kushwant Singh
Junio 1994

I

EL ARTE DE VIVIR

La vida es corta, la energía limitada, muy limitada. Y con esta energía limitada tenemos que encontrar lo ilimitado; en esta corta vida tenemos que encontrar lo eterno. ¡Una gran tarea, un gran reto! Así que, por favor, no te preocupes por cosas sin importancia.

¿Qué es importante y qué no lo es? Según la definición de todos los Budas, lo que la muerte se puede llevar no es importante y lo que no se puede llevar lo es. Recuerda esta definición, que sea tu piedra de toque. Puedes valorar instantáneamente cualquier cosa con ella.

¿Has visto la piedra de toque con la que se prueba el oro? Que esta sea la piedra de toque para discenir lo que es importante: ¿te lo va a quitar la muerte?, entonces no es importante. El dinero no es importante; es útil, pero no importante. El poder, el prestigio, la respetabilidad; la muerte se lo llevará todo, así que ¿por qué armar tanto alboroto por ello los pocos días que estás aquí? Esto es una caravana, un parada nocturna; por la mañana nos vamos.

Recuerda, sólo lo que te puedas llevar al dejar el cuerpo es importante. Eso significa que, excepto la meditación, nada es importante; excepto la consciencia, nada es importante, porque la consciencia es lo único que la muerte no se puede llevar. Todo lo demás se lo puede llevar porque todo lo demás viene de afuera. Sólo la consciencia mana desde dentro: no se te puede quitar. Tampoco las sombras de la consciencia: la compasión y el amor, se te pueden quitar; son partes intrínsecas de la consciencia.

Te llevarás contigo sólo la consciencia que hayas alcanzado; y esa es tu verdadera riqueza.

The book of wisdom. Discurso 21

He oído que tus sannyasins lo celebran todo...

¡Has oído correctamente! Mis sannyasins lo celebran todo. La celebración es la base de mi sannyas; no la renuncia sino el regocijo; disfrutar de todas las bellezas, las alegrías, de todo lo que la vida ofrece, porque la vida entera es un regalo de Dios. Las viejas religiones te han enseñado a renunciar a la vida. Todas ellas son negativas respecto a la vida; todo su enfoque es pesimista. Están todas en contra de la vida y sus gozos. Para mí, vida y Dios son sinónimos. De hecho, vida es una palabra mucho mejor que Dios, porque Dios es sólo un término filosófico mientras que «vida» define algo real, existencial. La palabra «Dios» existe sólo en las escrituras; es una palabra, una mera palabra. La vida está dentro y fuera de ti: en los árboles, en las nubes, en las estrellas. La existencia entera es una danza de vida.

Yo enseño amor a la vida.

Yo enseño el arte de vivir la vida plenamente, de emborracharse con lo divino a través de la vida. No soy un escapista. Todas tus religiones te han enseñado a escapar; en cierto sentido eran todas «hip»*. Hay que entender la palabra «hippie». Simplemente significa: uno que escapa de la batalla de la vida; alguien que da la espalda. ¡Todas vuestras viejas religiones son «hippies»! Dan la espalda. No pudieron aceptar el reto de la vida, no pudieron confrontar, encarar la vida. Fueron cobardes; escaparon a las montañas, a los monasterios.

Pero aunque te escapes a las montañas y a los monasterios, ¿cómo podrías dejarte atrás a ti mismo? Eres parte de la vida. ¡La vida late en tu sangre, la vida respira en ti, la vida es tu mismísimo ser! ¿Dónde podrías escapar? Todos esos esfuerzos por escapar, examinados correctamente, son suicidas. Vuestros monjes, vuestras monjas, vuestros mahatmas, vuestros mal llamados santos, han sido todos gente suicida; han intentando suicidarse gradualmente. No sólo han sido suicidas, también han sido cobardes; porque ni siquiera podían suicidarse de golpe. Se estaban suicidando gradualmente, a plazos; iban muriendo poco a poco. Y hemos respetado a esa gente enferma, esa gente desintegrada, esa

---

* La palabra *hip* significa literalmente cadera. *(N. de los T.)*

gente insensata. Estaban en contra de Dios porque estaban en contra de la vida.

Yo estoy tremendamente enamorado de la vida, por eso enseño a celebrar. Todo tiene que ser celebrado, todo tiene que ser vivido, amado. Para mí no existe la diferencia entre lo mundano y lo sagrado. Para mí todo es sagrado, desde el peldaño más bajo al más alto de la escalera. La misma escalera: desde el cuerpo hasta el alma, desde lo material hasta lo espiritual, desde el sexo hasta el samadhi: ¡todo es divino!

Uno de mis antiguos sannyasins le dijo a un actor que estaba haciendo Hamlet que una vez él había interpretado ese papel.

«¿Como fue tu interpretación? —preguntó el actor—. ¿Hizo Hamlet el amor con Ophelia realmente?»

«No sé si Hamlet lo hizo —replicó el sannyasin—, pero yo sí que lo hice.»

La celebración tiene que ser total, sólo entonces puedes ser multidimensionalmente rico. Y ser multidimensionalmente rico es lo único que podemos ofrecerle a Dios.

Si hay un Dios, y algún día tienes que encararle, sólo te hará una pregunta: «¿Has vivido tu vida plenamente o no?»; porque esta oportunidad se te ha dado para vivirla, no para renunciar a ella.

Mis sannyasins también celebran la muerte, porque para mí la muerte no es el final de la vida sino su crescendo, su clímax. Es la culminación de la vida. Si has vivido la vida correctamente, si has vivido momento a momento plenamente, si le has exprimido todo su jugo a la vida, tu muerte será el orgasmo supremo.

Come, come, yet again come. Discurso 2

¿Cuál es el objetivo de la vida?

La vida no tiene otro objetivo que ella misma porque no es más que otro nombre para Dios mismo. Todas las demás cosas de este mundo pueden tener un objetivo, pueden ser un medio para un fin, pero por lo menos una cosa tienes que dejar como el fin de todas y el medio de ninguna.

Lo puedes llamar existencia.
Lo puedes llamar Dios.
Lo puedes llamar vida.
Son nombres diferentes para una sola realidad.

Dios es el nombre dado a la vida por los teólogos pero tiene un peligro en sí porque puede ser refutado; puede ser rebatido. Casi la mitad de la Tierra no cree en ningún Dios. No sólo los comunistas, los budistas, los jainistas y miles de librepensadores son ateos. El nombre «Dios» no es muy defendible porque se lo ha dado el hombre y no hay evidencia, prueba o argumento sobre él. Se queda más o menos como una palabra vacía. Significa lo que quieras que signifique.

«Existencia» es mejor. Todos los grandes pensadores de este siglo son existencialistas. Han abandonado completamente la palabra «Dios». La existencia en sí es suficiente para ellos.

Pero para mí, tal como «Dios» es un extremo, «existencia» es otro, porque la palabra «existencia» no indica que pueda estar viva; puede estar muerta. No indica que sea consciente; puede no tener consciencia alguna.

Por eso, mi elección es «vida». La vida contiene todo lo que se necesita; además, no necesita pruebas. Tú eres vida. Tú eres la prueba. Tú eres el argumento. No puedes negar la vida; por eso en toda la historia del hombre, no ha habido un simple pensador que haya negado la vida.

Millones han negado a Dios, ¿pero cómo puedes negar la vida? Late en tu corazón, está en tu aliento, se muestra en tus ojos. Se expresa en tu amor. Se celebra de mil y una formas: en los árboles, en los pájaros, en las montañas, en los ríos.

La vida es el objetivo de todas las cosas. Por eso, la vida no puede tener otro objetivo que ella misma. En otras palabras: el objetivo de la vida es intrínseco. Dentro de ella misma están el crecimiento, la expansión, la celebración, la danza, el amor, el gozo; todos estos son aspectos de la vida.

Pero hasta ahora, ninguna religión ha aceptado la vida como el objetivo de nuestros esfuerzos, de todo nuestro afán. Por el contrario, las religiones han estado negando la vida y sosteniendo un hipotético Dios. Pero la vida es tan real que todas las religiones durante miles de años no han sido capaces de hacerle mella, a pesar de que todas ellas han sido antivida. Su Dios no era el mismísimo centro de la vida; a su Dios se le encontraba sólo renunciando a la vida. Ha sido una gran calamidad por la que ha pasado la humanidad: la misma idea de renunciar a la vida significa respetar a la muerte.

Todas vuestras religiones veneran la muerte. No es casualidad que sólo veneréis a los santos muertos. Cuando están vivos, los crucificáis. Cuando están vivos, los lapidáis a muerte. Cuando están vivos, los envenenáis y cuando están muertos, los veneráis; un cambio repentino. Vuestra actitud cambia totalmente.

Nadie ha profundizado en la psicología de este cambio. Merece la pena contemplarla: ¿por qué se venera a los santos muertos y se condena a los vivos? Porque los santos muertos cumplen todas las condiciones para ser religiosos: no se ríen, no gozan, no aman, no danzan, no tienen ninguna relación con la existencia. Realmente han renunciado a la vida en su totalidad: no respiran, su corazón ya no late. ¡Ahora son perfectamente religiosos!; no pueden pecar. Una cosa es segura: puedes depender de ellos, puedes fiarte de ellos.

Un santo en vida no es de fiar. Mañana puede cambiar de opinión. Hay santos que se han vuelto pecadores y pecadores que se han vuelto santos; así que hasta que no han muerto no se puede decir nada de ellos con absoluta seguridad. Esa es una de las razones básicas, en vuestros templos, iglesias, mezquitas, gurudwaras, sinagogas: ¿a quién veneráis? Y no veis la estupidez de todo esto, que lo vivo venera a lo muerto. El presente venera al pasado. A la vida se la obliga a venerar a la muerte. Es por esas religiones antivida que una y otra vez a través de los siglos surge esta pregunta: ¿cuál es el objetivo de la vida?

De acuerdo a vuestras religiones, el objetivo es renunciar a ella, destruirla, torturarte a ti mismo en nombre de algún mitológico e hipotético Dios.

Los animales no tienen religión alguna, excepto la vida. Excepto el hombre, toda la existencia confía en la vida; no hay otro Dios ni otro templo. No hay escrituras sagradas.

En resumen: la vida lo es todo en sí misma.

Es Dios, es el templo y es la sagrada escritura; y vivir la vida plenamente, con todo el corazón, es la única religión.

Yo os digo que no hay otro objetivo que vivir con tal totalidad que cada momento se convierta en una celebración. La misma idea de «objetivo» trae el futuro a la mente, cualquier objetivo, cualquier fin cualquier meta, necesita el futuro; todas tus metas te privan de tu presente que es la única realidad que tienes: el futuro está sólo en tu imaginación, y el pasado es tan sólo las huellas que han quedado en la arena de tu memoria. Ni el pasado es ya real ni el futuro lo es todavía.

Este momento es la única realidad.

Y al vivir este momento sin ninguna inhibición, sin ninguna represión, sin codicia alguna por el futuro, sin ningún miedo (sin repetir el pasado una y otra vez, sino absolutamente fresco en cada momento, fresco y joven, sin que moleste la memoria, sin que la imaginación estorbe), adquiere tal pureza, tal inocencia, que sólo a esa inocencia yo le puedo llamar divinidad.

Para mí, Dios no es alguien que creó el mundo. Dios es alguien que tú creas cuando vives plenamente, intensamente; con todo tu corazón, sin reprimir nada. Cuando tu vida se vuelve simplemente un gozo momento-a-momento, una danza momento-a-momento, cuando tu vida no es otra cosa que un festival de luces, entonces, cada momento es precioso porque una vez que se va, se va para siempre...

En lo que a mí concierne, vive gozosamente, contento, satisfecho, compartiendo tu amor, tu silencio, tu paz; que tu vida se convierta en una danza tan bella que no sólo tú te sientas bendito sino que puedas bendecir al mundo entero: este es el único camino auténtico. La vida en sí misma es el criterio; todo lo demás no es esencial.

Y cada individuo es tan único que no se puede hacer una super-autopista por la cual todo el mundo tenga que viajar para encontrar el objetivo de la vida. Por el contrario, todo el mundo tiene que encontrar su objetivo, sin seguir a la masa, sino siguiendo su propia voz interior, no en muchedumbre, sino siguiendo un estrecho sendero. El cual tampoco ha sido creado por nadie. Lo creas tú al caminar.

El mundo de la vida y la consciencia es casi como el firmamento; los pájaros vuelan pero no dejan ninguna huella. Cuando vives profunda, sincera y honestamente, no dejas ninguna huella, nadie tiene que seguirte. Cada uno tiene que seguir su serena, pequeña voz. Mi énfasis en la meditación es para que puedas oír tu serena vocecita; la cual te dará orientación, sentido de la dirección. Ninguna escritura puede darte eso. Ninguna religión, ningún fundador de religión puede dártelo porque han estado tratando de dárselo a la humanidad durante miles de años y todos sus esfuerzos han fracasado. Sólo han creado gente retrasada, gente sin inteligencia, porque han insistido en la fe. En el momento en que crees en alguien, pierdes inteligencia. Creer es casi como veneno para tu inteligencia.

Yo te digo que no creas en nadie, incluyéndome a mí. Tienes que encontrar tu propia visión y seguirla. Donde quiera que te lleve es el camino correcto para ti. La cuestión no es si otros lo siguen o no. Cada individuo es único y cada vida es bella en su individualidad. Tu pregunta es muy significativa, quizá la más antigua de las preguntas. El hombre se la ha estado preguntando desde el mismísimo principio. Y se han dado millones de respuestas pero ninguna ha sido la correcta. La pregunta todavía permanece...

Mi respuesta es: el objetivo de la vida es la vida misma; más vida, vida más profunda, vida más elevada, pero siempre vida. No hay nada más elevado que la vida.

The hidden splendor. Discurso 26

El arte de vivir plenamente

¿Por favor podrías hablar acerca de cómo vivir plenamente?

El arte de vivir plena, total e intensamente no es algo arduo o difícil pero lo han hecho casi imposible. Es tan simple y tan obvio que no hay necesidad de aprenderlo.

Se nace con un sentido intuitivo, intrínseco a la vida misma. Los árboles lo conocen, los pájaros lo conocen, los animales lo conocen. Sólo el hombre es desafortunado. El hombre es la cima más elevada de la vida, y quiere conocer el arte de vivir. Ha habido un continuo condicionamiento contra la vida. Ese es el motivo principal por el que se necesita este arte.

Todas las religiones del mundo que han dominado a la humanidad durante siglos son antivida. Su fundamento básico es que la vida es un castigo. De acuerdo al cristianismo, has nacido en pecado porque Adán y Eva desobedecieron a Dios. Es increíble hasta dónde puede llegar la ficción. Aún si Adán y Eva desobedecieron a Dios, no veo qué relación tiene contigo o conmigo. Y además, la desobediencia no es necesariamente un pecado. Algunas veces es lo más virtuoso que se puede hacer.

Pero todas las culturas, todas las sociedades quieren obediencia, que es otra forma de llamar a la esclavitud, al encarcelamiento espiritual. ¿Qué mal hicieron Adán y Eva al comer la fruta del conocimiento? ¿Es acaso la sabiduría un pecado? ¿Es acaso la ignorancia una virtud? Dios les prohibió comer de esos dos árboles; uno era el de la sabiduría y el otro, el de la vida eterna. ¿Quién está cometiendo el pecado, Adán y Eva o Dios? Ni la sabiduría es mala, ni el anhelo por la vida eterna es malo: son absolutamente naturales. La prohibición es errónea y su desobediencia es absolutamente correcta. Ellos fueron los primeros revolucionarios del mundo, los primeros seres humanos con algo de dignidad.

Debido a su desobediencia, toda civilización, ciencia, arte y todo lo demás, ha sido posible. Si no hubieran desobedecido, todavía estaríamos masticando hierba desnudos en el Jardín del Edén; ni masticar chicle sería posible.

No sólo el cristianismo, también otras religiones encuentran razones para condenar la vida. El hinduismo, el jainismo, el budismo, todos dicen que sufres, que eres desgraciado, y que no puedes dejar de serlo porque es un castigo por las malas acciones de vidas pasadas. Ahora bien, lo que se haya hecho en vidas pasadas no puede deshacerse; tienes que padecerlo. Tú mismo has creado esta miseria, este sufrimiento, esta angustia, y lo único que puedes hacer es sufrir pacientemente para que en el futuro la vida te recompense. ¡Extraño argumento!

Si haces algo malo en esta vida, deberías ser castigado en esta misma vida. De hecho, la causa y el efecto van siempre unidos. Simplemente pon tu mano en el fuego; ¿crees que te quemarás en tu próxima vida? Te quemarás aquí ahora. Cada acto tiene su propia recompensa o su propio castigo. Esta distancia entre vidas es una idea muy astuta para hacer que aceptes vivir la vida al mínimo, todas esas religiones te enseñan a renunciar a ella. Los que renuncian a ella se convierten en santos; son venerados. A los que viven plena, totalmente, nadie los venera; ni siquiera se les aprecia. Por el contrario, son condenados.

Toda nuestra educación es tal que va en contra del placer, en contra del gozo, en contra del sentido del humor, en contra de disfrutar de las cosas pequeñas de la vida: cantar una canción o tocar la flauta. Nadie te va a llamar santo por tocar la flauta bellamente; excepto yo.

Te llamaré santo si bailas tan totalmente que desaparezcas en el baile y sólo quede la danza; entonces el que baila se funde completamente, se disuelve y se convierte en la danza. Si tocas la flauta tan totalmente que te olvides de ti mismo, que sólo quede la música y ya no seas el flautista sino sólo un oyente, entonces la flauta estará en los labios de Dios.

Si amas, eres condenado.

Todas las religiones han dicho que el amor es algo animal. Yo he observado a los animales pero nunca he visto amor alguno en ninguna especie de animal. El amor es absolutamente humano. Los animales pueden abandonarse al sexo, ¿pero te has fijado en ellos mientras lo hacen? No verás ningún gozo. Te parecerán absolutamente distantes; con caras tan serias que parece que estuvieran sufriendo. Y de hecho están sufriendo. Es una necesidad biológica, y la sienten; están siendo forzados por una fuerza desconocida a hacer algo en lo que no están interesados.

Es por eso que, excepto el hombre, ningún animal hace el amor durante todo el año. Sólo cuando les llega el celo, cuando la biología se lo impone: «Ahora tienes que hacerlo»; a la fuerza, como si alguien se lo estuviera ordenando con un arma: «Haz el amor». Fíjate en los animales, en sus ojos; no están sintiendo ningún gozo.

Hablar acerca del amor como algo animal es un gran disparate. Los animales no saben lo que es el amor. Ni siquiera millones de seres humanos lo saben. El amor necesita, como base, estar algo centrado en tu propio ser, y de algún modo, cerca de él, porque a no ser que estés centrado en tu ser no conocerás todos los tesoros que llevas dentro de ti mismo; el amor es uno de esos tesoros. Hay cosas aún más elevadas: la verdad, el éxtasis y la experiencia de lo divino. A no ser que se esté en profunda meditación, no se puede amar y no se puede vivir.

Me preguntas acerca del arte de vivir plenamente. Empieza con la meditación para que puedas conocer la fuente de tu vida y volver a su origen; es una experiencia sorprendente. De repente te das cuenta de que tienes tantísimo, tal abundancia, que si quieres puedes amar al mundo entero. Puedes llenar el mundo entero con tu amor.

En tu pequeño cuerpo está la semilla que puede crear millones de flores, que contienen todo la fragancia del mundo.

El arte de la vida comienza con la meditación. Y por meditación quiero decir silencio de la mente, silencio del corazón, alcanzar el mismo centro de tu ser y encontrar el tesoro que es tu realidad. Una vez que lo conoces, puedes irradiar amor, vida, creatividad. Tus palabras se volverán poéticas, tus gestos tendrán gracia; hasta en tu silencio habrá una canción. Aunque estés sentado inmóvil, estarás danzando. Cada inspiración, cada espiración, será un gozo; cada latido del corazón será precioso porque es el latido del corazón del mismo Universo; tú eres parte de él.

Si reconoces que tú mismo eres parte de la existencia... empezarás a vivir plenamente, sin miedo a las religiones ni a los sacerdotes ni a todas esas enseñanzas antivida que quieren que, en vez de gozar, renuncies a la vida, escapes de ella. Una vez que eres libre de tus condicionamientos (y la meditación es casi como el fuego que quema toda la basura que el pasado te ha dejado en herencia) naces de nuevo. Entonces no necesitarás aprender ningún arte. Surgirá espontáneamente dentro de tu ser.

Por el momento hay demasiados obstáculos, demasiadas barreras. Has sido envenenado durante tanto tiempo, y te han enseñado tantas cosas equivocadas, que casi vas arrastrándote. En vez de ser una danza, la vida se ha convertido en un acto de arrastrarse desde la cuna a la tumba. La gente sigue viviendo, ¿qué otra cosa puede hacer? No se suicidan porque, si la vida es tan miserable, ¿cómo pueden esperar que la muerte vaya a ser algo mejor? Así que en vez de poner tu atención en el arte de vivir ponla en el lugar desde donde mana tu vida, en las mismísimas raíces de las que saca su jugo. Profundiza en ti buscando las raíces de tu vida y te encontrarás con lo que los místicos han llamado iluminación, despertar, o la experiencia de lo divino. Después de esa experiencia eres una persona totalmente diferente.

Entonces tu totalidad estará detrás de cada uno de tus actos. Entonces no estarás esquizofrénico. Entonces no reprimirás nada. Si bailas, eres la danza. Si cantas, eres la canción. Si amas, eres el amor. Si escuchas, eres sólo oídos y todo lo demás desaparece. Entonces cada momento adquiere plenitud, y esta plenitud continúa expandiéndose.

De no ser así, la gente se conforma con el mínimo, consolándose con el «Benditos sean los pobres, benditos los mansos». No es necesario ser pobre ni es necesario ser manso.

La vida te da tanto que podrías ser un emperador. Para serlo no necesitas un imperio; ser emperador es sólo una forma de vivir auténtica y plenamente. De no ser así también vuestros emperadores son mendigos. No están vivos, están en el mismo bote que tú; por dentro están tan vacíos como tú. Tú pides más y ellos piden más.

Esto me recuerda una vieja historia sufí:

Un gran emperador fue a dar un paseo en su jardín por la mañana temprano y de repente se encontró con un mendigo que estaba esperándole allí, sabiendo que venía todas las mañanas antes del amanecer. ¿Quién si no le iba conseguir una audiencia a un mendigo? El emperador siempre venía sólo, así que no habría problema. Le preguntó: «¿Qué quieres?».

«Esta es mi escudilla y quiero que la llenes —dijo el mendigo—. Con una condición: que la llenes, no importa con qué (oro, plata y diamantes o piedras y barro). Mi condición es que debe llenarse completamente. Sólo si aceptas mi condición puedes intentarlo, si no me marcharé.»

Era un gran reto para el emperador, el cual respondió: «¿Qué crees: que no puedo llenar tu escudilla?». Llamó inmediatamente a su primer ministro y le dijo: «Llena esta escudilla con los diamantes más preciosos».

«Una vez más te repito, de mendigo a mendigo —insistió este—, que todavía estás a tiempo; aún puedo marcharme.»

«¿Qué significa de "mendigo a mendigo"?» —respondió el emperador.

«Luego lo entenderás —respondió el mendigo—. Espera que venga tu primer ministro.»

Y vino con un cubo lleno de diamantes y los echó todos dentro de la pequeña escudilla. El emperador y el primer ministro no se lo podían creer; los diamante desaparecían según caían en la escudilla. La escudilla seguía vacía; tan vacía como antes. Pero el emperador era un hombre de gran orgullo y apuntó: «Aunque tenga que echar todo mi tesoro, tengo que vencer a este mendigo. He vencido a emperadores; no puedo permitir que este mendigo me venza a mí. Y ya me ha tratado de "mendigo a mendigo"».

Mientras el sol avanzaba, se corrió el rumor en la capital de que el emperador estaba en un gran apuro. La escudilla se estaba tragando su tesoro. Se hacían corrillos; nadie se lo podía creer. Pero el emperador era testarudo. Desaparecieron los diamantes, los rubíes, las esmeraldas y los zafiros, luego el oro y la plata. Al llegar la tarde el emperador dijo: «Tenías razón. Ahora soy tan mendigo como tú».

«Por eso te dije que luego lo entenderías» —respondió el mendigo.

«Me has engañado esto no es una escudilla y tú no eres un mendigo. Al parecer eres un mago» —replicó el emperador.

«No, no soy un mago, soy un simple mendigo. Pero esta escudilla es realmente mágica —contestó el mendigo—. Y te contaré su secreto, de "mendigo a mendigo". Encontré esto; acércate y míralo. Es la calavera de un hombre. La he limpiado y pulido. La encontré en el cementerio. Soy tan pobre que no puedo comprarme una escudilla en el mercado, así que me dije: "Esta me irá perfectamente bien". La lavé, la limpié, la saqué brillo, pero por ser la calavera de un hombre, nunca está satisfecha, siempre está pidiendo más. No tiene mucho misterio. Tu calavera hace lo mismo. Todas las cabezas hacen lo mismo: pedir más.»

Al pedir más, pierdes lo que tienes.

Un meditador ni se preocupa por el pasado que ya se ha ido, ni por el futuro que no ha llegado todavía. Está centrado en el presente, y lo que tiene lo disfruta en su plenitud. Naturalmente, su vida no es la vida de un mendigo. Nunca pide más, no obstante está viviendo al máximo con totalidad e intensidad. De no ser así, tendrás que conformarte. Eso es lo que vuestras religiones os enseñan: a conformaros con poco.

Al hecho de conformarse se le ha dado un gran valor. Para que por lo menos puedas aguantar el sufrimiento que te rodea y la miseria en la que te ahogas continuamente.

Un hombre estaba jugando al golf, y mandó su bola al bosque. Fue a recuperarla y se encontró con una bruja que estaba removiendo una pócima en un gran caldero. «¿Qué hay ahí?» —preguntó.

«Esto es una poción mágica —cacareó la bruja—. Si bebes de ella serás el mejor jugador de golf del mundo. Nadie te podrá vencer.»

«Dámela entonces —dijo el hombre—. Quiero beberla.»

«Espera un momento —le advirtió—, también tendrás la peor vida sexual del mundo.»

El hombre se lo pensó por un momento y dijo: «De acuerdo, dame la poción». Se la bebió, volvió con sus amigos, ganó el partido y se convirtió en el campeón del club. Siguió jugando campeonatos y se convirtió en el mejor jugador de golf del país.

Un año después estaba jugando en el mismo campo y decidió ir a ver si la bruja estaba todavía por allí. Fue al bosque y la encontró en el mismo lugar. «¿Te acuerdas de mí?» —preguntó él.

«¡Ah, sí!, me acuerdo de ti —dijo ella—. Dime, ¿cómo te va con el golf?»

«Tenías toda la razón —dijo—. Siempre gano. Soy el mejor jugador de golf del país.»

«¿Y tu vida sexual?» —preguntó ella riéndose.

«No está mal» —contestó él.

«¿No está mal? —dijo ella sorprendida—. Dime, ¿cuántas veces has hecho el amor el último año?»

«Tres, quizá cuatro» —dijo el hombre.

«¿Tres o cuatro? —dijo la bruja—. ¿Y dices que no está mal?»

«Bueno, no —dijo él—, no para un cura católico de una pequeña congregación.»

Así que, ¡no seas un cura católico! Si quieres vivir la vida plenamente, no formes parte de ninguna religión organizada y no te dejes dominar por las cosas muertas. Vive de acuerdo a tu propia luz. Encuentra tu propia luz interior y vive de acuerdo a ella, sin ningún miedo. Es nuestra existencia, somos parte de ella, y nos ha dado el potencial para ser cualquier cosa que quiera que seamos. ¡Utilízalo! ¡Actualízalo! Nunca reprimas, y no seas tacaño viviendo, amando, compartiendo, cantando, danzando, en todo lo que hagas o dejes de hacer.

The razor's edge. Discurso 23

¿Qué es la receptividad?

A menudo hablas sobre la importancia de estar abierto y receptivo a cualquier cosa que la vida traiga. ¿Qué es la receptividad?

La receptividad es un estado de no-mente. Cuando estás completamente vacío de todo pensamiento, cuando la consciencia no tiene contenido, cuando el espejo no refleja nada, eso es receptividad. La receptividad es la puerta de lo divino. Abandona la mente y sé.

En la mente, estás a kilómetros de ser. Cuanto más piensas menos eres. Cuanto menos piensas, más eres. Y cuando no piensas en absoluto, el ser se afirma en su totalidad.

Receptividad simplemente significa tirar la basura que has estado llevando sobre tu cabeza; y hay mucha basura, completamente inútil. La mente carga con el pasado. Ahora el pasado no tiene ninguna utilidad; ya ha ocurrido y no va a volver a ocurrir nunca, porque en la realidad nunca se repite nada.

Aún cuando pienses o sientas que esta es la misma situación, nunca es la misma. Cada mañana es nueva, y el sol que te encuentras cada mañana es un nuevo sol. No me refiero al sol material. Estoy hablando acerca de la belleza, la bendición que trae cada día; es algo totalmente nuevo.

Si sigues cargando con imágenes del pasado, no serás capaz de ver lo nuevo. Tus ojos estarán cubiertos por tus experiencias, expectativas, y esos ojos no serán capaces de ver lo que está enfrente de ti. Así es como desaprovechamos la vida: el pasado se convierte en una barrera, te atrapa, te encierra en algo que ya no existe. Te quedas estancado en lo muerto. Y cuanta más experiencia, más madurez tengas, el caparazón de las experiencias muertas se hará más grueso a tu alrededor. Te cierras más y más, poco a poco todas las ventanas, todas las puertas se van cerrando. Entonces existes, pero existes alienado, desarraigado. Entonces no estás en comunión con la vida. No estás en comunión con los árboles, las estrellas y las montañas. No puedes estar en comunión porque te rodea la gran muralla china de tu pasado.

Cuando digo vuélvete receptivo, quiero decir que te conviertas en un niño de nuevo.

Recuerda a Jesús, quien decía a sus discípulos: a menos que seáis como niños no podréis entrar en el reino de Dios. Lo que él dice es el significado exacto de receptividad: el niño es receptivo porque no sabe nada, y al no saber nada es receptivo. El viejo no es receptivo porque sabe demasiado, y al saber mucho está cerrado. Tiene que renacer, tiene que morir al pasado y convertirse en un niño de nuevo; no físicamente, por supuesto, pero la consciencia siempre debería ser como la de un niño. No aniñado, recuerda, sino como un niño: adulto, maduro, pero inocente.

Y así es como se aprende, aprende la verdad que se te presenta a cada momento de tu vida; aprende a conocer al Huésped que viene y llama a la puerta a cada momento, día tras día, año tras año. Pero estás tan inmerso y en tu conversación interior, en tu propia procesión interior de pensamientos, que no oyes la llamada.

¿Oyes la distante llamada del cuco? ¿Oyes cantar a los pájaros? Esto es receptividad. Es un estado existencial de silencio, silencio total; sin movimiento, nada se agita, y a la vez no estás dormido, estás alerta, absolutamente consciente. Donde el silencio y la consciencia se encuentran, se entremezclan y se vuelven uno, se haya la receptividad. La receptividad es la más importante cualidad religiosa.

Conviértete en un niño. Empieza a funcionar desde el estado de no saber, el silencio y una gran consciencia vendrán por su propia cuenta. Entonces la vida será una bendición.

The guest. Discurso 14

¿Es la espontaneidad compatible con la observación?

En occidente somos constantemente bombardeados con el aforismo: «¡No te quedes quieto, haz algo!». En cambio Buda diría: «¡No hagas nada, quédate quieto!». El hombre inconsciente reacciona mientras que el sabio observa. Pero, ¿y la espontaneidad? ¿Es la espontaneidad compatible con la observación?

Es cierto que Buda dice: «No hagas nada; quédate quieto!». Pero eso es sólo el principio del peregrinaje, no el final. Cuando has aprendido a quedarte quieto; cuando has aprendido a estar completamente en silencio, inmóvil, impertérrito; cuando sabes simplemente cómo sentarte, sentarte en silencio, sin hacer nada, la primavera llega y la hierba crece por sí sola. ¡Pero la hierba crece, recuerda!

La acción no desaparece, la hierba crece por sí sola. El Buda no se vuelve inactivo; a través de él sucede una gran acción, sin embargo ya no hay hacedor. El hacedor desaparece, el hacer continúa. Y cuando no hay hacedor, el hacer es espontáneo; no puede ser de otra forma. Es el hacedor quien no permite la espontaneidad.

El hacedor es el ego, el ego es el pasado. Cuando actúas, lo haces siempre desde el pasado, desde las experiencias que has acumulado, desde las conclusiones a las que has llegado en el pasado. ¿Cómo puedes ser espontáneo? El pasado domina, y por su causa no puedes ver el presente. Es tanto el humo del pasado y tus ojos están tan llenos de él, que ver se hace imposible. ¡No puedes ver! Estás casi completamente ciego; ciego por el humo, ciego por las conclusiones del pasado, ciego por el conocimiento.

El hombre de conocimiento es el más ciego del mundo. No ve lo que ocurre porque funciona desde su conocimiento: simplemente sigue funcionando mecánicamente. Lo que ha aprendido, se ha convertido en un mecanismo automático en él, desde el cual funciona.

Hay una famosa historia:

Había dos templos en Japón, enemigos entre ellos, como siempre ha ocurrido a través de los tiempos. Los monjes de ambos templos eran tan antagonistas que hasta habían dejado de mirarse. Si se encontraban en el camino, dejaban de hablar; durante siglos esos dos templos y sus monjes no se habían hablado.

Pero entre los monjes de ambos había muchachos jóvenes; para servirles, para hacer los recados. Los monjes de ambos templos tenían miedo de que los muchachos, después de todo, siendo jóvenes, pudieran acabar haciéndose amigos.

Uno de los monjes le dijo a su chico: «Recuerda, el otro templo es enemigo nuestro. ¡Nunca hables con el chico del otro templo! Son gente peligrosa; evítalos como si fueran una enfermedad. Como si fueran una plaga. Evítalos». El muchacho siempre se sentía atraído, porque estaba cansado de escuchar grandes sermones que no podía entender. Se leían extrañas escrituras cuyo lenguaje no entendía. Se discutían grandes problemas. No había nadie con quien jugar, ni siquiera alguien con quien hablar. Y cuando se le dijo: «No hables con el chico del otro templo», surgió en él una gran tentación. Así es como surgen las tentaciones.

Ese día no pudo evitar hablar con el otro chico. Cuando le vio en el camino le preguntó: «¿Dónde vas?».

El otro muchacho era un poco filosófico; habiendo escuchado gran filosofía se había vuelto filosófico. Dijo: «¿Ir? ¡No hay nadie que vaya o venga! Ocurre: voy donde el viento me lleva». Había oído decir al maestro tantas veces que así es como vive un Buda, como una hoja muerta que va donde el viento la lleva. Así que el chico dijo: «¡Yo no soy! No hay hacedor. Así que, ¿cómo puedo ir? ¿Qué insensatez estás diciendo? Soy una hoja muerta. Voy donde me lleva el viento...».

El otro chico se quedó estupefacto. No pudo ni contestar; no encontraba nada que decir. Estaba perplejo, avergonzado. Pensó: «Mi maestro tenía razón al decir que no hablara con esta gente; ¡esta gente es peligrosa! ¿Qué clase de conversación es esta? Yo le he hecho una pregunta simple: "¿Dónde vas?". De hecho yo ya sabía dónde iba, porque ambos vamos a comprar verduras al mercado. Una respuesta simple hubiera sido suficiente».

Regresó y le dijo a su maestro: «Lo siento, perdón. Me lo prohibió pero no le escuché. De hecho, lo que me tentó fue su prohibición. Esta es la primera vez que he hablado con esa gente tan peligrosa. Era tan sólo una pregunta simple: "¿Dónde vas?", y ha empezado a decir cosas extrañas: "No hay ir y venir. ¿Quién va? ¿Quién viene? Soy vacío absoluto", y "Sólo soy una hoja muerta al viento. Y voy donde el viento me lleva..."».

El maestro le dijo: «Ya te lo había dicho. Pues bien, mañana espérale en el mismo lugar y cuando venga le preguntas otra vez, "¿Dónde vas?", y cuando diga esas cosas, simplemente le dices: "Es verdad, sí, eres una hoja muerta, también yo. Pero cuando no hay viento, ¿dónde vas? ¿Dónde puedes ir?". Di sólo eso, se sentirá desconcertado; tiene que ser una situación embarazosa para él, tenemos que vencerle. Hemos estado discutiendo continuamente, y nunca han sido capaces de vencernos en ningún debate. Así que mañana tienes que enfrentarte a él».

El chico se levantó temprano, preparó su respuesta, la repitió muchas veces antes de salir. Entonces, esperó en el sitio donde solían cruzarse, la repetía una y otra vez, estaba preparado; entonces vio al otro chico venir y dijo: «Muy bien, ahora».

Cuando llegó le preguntó: «¿Dónde vas?». Esperaba que ahora llegara su oportunidad...

Pero le contestó: «Donde me lleven las piernas...». ¡Sin mencionar el viento! ¡Sin hablar de la nada! ¡Sin preguntas acerca de la no-acción! ¿Qué podía hacer ahora? La respuesta que tenía preparada parecía completamente absurda. Hablar ahora sobre el viento no tendría sentido.

Otra vez cabizbajo, realmente avergonzado por haber sido tan estúpido pensó: «Qué cosas más raras sabe este chico; ahora dice, "Donde las piernas me lleven..."».

Cuando regresó, el maestro le dijo: «Te advertí que no hablaras con esa gente; ¡son peligrosos! Es nuestra experiencia de siglos. Pero ahora tenemos que hacer algo. Así que mañana le preguntas otra vez: "¿Dónde vas?", y cuando te diga: "Donde mis piernas me lleven", dile: "¿Y si no tuvieras piernas, que...?". ¡Hay que acallarle de una forma u otra!».

Así que al día siguiente le preguntó otra vez: «¿Dónde vas?», y esperó.

Y el otro le dijo: «Voy al mercado a por verduras».

La vida no tiene obligación de encajar con tus conclusiones. Es por eso que la vida es muy confusa; confusa para los que creen que saben, los que tienen respuestas preparadas. El *Bhagavad Gita*, el santo Corán, la Biblia, los *Vedas*, se han empollado todo, conocen todas las respuestas. Pero la vida nunca plantea la misma cuestión dos veces; por eso el erudito nunca da la talla.

Es cierto que Buda dice: «Aprende a sentarte en silencio». Eso no significa que diga: «Sigue sentado en silencio para siempre». No dice que tengas que volverte inactivo; por el contrario, la acción sólo puede surgir del silencio. Si no estás en silencio, si no sabes cómo quedarte en silencio, en profunda meditación, lo que sea que hagas será reacción, no acción. Reaccionarás.

Alguien te insulta, aprieta un botón, y tú reaccionas. Te pones furioso, saltas sobre él; ¿y a eso lo llamas acción? No lo es aunque lo creas, es una reacción. Él es el manipulador y tú el manipulado. Él ha apretado un botón y tú has funcionado como una máquina. Igual que cuando aprietas un interruptor y se enciende la luz, y aprietas otra vez y se apaga; eso es lo que la gente hace contigo: te encienden y te apagan.

Viene alguien que te halaga, y tu ego se infla, y te sientes estupendamente; luego viene otro y te pincha, y simplemente te deja por los suelos. Tú no eres tu propio maestro: cualquiera puede insultarte y ponerte triste, furioso, irritado, fastidiado, violento, fuera de ti. Y cualquiera puede alabarte y ponerte por las nubes, puede hacer que sientas que eres el más grande; que ni Alejandro Magno era nada comparado contigo... Y actúas de acuerdo a las manipulaciones de los demás. Esto no es verdadera acción.

Buda estaba cruzando un pueblo, la gente vino y le insultó. Y usaron toda clase de insultos, todas las palabras sucias que conocían. Buda se quedó ahí, escuchando silenciosamente, muy atentamente, y luego dijo: «Gracias por venir a mí, pero tengo prisa. Tengo que llegar al próximo pueblo, la gente me está esperando allí. Hoy no puedo quedarme más, pero mañana al regresar tendré más tiempo. Podéis reuniros otra vez, y si queda algo que hubiérais querido decirme y no hayáis podido, podréis decirmelo, pero hoy, perdonadme».

Esa gente no daba crédito a lo que estaba escuchado: este hombre había permanecido sin inmutarse, sin distraerse en absoluto. Uno de ellos le preguntó: «¿No nos has oído? Te hemos estado insultando, y tú ni siquiera has contestado».

Buda dijo: «Si queríais una respuesta habéis llegado demasiado tarde. Deberíais haber venido hace diez años, entonces os hubiera contestado. Hace diez años que he dejado de ser manipulado por los demás. Ya no soy un esclavo, soy mi propio maestro. Actúo de acuerdo a mí mismo, no de acuerdo a nadie más. Actuó de acuerdo a mi necesidad interna. No me podéis forzar a hacer nada. Queríais insultarme y me habéis insultado; sentíos satisfechos, habéis hecho vuestro trabajo perfectamente bien. Pero yo no recibo vuestros insultos, y a no ser que yo los reciba, no significan nada».

Cuando alguien te insulta, tienes que recibirlo, tienes que aceptar lo que te dice; sólo entonces puedes reaccionar. Pero si no lo aceptas, si simplemente permaneces alejado, si mantienes la distancia, si permaneces tranquilo, ¿qué te puede hacer?

Buda dijo: «Si alguien tira una antorcha encendida al río, permanecerá encendida hasta que llegue al agua. En el momento que cae al río, el fuego se apaga; el agua lo enfría. Yo me he convertido en un río. Me lanzas insultos, y son fuego cuando los tiras, pero en el momento que me alcanzan, en mi frialdad, pierden su fuego; ya no duelen. Tú tiras espinas; al caer en mi silencio se vuelven flores. Yo actuó desde mi propia naturaleza intrínseca».

Esto es espontaneidad. El hombre de consciencia y entendimiento, actúa. El hombre que es inconsciente, mecánico, como un robot, reacciona.

Tú dices: «El hombre inconsciente reacciona mientras que el sabio observa». No simplemente observa; observar es una parte de su ser. No actúa sin observar. Pero no malinterpretes al Buda. Los Budas siempre han sido malinterpretados; no eres el primero en hacerlo. Todo este país ha entendido mal a Buda por eso se ha vuelto inactivo. Creyendo que todos los grandes maestros dicen: «Siéntate en silencio», este país se ha vuelto vago, perezoso; ha perdido energía, vitalidad, vida. Se ha vuelto soso, sin inteligencia. Porque la inteligencia se agudiza sólo cuando actúas. Y cuando actúas momento a momento desde tu consciencia y tu observación, surge una gran inteligencia. Empiezas a brillar, te vuelves luminoso. Pero esto ocurre a través de dos cosas: observar, y la acción a partir de ese observar. Si observar se convierte en inactividad, te estás suicidando. Observar debería conducirte hacia la acción, una nueva clase de acción; le da una nueva cualidad a la acción.

Observa, estáte totalmente tranquilo y en silencio. Ve cuál es la situación y desde ese ver, responde. El hombre de consciencia no reacciona, responde, es responsable; literalmente capaz de responder. Su acción nace de su *consciencia*, no de tu manipulación; esa es la diferencia. Por eso, no surge la cuestión de la incompatibilidad entre la observación y la espontaneidad. La observación es el principio de la espontaneidad; la espontaneidad es la culminación de la observación.

El verdadero hombre de entendimiento actúa; actúa tremendamente, actúa totalmente, pero actúa en el momento, desde su consciencia: es como un espejo. El hombre ordinario, el hombre inconsciente, no es como un espejo, es como una placa fotográfica. ¿Cuál es la diferencia entre un espejo y una placa fotográfica? Una placa fotográfica una vez expuesta, se vuelve inútil. Recibe la impresión, queda impresa; lleva la imagen. Pero recuerda, la imagen no es real; la realidad continúa creciendo. Puedes ir al jardín y tomar una foto del rosal. Mañana, en la foto estará igual, también pasado mañana estará igual. Ve otra vez y mira el rosal: ya no es igual. Las rosas se han caído, o nuevas rosas han brotado. Mil y una cosas han ocurrido.

Se cuenta que una vez un filósofo realista fue a ver al famoso pintor Picasso. El filósofo creía en el realismo, e iba a criticar a Picasso porque la pintura de Picasso es abstracta, no es realista. No representa la realidad como es. Por el contrario, tiene una dimensión totalmente diferente: es simbólica.

«No me gusta su pintura —dijo el filósofo—. ¡La pintura debería ser realista! Si pinta a mi esposa, su retrato debería parecérsele.» Sacó una foto de su esposa y dijo: «¡Mire esta foto! El cuadro debería ser así».

«¿Es esta su esposa?» —dijo Picasso mirando la foto.

«Sí, es ella» —dijo él.

«¡Es sorprendente! Es muy pequeña y plana —dijo Picasso—. ¡Esta foto no puede ser su esposa!»

Se cuenta otra historia:

Una mujer hermosa se acercó a Picasso y le dijo: «Precisamente ayer he visto su autorretrato en casa de un amigo. Era tan bello, me influenció tanto que, casi hipnotizada, abracé el cuadro y lo besé».

«¿En serio? ¿Y qué hizo el cuadro? ¿Le devolvió el beso?» —respondió Picasso.

«¿Está loco? ¿Cómo me lo va a devolver?» —replicó la mujer.

«Entonces no era yo» —contestó Picasso.

Un cuadro es una cosa muerta. La cámara, la placa fotográfica, sólo capta un fenómeno estático y la vida nunca es estática, va cambiando. Tu mente funciona como una cámara, va coleccionando imágenes; es un álbum. Y luego, desde esas imágenes, reaccionas. Por eso no eres fiel a la vida, porque hagas lo que hagas te equivocarás; y repito, hagas lo que hagas te equivocarás. Nunca será lo correcto.

Una mujer estaba mostrando el álbum familiar a su hijo, y llegaron a la foto de un hombre muy guapo: cabello largo, barba, muy joven, muy vivo.

«Mamá, ¿quién es ese hombre?» —preguntó el niño.

«¿No le reconoces? Es tu papá» —dijo la mujer.

«Si ese es mi papá, entonces ¿quién es ese hombre calvo que vive con nosotros?» —dijo el niño que parecía perplejo.

Una foto es estática. Permanece como es, nunca cambia. La mente inconsciente funciona como una cámara, funciona como una placa fotográfica.

La mente observadora, la mente meditativa, funciona como un espejo. No atrapa la impresión; se queda completamente vacía, siempre vacía. Lo que se pone enfrente del espejo, se refleja. Si estás delante del espejo, te refleja. Si te vas, no podrás decir que el espejo te traiciona. El espejo es simplemente un espejo. Cuando te has ido, no te refleja; ya no tiene obligación de reflejarte. Si se mira otro, reflejará a otro. Si no hay nadie, no reflejará nada. Es siempre fiel a la vida.

La placa fotográfica nunca es fiel a la vida. Aunque te hagan una foto ahora mismo, cuando el fotógrafo la haya sacado de la cámara, ¡ya no serás el mismo! Mucha agua habrá bajado por el Ganges. Has crecido, cambiado, te has hecho más viejo. Puede que sólo haya pasado un minuto, pero un minuto puede ser una cosa muy importante ¡puedes morir! Sólo hace un minuto estabas vivo; un minuto después puedes estar muerto. La foto nunca morirá.

Pero en el espejo, si estás vivo, estás vivo; si estás muerto, estás muerto.

Buda dice: «Aprende a sentarte en silencio; conviértete en un espejo». El silencio hace de tu consciencia un espejo, luego funcionas momento a momento. Refleja vida. No vas cargando un álbum sobre tu cabeza. Tus ojos son limpios e inocentes, tienes claridad, tienes visión, y nunca le eres infiel a la vida.

Esto es vivir auténticamente.

The dhammapada. Volumen 2. Discurso 10

II

ACERCA DEL AMOR

El amor es la luminosidad, la fragancia de conocerse a uno mismo, de ser uno mismo. Es alegría desbordante. El amor ocurre cuando descubres quién eres; entonces no puedes hacer otra cosa que compartir tu ser con los demás. El amor ocurre cuando te das cuenta de que no estás separado de la existencia, cuando te sientes en una orgásmica unidad orgánica con todo lo que existe. El amor no es una relación, es un estado del ser; no tiene nada que ver con nadie más. Uno no se «enamora», uno *es* amor. Y por supuesto cuando uno es amor, uno está «enamorado»; pero eso es un resultado, una consecuencia: ese no es el origen del amor. Su origen es que uno es amor.

¿Y quién puede ser amor? En realidad si no eres consciente de quién eres no puedes ser amor. Serás miedo. El miedo es justo lo contrario al amor. Recuerda, el odio no es lo contrario al amor, como la gente cree; el odio es el amor puesto boca abajo, no es lo contrario al amor. Lo verdaderamente opuesto al amor es el miedo: en el amor uno se expande, en el miedo se encoge; en el miedo uno se cierra, en el amor se abre; en el miedo uno duda, en el amor confía; en el miedo uno se siente solo, en el amor desaparece; por lo que no es una cuestión de soledad en absoluto. Cuando uno no es, ¿cómo puede sentirse solo? Entonces los árboles, los pájaros, las nubes, el sol y las estrellas están todavía dentro de ti. El amor ocurre cuando has conocido tu paraíso interior...

Los niños están libres del miedo, nacen sin miedo. Si la sociedad puede apoyarlos, ayudarlos a subir a los árboles, escalar montañas y nadar en océanos y ríos; si puede ayudarlos de cualquier forma posible a convertirse en aventureros, aventureros de lo desconocido; si puede crear una gran búsqueda en lugar de darles creencias muertas, entonces los niños se convertirán en grandes amantes de la vida. Y esa es la verdadera religión. No hay religión más elevada que el amor.

Medita, danza, canta y profundiza más en ti mismo. Escucha más atentamente a los pájaros. Mira a las flores con respeto, maravíllate; no acumules conocimiento, no vayas etiquetando las cosas. Eso es el conocimiento: el gran arte de etiquetarlo todo, categorizarlo todo. A partir de ahora, empieza a aprender a tocar la flauta o la guitarra. Encuéntrate con gente, mézclate con ella, con tanta como puedas, porque a través de cada persona se muestra una cara diferente de Dios. Aprende de la gente, no tengas miedo; esta existencia no es tu enemiga. Esta existencia te protege, está dispuesta a ayudarte en todo lo posible. Si confías, empezarás a sentir una nueva fuente de energía en ti; esa energía es el amor. Esa energía quiere bendecir toda la existencia, porque en esa energía uno se siente bendito. Y cuando te sientes bendito, ¿qué otra cosa puedes hacer excepto bendecir toda la existencia? El amor es un profundo deseo de bendecir toda la existencia.

The guest. Discurso 6

¿Cómo puedo amar mejor?

El amor es suficiente en sí mismo. No necesita ser mejorado. Es perfecto tal como es, no hay forma de que sea más perfecto. El propio deseo demuestra una mala interpretación del amor y su naturaleza. ¿Existe el círculo perfecto? Todos los círculos son perfectos; si no fueran perfectos no serían círculos.

La perfección es intrínseca al círculo y lo mismo pasa con el amor. Ni puedes amar menos, ni puedes amar más, porque no es algo cuantitativo. Es una cualidad inmensurable.

Tu propia pregunta revela que nunca has conocido el amor, y estás tratando de ocultar tu falta de amor en el deseo de «amar mejor». Nadie que conozca el amor puede hacer esa pregunta.

No debes entender el amor como el capricho biológico que es la lujuria, que se encuentra en todos los animales; no tiene nada de especial, se encuentra hasta en los árboles. Es el sistema reproductivo de la naturaleza. No tiene nada espiritual ni nada especialmente humano.

Así que en primer lugar hay que hacer una clara distinción entre la lujuria y el amor. La lujuria es una pasión ciega; el amor es la fragancia de un corazón en silencio, sosegado, meditativo. El amor no tiene nada que ver con la biología, la química o las hormonas. El amor es el vuelo de la consciencia hacia las alturas, más allá de la materia, más allá del cuerpo. En el momento que entiendes el amor como algo transcendental, deja de ser una cuestión fundamental.

La cuestión fundamental es cómo transcender el cuerpo, cómo conocer algo de ti que está más allá, más allá de todo lo que es mensurable. Eso es lo que significa la palabra «materia». Viene de la raíz sánscrita *matra*, que quiere decir medida, y significa: lo que puede ser medido. La palabra metro viene de la misma raíz.

La cuestión fundamental es cómo distanciarse de lo mensurable y entrar en lo inmensurable. En otras palabras, cómo ir más allá de la materia y abrir los ojos a una consciencia mayor. Y no hay límites para la consciencia; según te vayas haciendo más consciente, comprenderás mejor que en adelante será posible mucho más. Cuando alcances una cima, otra surgirá frente a ti. Es un peregrinaje eterno.

El amor es la consecuencia de una consciencia incipiente. Es como la fragancia de una flor; no la busques en sus raíces, no está ahí. Tus raíces son tu biología, tu florecimiento es tu consciencia.

Según te vas convirtiendo más y más en una flor de loto de consciencia (una experiencia que sólo puede ser definida como amor), te sorprende, te deja estupefacto. Estás tan lleno de alegría, de felicidad, que cada fibra de tu cuerpo baila en éxtasis. Te sientes como una nube de tormenta que quiere llover y llover. Cuando estás rebosante de felicidad, surge un tremendo deseo de compartirla.

El amor no es algo que se pueda obtener de alguien que no ha alcanzado la felicidad. Y esta es la desgracia del mundo entero: todos piden ser amados y aparentan amar. Tú no puedes amar porque no sabes qué es la consciencia. No conoces el *satiam*, el *shivam*, el *sundram*.

No conoces la realidad, no tienes la experiencia de lo divino, no conoces la fragancia de la belleza. ¿Qué tienes tú que puedas dar? Estás tan vacío, tan hueco... En tu ser no crece nada, nada germina. No hay flores en tu interior. Tu primavera todavía no ha llegado.

El amor es una consecuencia... de cuando la primavera llega y de repente empiezas a florecer y a emanar tu potencial fragancia. Compartir esa fragancia, esa gracia, esa bendición, es amor. Y no es una cuestión de hacerlo mejor. Ya es perfecto; siempre es perfecto. Si no es perfecto, no es. La perfección y el amor son inseparables.

Si me hubieras preguntado: «¿Qué es el amor?», hubiera sido más real, más honesto, más sincero, más auténtico. Pero me preguntas: «¿Cómo puedo amar mejor?». Tú ya has dado por hecho que sabes lo que es el amor; y no sólo eso, sino que además tu pregunta implica que ya amas. Ahora la cuestión es mejorar.

No quiero herirte, pero no tengo más remedio, tengo que decirte la verdad. Tú no sabes lo que es el amor. No puedes saberlo porque aún no has profundizado en tu consciencia; no te has experimentado a ti mismo; no sabes quién eres. En esta ceguera, esta ignorancia, esta inconsciencia, no crece el amor. Este es el desierto en el que vives. En esta oscuridad, este desierto, no hay ninguna posibilidad de que florezca el amor.

Primero se tiene que estar lleno de luz y de gozo; tan lleno que se empieza a rebosar. Esa energía desbordante es amor. Luego se conoce el amor como la mayor perfección del mundo. Ni más ni menos.

Pero hasta nuestra educación misma es tan neurótica, tan psicológicamente enferma que destruye toda posibilidad de crecimiento interior. Desde el principio te enseñan a ser perfeccionista, y naturalmente le vas aplicando tu perfeccionismo a todo, hasta al amor.

Precisamente el otro día leí esta declaración: «Perfeccionista es el que recibe un gran dolor y devuelve un dolor aún mayor».

¡Y el resultado es un mundo desgraciado!

Todo el mundo trata de ser perfecto. Y cuando alguien empieza a tratar de ser perfecto, también empieza a esperar que todos los demás sean perfectos. Se convierte en un censor; empieza a humillar a la gente. Eso es lo que vuestros mal llamados santos han estado haciendo a través de los tiempos. Eso es lo que vuestras religiones os han estado haciendo: envenenando vuestro ser con la idea de la perfección.

Al no poder ser perfecto, empiezas a sentirte culpable, te pierdes el respeto a ti mismo. Y el hombre que se ha perdido el respeto a sí mismo pierde toda dignidad de ser humano. Tu orgullo ha sido aplastado, tu humanidad ha sido destruida por bonitas palabras como perfección.

El hombre no puede ser perfecto.

Sí, hay algo que el hombre puede experimentar, pero está más allá de la concepción del hombre corriente. Hasta que el hombre corriente no experimente también algo de lo divino, no podrá conocer la perfección.

La perfección no es como la disciplina; no es algo que se pueda cultivar. No es algo que tengas que practicar. Pero eso es lo que se le enseña a todo el mundo, y el resultado es un mundo lleno de hipócritas que saben perfectamente bien que están huecos y vacíos pero siguen aparentando toda clase de cualidades que no son otra cosa que palabras vacías.

Cuando le dices a alguien «te amo», ¿has pensado alguna vez qué quieres decir? ¿Es tan sólo el capricho biológico entre los dos sexos? Si es así, una vez que hayas satisfecho tu apetito animal todo ese seudoamor desaparecerá. Y empezarás a pensar cómo deshacerte de esa misma mujer que antes te parecía la más hermosa del mundo o de ese hombre que te parecía el mismísimo Alejandro Magno.

Si comprendieras esta carta que Paddy le escribió a su amada Maureen sería muy esclarecedor para ti:

Querida Maureen:

Acudí a nuestra cita de anoche pero tú no apareciste. Yo volveré a acudir a nuestra próxima cita vengas tú o no. Si yo llego antes, escribiré mi nombre en el marco de la puerta para que tú lo sepas. Si llegas tú antes, bórralo para que nadie se entere.

Querida Maureen, por ti escalaría las más altas montañas y cruzaría los mares más tormentosos. Soportaría cualquier prueba por pasar un instante a tu lado.

Tu eterno amante, Paddy.

P. D. Pasaré a verte el viernes por la noche si no llueve.

Cuando le dices a alguien «te amo», no sabes lo que estás diciendo. No sabes que es sólo lujuria escondiéndose tras una bonita palabra: amor. Se te pasará, es algo muy pasajero. El amor es algo eterno. Es lo que experimentan los Budas y no la gente inconsciente de la que está el mundo lleno. Tan sólo unas pocas personas han conocido el amor y estas personas son las más despiertas, las más iluminadas, las cimas más elevadas de la consciencia humana.

Si realmente quieres conocer el amor, olvídate del amor y acuérdate de la meditación. Si quieres tener rosas en tu jardín olvídate de las rosas y cuida el rosal. Nútrelo, riégalo, cuida de que reciba la cantidad adecuada de sol y de agua. Si se cuida de todo, a su debido tiempo brotarán las rosas. Antes no puedes traerlas, ni forzarlas a abrirse antes, ni pedirles que sean más perfectas.

¿Has visto alguna vez una rosa que no fuera perfecta? ¿Qué más quieres? Cada rosa en su singularidad es perfecta. Danzando al viento, bajo la lluvia, bajo el sol... ¿No ves su tremenda belleza, el gozo absoluto? Una rosa cualquiera irradia el esplendor oculto de la existencia.

El amor es como una rosa en tu ser. Pero cultiva tu ser; desecha la oscuridad y la inconsciencia. Hazte cada vez más despierto y consciente, y el amor vendrá por sí solo, a su debido tiempo; y siempre que viene es perfecto. Tú no necesitas preocuparte de eso.

El amor es una experiencia espiritual; no tiene nada que ver con el sexo y nada que ver con el cuerpo, tiene que ver con el ser interior.

Pero tú ni siquiera has entrado en tu propio templo. No sabes en absoluto quién eres, y preguntas acerca del amor. Antes, sé tú mismo; antes, conócete a ti mismo, y el amor vendrá como recompensa. Una recompensa del más allá. Te colma de flores... llena tu ser. Y te seguirá colmando, y traerá consigo un enorme deseo de compartir.

En el lenguaje humano ese compartir se define como amor. No dice mucho, pero indica la dirección correcta. El amor es la sombra de la atención, de la consciencia.

Yo te enseño a ser más consciente, el amor vendrá según te vayas haciendo más consciente. Es un huésped que llega inevitablemente a aquellos que están listos y preparados para recibirle. Tu no estás preparado ni para reconocerle... Si el amor llega a tu puerta, no le reconocerás. Si el amor llama a tu puerta, puedes encontrar mil y una excusas; puedes pensar que es un golpe de viento o cualquier otra cosa. No abrirás la puerta. Y aunque la abras no lo reconocerás porque nunca antes le has visto; ¿cómo vas a reconocerlo?

Sólo puedes reconocer algo que ya conoces. Cuando llega el amor por primera vez y llena tu ser, te deja absolutamente abrumado y perplejo; no sabes lo que está pasando. Sabes que tu corazón danza, que te rodea una música celestial, descubres fragancias que nunca antes habías conocido. Pero poner todas estas experiencias en orden y recordar que quizá esto es el amor, lleva tiempo. Va penetrando poco a poco en tu ser.

El amor no se encuentra en la poesía. Sé por experiencia propia que la gente que escribe poesía no sabe lo que es el amor. Yo conozco personalmente a algunos grandes poetas que han escrito poesías preciosas acerca de él y sé que nunca lo han experimentado. De hecho sus poemas no son más que sustitutos, consolaciones; creen conocer el amor porque escriben acerca de él, y se engañan a sí mismos y a los demás.

Sólo los místicos conocen el amor. Aparte de los místicos no hay otra categoría de seres humanos que lo haya experimentado. El amor es absolutamente monopolio de los místicos. Si quieres conocer el amor tendrás que entrar en el mundo de los místicos.

Jesús dice: «Dios es amor». Él formó parte de una escuela mística, los esenios, una antigua escuela de misticismo. Pero quizá no llegó a graduarse, porque lo que dice no es correcto. Dios no es amor, el amor es Dios, y la diferencia es inmensa, no es sólo un cambio de palabras.

Cuando dices Dios es amor, simplemente dices que el amor es sólo un atributo de Dios, también es compasión, también es perdón. Puede ser millones de cosas además de amor; el amor sólo es uno de los atributos de Dios. Y de hecho hasta reducirle a un pequeño atributo de Dios es irracional e ilógico, porque si Dios es amor no puede ser justo; si Dios es amor, no puede ser tan cruel como para arrojar o los pecadores al infierno eterno. Si Dios es amor, no puede ser la ley.

Un gran místico sufí, Omar Khayyam, muestra una mayor comprensión que Jesús cuando dice: «Seguiré siendo yo mismo. No haré ningún caso a los sacerdotes y predicadores, confío en que el amor de Dios sea lo bastante grande. Así que, ¿por qué preocuparme?; nuestros pecados, al igual que nuestros brazos, son pequeños. Nuestra capacidad no es tan grande; ¿cómo vamos a cometer pecados que Dios no pueda perdonar? Si Dios es amor, no puede estar presente el día de juicio final para poner a un lado a los santos y enviar al infierno por toda la eternidad a los millones y millones de personas restantes».

Las enseñanzas de los esenios eran justamente opuestas; Jesús les cita erróneamente. Quizá no compartía profundamente sus enseñanzas. Lo que él enseñaba era: «El amor es Dios». Lo cual es completamente diferente. Así Dios se vuelve sólo un atributo del amor; así Dios se vuelve sólo una cualidad de la maravillosa experiencia del amor. Así Dios ya no es una persona sino sólo una experiencia de aquellos que han conocido el amor; así Dios se vuelve secundario respecto al amor. Y para mí, los esenios tenían razón.

El amor es el valor supremo, la plenitud final.

No hay nada más allá de él.

Por eso no puedes perfeccionarlo.

De hecho, antes de alcanzarlo tendrás que desaparecer. Cuando el amor esté tú no estarás.

Un gran místico oriental, Kabir, tiene una expresión muy significativa; una expresión que sólo ha podido ser construida por alguien que ha experimentado, que se ha realizado, que ha entrado en el santuario interior de la realidad suprema. La expresión es: «He buscado la verdad, pero resulta extraño decir que mientras el buscador estaba, la verdad no se hallaba. Y cuando se haya la verdad, miré por todas partes... yo estaba ausente. Cuando se hallaba la verdad, el buscador ya no estaba; y cuando el buscador estaba, la verdad no estaba en ninguna parte».

La verdad y el buscador no pueden existir juntos.

Tú y el amor no podéis existir juntos.

No hay coexistencia posible: tú o el amor, puedes elegir. Si estás preparado para desaparecer, disolverte y fundirte dejando detrás sólo una consciencia pura, el amor florecerá. No puedes perfecccionarlo porque no estarás presente. Y además no necesita perfección; siempre que viene, viene perfecto. Pero amor es una de esas palabras que todo el mundo usa y nadie comprende. Los padres dicen a sus hijos: «Te amamos»; y son ellos mismos los que destruyen a sus hijos, los que les inculcan a sus hijos toda clase de prejuicios, toda clase de supersticiones muertas. Es la misma gente que carga a sus hijos con el fardo de la basura que han cargado durante generaciones y van transfiriéndolo de una generación a otra. La locura continúa... se hace monótona.

Sí, todos los padres creen que aman a sus hijos. Si realmente les amaran, no querrían que fuesen como ellos, porque ellos son desgraciados y nada más. ¿Cuál es la experiencia de su vida...? Pura miseria y sufrimiento. La vida no ha sido una bendición para ellos, sino una maldición. Y aún así quieren que sus hijos sean como ellos.

Una familia me había invitado a su casa; yo estaba sentado en el jardín al atardecer. El sol se ponía, era un silencioso y bello atardecer. Los pájaros regresaban a los árboles, el niño de la familia estaba sentado a mi lado. Le pregunté: «¿Sabes quién eres?».

Los niños son más claros, más perceptivos que los adultos, porque los adultos ya están maleados, corruptos y contaminados con toda clase de ideologías y religiones. El niño me miró y dijo: «Esa es una pregunta muy difícil».

Yo dije: «¿Dónde está la dificultad?».

Él contestó: «La dificultad está en que soy hijo único y, desde que recuerdo, cada vez que vienen invitados unos dicen que mis ojos se parecen a los de mi padre, otros que mi nariz se parece a la de mi madre, otros que mi cara se parece a la de mi tío, así que no sé quién soy, porque nadie dice que algo se parece a mí».

Yo dije: «Sí que es difícil».

Pero esto es lo que se le ha hecho a todos los niños. No dejas que el niño experimente por su cuenta y se convierta en sí mismo. Le cargas con tus propias ambiciones insatisfechas... Cada padre quiere que su hijo se le parezca. Pero cada niño tiene su propio destino; si se convierte en tu imagen nunca llegará a ser él mismo.

Y sin convertirte en ti mismo, nunca estarás contento, nunca te sentirás a gusto en la existencia. Siempre sentirás que te falta algo.

Tus padres te quieren y te dicen que les tienes que querer porque son tus padres. Es un extraño fenómeno y nadie parece darse cuenta; que seas madre no significa que tu hijo te tenga que querer. Tendrás que ser cariñosa; ser madre no es suficiente. Puede que seas padre, pero eso no significa que automáticamente seas cariñoso. Que seas padre no es suficiente para crear un inmenso sentimiento de amor en el niño.

Pero se cuenta con ello... y el pobre hijo no sabe qué hacer. Empieza a fingir; es la única salida. Empieza a sonreír cuando no hay sonrisa en su corazón; empieza a mostrar amor, respeto y gratitud, pero todo es falso. Ya desde el principio se convierte en un actor, un hipócrita, un político. Vivimos todos en este mundo donde los padres, los profesores, los sacerdotes, todo el mundo, te ha corrompido, te ha sacado de tu sitio, te ha alejado de ti mismo.

Mi intención es devolverte tu centro. A este centrarse yo le llamo meditación. Quisiera que simplemente fueras tú mismo, con un gran respeto por ti mismo, con la dignidad de saber que la existencia te necesita; entonces puedes empezar a buscar por ti mismo. Primero vuelve a tu centro, luego empieza a indagar quién eres.

Conocer el verdadero rostro de uno mismo es el principio de una vida de amor, de una vida de celebración. Serás capaz de amar inmensamente porque el amor es inagotable, inmensurable, no se puede acabar. Y cuanto más lo das, más capacidad de dar tienes.

La mayor experiencia de la vida es cuando simplemente das sin condiciones, sin esperar nada a cambio, ni un simple «gracias». Por el contrario, un autentico, un verdadero amante se siente en deuda con la persona que ha aceptado su amor. Podría haberlo rechazado.

Cuando empieces a dar amor con un profundo sentimiento de gratitud hacia todos aquellos que lo acepten, te sorprenderá haberte convertido en un emperador; ya no eres un mendigo con una escudilla, llamando a todas las puertas. Y aquellas personas a cuyas puertas llamas no pueden darte amor; ellos mismos son mendigos.

He oído que dos astrólogos... Cada mañana solían encontrarse en cierto cruce de caminos. Desde allí sus caminos se separaban; ejercían en diferentes partes de la ciudad. Encontrarse en el cruce antes de partir hacia sus respectivos lugares de trabajo se había convertido en un ritual. Solían mostrarse las manos preguntándose el uno al otro: «¿Cuál será mi destino hoy?».

Eran grandes astrólogos; le decían a la gente su destino, y no conocían los suyos propios, ¡por lo que tenían que consultar a otros astrólogos que les consultaban a ellos! Cada uno leía las líneas del otro y predecía.

Mendigos pidiéndose amor el uno al otro, se sienten frustrados, furiosos, porque el amor no viene. Pero tiene que ser así. El amor pertenece al mundo de los emperadores, no al de los mendigos. Y un hombre es emperador cuando está tan lleno de amor que puede darlo sin condiciones.

Entonces llega una sorpresa aún mayor: cuando empiezas a dar tu amor al alguien, aunque sea un extraño, lo importante no es a quién se lo das; el mismo gozo de dar es tal que ¿a quién le importa quién lo recibe? Cuando este espacio llega a tu ser, das a todo el mundo; no sólo a los seres humanos también a los animales, a los árboles, a las lejanas estrellas; porque el amor es algo que puede llegar hasta las más remotas estrellas tan sólo con una mirada amorosa. Simplemente a través del tacto, puedes darle amor a un árbol. Sin decir una simple palabra... se puede transmitir en absoluto silencio.

Y no lo digo por decir, yo soy un ejemplo vivo de todo lo que os estoy diciendo. ¿Podéis sentir mi amor? ...aunque nunca os lo diga. No necesita decirse, se declara a sí mismo.

Primero llénate de amor, luego viene el compartir y, después, la gran sorpresa... cuando das, empiezas a recibir de fuentes desconocidas, de rincones desconocidos, de gente desconocida: de los árboles, de los ríos, de las montañas. Desde los más recónditos lugares de la existencia el amor comienza a inundarte. Cuanto más das, más recibes. La vida se vuelve un festival de amor.

Para mí, este es el estado de iluminación, el amor puro. Y excepto el amor, no hay Dios.

Satiam - Shivam - Sundram. Discurso 4

¿Qué significa amarse uno mismo?

No se debe empezar por amarse a uno mismo, porque tú no sabes quién eres. ¿A quién vas a amar?

Si empiezas por amarte a ti mismo, amarás sólo a tu ego, que no eres tú; es una personalidad falsa. Casi todo el mundo ama su personalidad; todo el mundo ama su ego. Hasta la mujer más horrible, si le dices: «Qué bonita eres», no se negara a aceptarlo.

He oído que una vez...

Dos viejos se encontraron en una esquina. «¿Dónde has estado estos dos últimos meses?» —dijo uno de ellos.

«En la cárcel» —contestó el otro.

«¿En la cárcel? ¿Y cómo ha sido eso?» —replicó el primero.

«Pues hace como dos meses estaba en una esquina —respondió el segundo— y se acercó una chica preciosa corriendo con un policía y le dijo: "Es este, agente. Este es el que me ha atacado". Y ¿sabes?, me sentí halagado, lo admito.»

Cuántas cosas que sabes perfectamente bien que no son verdad has admitido. La gente dice que eres muy cariñoso, sincero, noble, majo y honesto; y nunca lo niegas. Este no es el amor del que yo hablo.

Sí, me gustaría que te amaras a ti mismo, porque hasta que no te ames a ti mismo no puedes amar a nadie más. Y si no te has amado a ti mismo, no sabes lo que es amor. Pero antes de poder amarte a ti mismo tienes que conocerte; por eso el amor es secundario y la meditación es primordial.

El milagro es que si meditas, y poco a poco te sales del ego y de tu personalidad y descubres tu auténtico ser, el amor vendrá por sí mismo. No tienes que hacer nada, es un florecimiento espontáneo. Pero sólo florece en cierto clima, y a ese clima yo le llamo meditación. En un clima de silencio, de repente verás que miles de flores se abren en tu interior, y su fragancia es el amor.

Naturalmente, primero te amarás a ti mismo, porque ese será tu primer encuentro. Primero serás consciente de la fragancia que está surgiendo en ti, la luz que ha nacido en ti, y la felicidad que cae sobre ti. Luego, el amor se volverá tu misma naturaleza. Entonces amarás a muchos; lo amarás todo.

De hecho, lo que conocemos en nuestra ignorancia es una relación, y lo que conocemos en nuestra consciencia ya no es una relación. No es que yo te amo; es que soy amor.

Y tienes que entender la diferencia. Cuando dices «te amo», ¿qué pasa con los demás? ¿Qué pasa con toda la existencia? Cuanto más estrecho es tu amor, más aprisionado está. Se le cortan las alas; no puede volar a través del cielo cruzando el sol. No tiene libertad, casi está en una jaula de oro. La jaula es bonita, pero dentro de la jaula el pájaro no es el mismo que tú has visto en el cielo desplegando las alas.

El amor no tiene que convertirse en una relación, en una contracción, sino en una expansión.

El amor tiene que ser tu cualidad, tu carácter, tu ser, tu resplandor. Igual que el sol irradia su luz a todas partes, la meditación irradia amor sin una dirección, sin destinarlo a alguien en particular.

Por supuesto, primero se siente dentro de uno mismo, para uno mismo, luego empieza a irradiar todo a su alrededor. Entonces no sólo amas a los seres humanos, amas a los árboles, amas a los pájaros; simplemente amas, eres amor.

Me preguntas: «¿Qué significa amarse uno mismo?».

Significa meditación.

Significa ser uno mismo.

La naturaleza traerá el amor como recompensa.

No escuches a los sacerdotes; son enemigos del amor. Te han enseñado a odiarte a ti mismo y a odiar al mundo, porque te han estado enseñando que sufres en esta vida o bien porque has nacido en pecado, o bien por los malos actos de tu vida pasada. Pero ninguna religión ha aceptado esta vida con alegría y regocijo, como un regalo, como una gracia que no te mereces, que no tienes ningún derecho a reclamar; no te lo has ganado.

Así que lo primero es evitar a los sacerdotes. Te enseñan a negar la vida. Y mi intención es devolverte la capacidad de afirmarla. Eso es lo que yo llamo amarte a ti mismo, no aceptarte a ti mismo como pecador. ¿Cómo puedes aceptarte a ti mismo si crees que eres un pecador? ¿Cómo puedes amarte a ti mismo si crees que no eres otra cosa que un saco de culpabilidad, que un pasado de malos actos acumulados durante millones de vidas?

Te odiarás a ti mismo. Y eso es lo que vuestros sacerdotes os han estado diciendo: renuncia a la vida, odia la vida, odia el placer, ódialo todo, y sacrifícalo todo si quieres entrar en el paraíso. Nunca ha regresado nadie del paraíso, así que no hay evidencias de ninguno en ningún sitio, ninguna prueba; es sólo un ejercicio inútil que nunca será capaz de llegar a una conclusión.

Un viejo sacerdote sermoneaba a su congregación sobre el pecado.

«El pecado —dijo— es como un gran perro. Está el gran perro del orgullo, el gran perro de la envidia, el gran perro de la avaricia, y finalmente, está el gran perro del sexo. Tienes que matar a esos grandes perros antes de que ellos te maten a ti y te impidan llegar al cielo. Es posible; lo sé, porque durante años yo lo he hecho. Maté al gran perro de la envidia , al gran perro del orgullo, al gran perro de la avaricia y sí: hijos míos maté al gran perro del sexo».

«Padre —se oyó una voz desde atrás— ¿está seguro de que el último perro no murió de muerte natural?»

No puedes cambiar la naturaleza. Si puedes vivir naturalmente, la transformación llega. Cuando llega, el sexo desaparece; pero no por tus esfuerzos. Es por ellos que sigue a tu alrededor. Cuanto más lo reprimes, más presente está. Cuanto más lo vives, mayor es la posibilidad de transcenderlo.

Una pareja de viejos estaban sentados en su casa escuchando a un curandero en la radio.

«De acuerdo amigos —comenzó—, Dios os quiere curar a todos. Lo único que tenéis que hacer es poner una mano en la radio y la otra en la parte del cuerpo que esté enferma.»

La vieja se levantó, arrastró los pies hasta la radio y puso la mano sobre su artrítica cadera. Entonces el viejo puso una mano en la radio y la otra en su bragueta.

Su mujer le miró con desprecio y dijo: «Viejo idiota. El hombre dijo que curaría a los enfermos no que resucitaría a los muertos».

Vive naturalmente. Vive pacíficamente. Vive interiormente. Date un poco de tiempo a ti mismo, para estar solo, en silencio, observando la escena interior de tu mente. Lentamente los pensamientos desaparecen. Poco a poco un día la mente estará tan quieta, tan en silencio como si no estuviera. Solamente este silencio; en este momento vosotros no estáis aquí, es como si este Buda Hall estuviera vacío.

En este silencio de tu interior, encontrarás una nueva dimensión de la vida. En esta dimensión no hay avaricia, ni sexo, ni ira, ni violencia. No es algo que tú consigues; es una nueva dimensión más allá de la mente donde el amor existe puro, impoluto por la necesidad biológica; donde la compasión existe sin ningún otro motivo; no para recibir alguna recompensa en el cielo, ya que la compasión es una recompensa en sí misma.

Existe un gran deseo de compartir todos los tesoros que has descubierto dentro de ti, y de gritar desde lo alto de los tejados a la gente: «¡No sois pobres! El paraíso está en vuestro interior».

No necesitas ser mendigo, has nacido emperador. Tan sólo tienes que descubrir tu imperio, y tu imperio no es del mundo externo; tu imperio es el de tu propia interioridad. Está dentro de ti y siempre ha estado ahí. Esperando que vuelvas a casa.

El amor vendrá, y vendrá en abundancia; tanto que no podrás contenerlo. Descubrirás que es algo desbordante, que llega de todas las direcciones.

Tan sólo descubre tu esplendor oculto.

La vida puede ser simplemente una canción, una canción de alegría.

La vida puede ser simplemente una danza, una celebración, una continua celebración. Lo único que tienes que aprender es un estilo de vida afirmativo.

Yo sólo llamo religioso al hombre que afirma la vida. Todos aquellos que la niegan puede que se crean religiosos, pero no lo son. Su tristeza y su seriedad lo muestran.

Un hombre verdaderamente religioso tendría sentido del humor. Es nuestro Universo, nuestro hogar. No somos huérfanos.

Esta Tierra es nuestra madre. Este Cielo es nuestro padre. Todo este vasto Universo es para nosotros, y nosotros para él. De hecho, no hay división entre nosotros y el todo. Estamos unidos orgánicamente a él, somos parte de una gran orquesta. La única religión que yo puedo aceptar como auténtica, como válida, es sentir la música de la existencia. Sin escrituras, no necesita tenerlas. Sin estatuas de Dios, porque no cree en ninguna hipótesis. Sin nada que venerar, sólo tiene que ser silenciosa; de ese silencio viene la gratitud, la oración, y toda la existencia se vuelve divina.

No existe Dios como persona. Dios se expande por todas partes: en los árboles, en los pájaros, en los animales, en la humanidad, de mil y una formas.

Todo lo que está vivo no es otra cosa que divinidad lista para desplegar sus alas, lista para volar hacia la libertad, la libertad definitiva de la consciencia.

Sí, te amarás a ti mismo y también amarás toda la existencia.

The invitation. Discurso 30

¿Cómo superar mis ataduras?

Me he enamorado y he sufrido mucho, pero me siento incapaz de abandonar el sueño de que mi relación amorosa definitivamente me conducirá a la satisfacción. ¿Cómo puedo superar este apego que me da tanta riqueza y a la vez es tan doloroso?

El amor es ambas cosas. Es rico y es doloroso, es agonía y es éxtasis; porque el amor es el encuentro de la tierra y el cielo, de lo conocido y lo desconocido, de lo visible y lo invisible.

El amor es el límite que separa la materia y la consciencia, el límite entre lo más bajo y lo más elevado. El amor tienes raíces en la tierra que son su dolor, su agonía. Y el amor tiene sus ramas en el cielo, que son su éxtasis.

El amor no es un fenómeno simple, es dual. Es un acuerdo tirante entre dos polaridades. Tendrás que comprender estas dos polaridades: una es el sexo, la otra es la oración. El amor es la cuerda tirante entre el sexo y la oración; parte de él es sexo y parte oración.

La parte sexual tiene necesariamente que traer muchas miserias, la parte que pertenece a la oración traerá muchas alegrías. Por eso es difícil renunciar al amor, porque uno tiene miedo de que se renuncie también a las alegrías que vienen con él. Uno tampoco es capaz de estar totalmente en él, porque todos esos dolores te recuerdan una y otra vez que renuncies a él. Esta es la miseria del amante: el amante vive en una tensión, tirante.

Puedo entender tu problema. Es el problema básico de todos los amantes, porque el amor trae muchas espinas y muchas flores, y ambas vienen juntas. El amor es un rosal. Uno no quiere esas espinas, a uno le gustaría que el rosal fuera todo flores, sin espinas; pero vienen juntas, son aspectos de una misma energía.

Pero yo no estoy diciéndote que renuncies al amor, no te estoy diciendo que te separes. Lo que te estoy diciendo es: hazlo más y más una oración. Mi enfoque es el de la transformación, no el de la renuncia. Has debido malinterpretarme. Yo no estoy en contra del sexo, sino a favor de hacer del sexo una oración. Lo más bajo puede ser poseído por lo más elevado, entonces el dolor desaparece.

¿Qué dolor hay en la sexualidad? Te recuerda tu animalidad; ese es su dolor. Te recuerda el pasado, te recuerda tu límite biológico, te recuerda que no eres libre, que estás bajo la esclavitud de los instintos dados por la naturaleza; que tus hilos son manejados por la naturaleza, que eres tan sólo una marioneta en manos de lo desconocido, de fuerzas inconscientes.

El sexo se siente como una humillación. En el sexo sientes que estás perdiendo tu dignidad, de ahí el dolor. Además la satisfacción es tan momentánea...; más tarde o más temprano cualquier persona inteligente se da cuenta de que la satisfacción es momentánea y seguida de largas noches de dolor.

El éxtasis es como una brisa, viene y se va, te deja en un estado desértico, profundamente frustrado, decepcionado. Has tenido muchas esperanzas; tu parte instintiva te ha prometido muchas cosas, y no ha cumplido ninguna.

De hecho, el sexo es una estrategia de la naturaleza para perpetuarse a sí misma. Es un mecanismo que te mantiene reproduciéndote; si no, la gente desaparecería. Imagínate una humanidad donde el sexo no fuera un instinto y tú fueras libre, donde entrar en el sexo o no, fuera tu elección. Entonces todo este asunto parecería absurdo y ridículo. Imagínate: si no hubiera fuerzas instintivas tirando de ti, no creo que nadie estuviera dispuesto a entrar al sexo. Nadie va por voluntad propia; uno va a él reluctante, resistiéndose.

Si el sexo se dejara a la libre elección no creo que la gente fuera a él. Hay razones por las que la gente hace el amor ocultándose del público, de los demás: porque parece muy ridículo. Al hacer el amor en público sabrás que los demás verán lo ridículo que es; tú mismo sabes que lo es. Uno siente que está cayendo por debajo de la humanidad; ese es el gran dolor, eres arrastrado hacia atrás.

Pero trae algunos momentos de pureza total, de gozo e inocencia. Trae algunos momentos de intemporalidad, donde de repente no hay tiempo. También trae momentos en los que el ego desaparece, en esos momentos de profundos espasmos orgásmicos se olvida el ego. Te trae algunos destellos de Dios, de ahí que no se pueda renunciar a él.

La gente ha tratado de renunciar al sexo. A través de los tiempos los monjes han tratado de renunciar a él, por la simple razón de que es muy humillante, de que va muy en contra de la dignidad de los seres humanos. Estar bajo el impacto de un instinto inconsciente es dehumanizador, desmoralizador. Los monjes han renunciado a él, han dejado el mundo, pero con él también ha desaparecido toda la alegría de sus vidas. Se han vuelto muy serios y tristes, suicidas. Ahora no le ven significado a la vida, toda la vida pierde su sentido. Entonces simplemente esperan que llegue la muerte y se les lleve.

Es un problema muy delicado; ¿cómo resolverlo? Los monjes no han sido capaces de hacerlo. Por el contrario, crearon muchas perversiones en el mundo. Todas las perversiones que vuestros mal llamados santos han condenado, han sido creadas por ellos mismos. La primera idea de homosexualidad surgió en los monasterios, porque mantenían a los hombres juntos, distante y separados de las mujeres, y mantenían a las mujeres juntas, distantes y separadas de los hombres.

Hay monasterios católicos donde no ha entrado mujer alguna desde hace mil años. Ni a una niña de seis meses se le permite. La sola idea parece horrible; esos frailes deben ser realmente peligrosos; ni siquiera a una niña de seis meses se le permite entrar en el monasterio. ¿Qué muestra esto? ¡Qué miedo! ¡Qué paranoia! Naturalmente los frailes empezaron a tener contacto entre ellos, entonces el instinto creó maneras nuevas, inventó perversiones; se volvieron homosexuales. La homosexualidad es realmente algo muy religioso, es una consecuencia de la religión, la religión le ha dado al mundo muchas cosas; la homosexualidad es una de ellas. Toda clase de perversiones...

Ahora no se oye hablar de mujeres haciendo el amor con el diablo; ¡de repente el diablo parece haber perdido todo interés por las mujeres! El diablo no existe. Pero si mantienes a las mujeres separadas de toda posibilidad de enamorarse, de estar enamoradas, la mente empezará a crear sus propias proyecciones, y por supuesto estas proyecciones serán muy, pero que muy animadas.

Así que, los frailes y las monjas no han sido capaces de resolver el problema, por el contrario lo han liado aún mas. Y la persona mundana, la sensual, la persona indulgente, tampoco ha sido capaz de resolverlo: vive miserablemente; toda su vida es un sufrimiento. Sigue esperando, va de una esperanza a otra esperanza, y sigue fracasando, poco a poco una gran desesperación se posa en su ser.

Mi forma de ver las cosas no es de este mundo ni del otro.

Mi forma de ver las cosas no es rechazarlas sino usarlas.

Mi comprensión es que cualquier cosa que se te dé es preciosa. Puede que conozcas su valor o puede que no, pero es preciosa; si no fuera así, la existencia no te la hubiera dado. Así que tienes que encontrar maneras de transformarla. Debes procurar que hacer el amor sea más como una oración, tienes que hacer que tu sexo sea más amoroso. Poco a poco el sexo tiene que transformarse en una actividad sagrada, tiene que ser elevado.

Es mejor que tú tires del sexo hacia arriba, a que el sexo te empuje a ti hacia abajo, al fango de la animalidad.

La misma energía que te empuja hacia abajo, puede tirar de ti hacia arriba, y esa misma energía puede darte alas. Tiene un poder tremendo; es ciertamente la fuerza más poderosa del mundo.

Porque toda vida surge de ella. Si puede dar a luz a un niño, a una nueva vida, si puede traer una nueva vida a la existencia, te puedes imaginar su potencial: te puede traer una vida nueva a ti también. Igual que puede traer un nuevo niño al mundo, puede darte un nuevo nacimiento.

Y eso es lo que Jesús quiere decir cuando le dice a Nicodemus: «A menos que vuelvas a nacer otra vez, no podrás entrar en el reino de Dios»; a menos que vuelvas a nacer otra vez, a menos que seas capaz de darte a luz a ti mismo, con una nueva visión, con una nueva cualidad de tus energías, con una nueva afinación en tus instrumentos. Tus instrumentos contienen una gran música, pero tienes que aprender a tocarlos.

El sexo tiene que transformarse en un gran arte meditativo. Esa es la contribución del tantra al mundo. La contribución del tantra es la mayor, porque te da claves para transformar lo más bajo en lo más elevado. Te da las claves para transformar el fango en flores de loto. Es una de las ciencias más grandes que han existido; pero por los moralistas, los puritanos y la mal llamados religiosos, el tantra no ha podido ayudar a la gente. Se han quemado sus escrituras, miles de maestros de tantra han sido asesinados, quemados vivos. Toda la tradición ha sido casi destruida, se les ha forzado a esconderse...

Pero los estúpidos políticos y sacerdotes han estado siempre conspirando. No quieren que la gente se transforme, porque entonces ya no está bajo su dominio. La gente que se transforma se vuelve independiente, libre; la gente que se transforma se vuelve tan consciente y tan inteligente que puede ver a través de todos los juegos de los políticos y los sacerdotes. No siguen a nadie; empiezan a vivir un tipo de vida totalmente diferente; no la vida de la masa, sino la del individuo. Se convierten en leones, dejan de ser corderos.

El interés de los políticos y los sacerdotes es que todo ser humano siga siendo un cordero. Sólo entonces pueden ser sus pastores, sus líderes, grandes líderes. Gente mediocre y estúpida aparentando ser grandes líderes; pero esto sólo es posible si toda la humanidad permanece en un nivel de inteligencia muy bajo, si se la mantiene reprimida.

Hasta ahora, sólo se han hecho dos experimentos. Uno ha sido el de la indulgencia, que ha fracasado —el cual se está probando otra vez en occidente y va a fracasar, fracasar rotundamente. Y el otro, el de la renunciación, que se ha probado en Oriente, y también en Occidente por el cristianismo. Este también ha fracasado, fracasado rotundamente. Se necesita un nuevo experimento y se necesita urgentemente. El hombre está hecho un lío, en una gran confusión. ¿Dónde ir? ¿Qué hacer con uno mismo? Yo no estoy diciendo: renuncia al sexo. Estoy diciendo: transfórmalo. No tiene que ser sólo biológico; añádele un poco de espiritualidad. Mientras hagas el amor, también medita. Cuando hagas el amor, hazlo con más devoción. El amor no debería ser sólo un acto físico; pon tu alma en él.

Entonces, poco a poco, el dolor empieza a desaparecer y la energía contenida en el dolor se libera y se vuelve más y más una bendición. Entonces, la agonía se transforma en éxtasis.

Tú dices: «Me he enamorado y he sufrido mucho».

Bendito seas. La gente realmente desgraciada es aquella que nunca se ha enamorado y nunca ha sufrido; no han vivido en absoluto. Enamorarse y sufrir enamorado es bueno. Es pasar a través del fuego; purifica, te da visión, te pone más alerta. Este es el desafío que hay que aceptar. Los que no acepten este desafío seguirán siendo botarates. Tú dices: «Me he enamorado y he sufrido mucho, pero me siento incapaz de abandonar el sueño de que mis relaciones amorosas finalmente me conducirán a la satisfacción».

No estoy diciéndote que abandones tu amor, simplemente estoy manifestando un hecho: que no te llevará a tu satisfacción definitiva. No está en mi mano cambiar la naturaleza de las cosas; simplemente estoy declarando un hecho. Si estuviera en mi mano me hubiera gustado que encontraras la satisfacción definitiva en el amor. Pero no es así. ¿Qué puedo yo hacer? Dos más dos son cuatro.

Es una ley fundamental de la vida que el amor te lleve hacia más y más profundas insatisfacciones. En definitiva, el amor trae tal descontento que empiezas a desear al amado supremo, Dios; empiezas a buscar la relación amorosa Suprema.

Sannyas es la relación amorosa suprema: la búsqueda de Dios, la búsqueda de la verdad. Es sólo posible cuando has fracasado muchas veces, amado y sufrido, y cada sufrimiento te ha traído más y más consciencia, más y más comprensión. Un día llega el reconocimiento de que el amor puede darte unos pocos destellos, y esos destellos están bien, son destellos de Dios; pero sólo te puede dar destellos; más que eso no es posible. Hasta eso es demasiado; pero sin esos destellos tú nunca buscarías a Dios.

Los que no han amado y sufrido nunca se convertirán en buscadores de Dios; no pueden, no se lo han ganado, no se lo merecen. Es sólo derecho de los amantes empezar un día a buscar al amado supremo.

Ama, y ama más profundamente. Sufre, y sufre más profundamente. Ama totalmente y sufre totalmente, porque es así como el oro impuro al pasar a través del fuego se convierte en oro puro.

The book of wisdom. Discurso 27

III

ACERCA DE LAS RELACIONES

La vida es una interdependencia. Nadie es independiente, ni por un momento puedes existir solo. Necesitas que toda la existencia te apoye a cada momento en cada inspiración y espiración. No es una relación, la vida es una total interdependencia. Recuerda, no estoy diciendo que sea dependencia, porque la idea de dependencia sugiere que eres independiente. Si somos independientes entonces la dependencia es posible. Pero ambas son imposibles; la vida es una interdependencia.

¿Tú que crees? ¿Son las olas independientes del océano, o dependen del océano? Ni lo uno ni lo otro es verdad. Ni son independientes ni dependientes. El océano no puede existir sin las olas y las olas no pueden existir sin el océano. Son totalmente uno, es una unidad. Y así es toda nuestra vida. Somos olas del océano cósmico de la consciencia.

Eso significa que el amor puede tener tres dimensiones. Una es la dependencia; que es lo que le pasa a la mayoría de la gente. El marido depende de la esposa, la esposa depende del marido; se explotan mutuamente, se dominan el uno al otro, se poseen el uno al otro, se reducen el uno al otro a una mercancía. En el noventa y nueve por ciento de los casos, eso es lo que está pasando en el mundo. Es por eso que el amor, que puede abrir las puertas de el paraíso, sólo abre las puertas del infierno.

La segunda posibilidad es la del amor entre dos personas independientes. Ocurre de vez en cuando, pero esto también trae miseria, porque conlleva un conflicto constante. No hay forma de cambiarlo; ambos son tan independientes que ninguno está dispuesto a comprometerse, a ajustarse al otro. Los poetas, artistas, pensadores, científicos, los que viven en cierta independencia, por lo menos en sus mentes, son gente con la que es imposible vivir; son gente excéntrica, es difícil vivir con ellos. Dan libertad al otro, pero su libertad se parece más a la indiferencia que a la libertad, parece como si no se preocuparan, como si no les importara. Se dejan el uno al otro en sus propios espacios. La relación parece ser sólo superficial; tienen miedo de profundizar el uno en el otro, porque están más comprometidos con su libertad que con el amor, y no se quieren comprometer.

Y la tercera posibilidad es la interdependencia. Raramente ocurre, pero cuando ocurre una parte del paraíso desciende sobre la Tierra. Dos personas, ni independientes ni dependientes, sino en una tremenda sincronicidad, como si respiraran el uno por el otro, un alma en dos cuerpos; cuando esto ocurre, ha ocurrido el amor. Sólo a esto se le puede llamar amor. Las otras dos no son verdadero amor, no son más que arreglos: sociales, psicológicos, biológicos, pero arreglos. La tercera es algo espiritual.

The book of wisdom. Discurso 12

¿Por qué es tan difícil relacionarse?

Porque tú todavía no eres. Hay un vacío interior, y el miedo a que si te relacionas con alguien más tarde o más temprano se demostrará que estás vacío. Por eso parece más seguro mantener una distancia con la gente; por lo menos puedes simular que eres.

Tú no eres. No has nacido todavía, eres tan sólo una posibilidad. Pero todavía no eres su realización; y sólo dos personas que se hayan realizado pueden relacionarse. Relacionarse es una de las cosas más grandes de la vida; relacionarse significa amar, relacionarse significa compartir. Pero antes de poder compartir, tienes que tener. Y antes de poder amar tienes que estar lleno de amor, rebosante de amor.

Dos semillas no se pueden relacionar, están cerradas. Dos flores pueden relacionarse, están abiertas, pueden mandar su fragancia de una a otra, pueden danzar bajo el mismo sol y en el mismo viento, pueden tener un diálogo, pueden susurrarse. Pero esto no es posible para dos semillas. Las semillas están totalmente cerradas, no tienen ventanas; ¿como van a relacionarse?

Y esta es la situación. El hombre nace como una semilla; puede convertirse en una flor, o puede que no. Todo depende de ti, de lo que tú hagas contigo mismo; todo depende de si tú creces o no. Es tu elección; y la elección tiene que afrontarse cada momento; cada momento estás en un cruce de caminos.

Millones de personas prefieren no crecer. Permanecen como semillas, se quedan en potencialidades, nunca llegan a realizarse. No saben lo que es la autorrealización, no saben nada acerca de la existencia. Viven totalmente vacíos y mueren totalmente vacíos. ¿Cómo van a relacionarse?

Sería exponerte a ti mismo; tu desnudez, tu fealdad, tu vacío; parece más seguro mantener una distancia. Hasta los amantes mantienen cierta distancia; llegan hasta un punto, y permanecen alerta cuando se dan la espalda. Tienen sus límites; permanecen confinados en sus límites.

Sí, hay cierta clase de relación, pero no es la de relacionarse, es la de la posesión: el marido posee a la esposa, la esposa posee al marido, los padres poseen a los hijos, y así sucesivamente. Pero poseer no es relacionarse; de hecho poseer es destruir toda posibilidad de relacionarse. Si te relacionas, respetas; no puedes poseer. Si te relacionas, se crea una gran reverencia. Si te relacionas te vas acercando y llegas muy, muy cerca, en profunda intimidad, superponiéndoos, sin interferir en la intimidad del otro, y a su vez el otro sigue siendo un individuo independiente. Es la relación del yo-tu, no la del yo-ello, superponiéndose, interpenetrándose, y a la vez en cierto sentido independiente.

Kahlil Gibran dice: «Sed como dos pilares que sostienen el mismo tejado, pero no os poseáis el uno al otro, dejad al otro independiente. Sostened el mismo tejado; ese tejado es el amor».

Dos amantes sostienen algo invisible e inmensamente valioso: una poesía de ser, una música escuchada en el profundo seno de su existencia. Ambos sostienen una armonía, pero permanecen independientes. Pueden exponerse al otro, porque no tienen miedo. Saben quiénes son. Conocen su belleza interior, conocen su perfume interior; no tienen miedo.

Pero normalmente tienes miedo, porque tú no tienes ninguna fragancia. Si te expones a ti mismo simplemente apestarás; apestarás a celos, odios, iras, lujuria. No tendrás el perfume del amor, la oración, la compasión.

Millones de personas han preferido quedarse en semillas. ¿Por qué? Cuando pueden convertirse en flores y danzar al viento, bajo el sol, bajo la luna, ¿por qué han decidido quedarse en semillas? Hay una razón para esta decisión: la semilla está más segura que la flor. La flor es frágil; la semilla no lo es, la semilla parece más fuerte. La flor puede ser destruida muy fácilmente; sólo un golpe de viento y sus pétalos volarán. La semilla no puede ser destruida por el viento tan fácilmente, la semilla está muy protegida, segura. La flor estará expuesta; una cosa tan delicada, y expuesta a tantos riesgos: puede soplar un viento fuerte, puede llover tormentosamente, el sol puede calentar demasiado, cualquier tonto puede arrancar la flor. Cualquier cosa puede ocurrirle a la flor, le puede pasar de todo; la flor está constantemente en peligro. Pero la semilla está segura; por eso millones de personas han decidido permanecer como semillas. Pero quedarse en semilla es quedarse muerto, quedarse en semilla no es en absoluto vivir. Es seguro, ciertamente, pero no tiene vida. La muerte es segura, la vida es inseguridad. El que realmente quiere vivir tiene que vivir en peligro, en constante peligro. El que quiere alcanzar la cima tiene que arriesgarse a perderse. El que quiere escalar las más altas cimas tiene que arriesgarse a caerse, escurrirse.

Cuanto mayor es el anhelo de crecer, más y más riesgo se tienen que aceptar. El verdadero hombre acepta el peligro como su propio estilo de vida, como el verdadero clímax del crecimiento.

Me preguntas: «¿Por qué es tan difícil relacionarse?».

Es difícil porque tú todavía no eres. Primero sé. Sólo después todo lo demás es posible: primero sé.

Jesús dice a su manera: «Primero, busca el reino de Dios, todo lo demás te será dado». Esto es sólo una vieja expresión que quiere decir lo mismo que yo estoy diciendo: primero sé, todo lo demás te será dado.

Pero ser es el requerimiento básico. Si eres, el coraje viene como consecuencia. Si eres, surge un gran anhelo por la aventura; y cuando estás listo para explorar, puedes relacionarte. Relacionarse es explorar; explorar la consciencia del otro, explorar el territorio del otro. Pero cuando explores el territorio del otro, tienes que darle la bienvenida y permitir que él te explore a ti; no puede ir en una sola dirección. Y puedes permitir que el otro te explore sólo cuando tienes algo, algún tesoro dentro de ti. Entonces no hay miedo. De hecho invitas al huésped, abrazas al huésped, le llamas, le quieres dentro. Quieres que vea lo que has descubierto en ti mismo, quieres compartirlo.

Primero sé, luego puedes relacionarte; y recuerda, relacionarse es muy bello. La relación en pareja es un fenómeno completamente diferente; es algo muerto, fijo, ha llegado a un punto final. Te casas con una mujer; ha llegado un punto final. Desde aquí las cosas sólo declinarán. Has llegado al límite, ya no crece nada. El río se estanca y se convierte en un pantano. La relación en pareja es algo que ya está acabado; relacionarse es un proceso. Elude las relaciones y profundiza más y más en el relacionarte.

Mi énfasis está en los verbos no en los nombres; evita los nombres tanto como te sea posible. En el lenguaje no los puedes evitar, lo sé; pero en la vida, evítalos; porque la vida es un verbo. La vida no es un nombre, es un verbo; en realidad es «vivir» no «vida». No es amor, es amar. No es la relación, es relacionarse. No es la canción, es cantar. No es la danza, es danzar.

Observa la diferencia, saboréala. Una danza es algo completo; se han dado los últimos toques, ya no queda nada por hacer. Algo acabado es algo muerto. La vida no tiene puntos finales, las comas están bien, pero no los puntos finales. Los lugares de descanso están bien, pero no los destinos.

En vez de pensar cómo relacionarte, cumple el primer requisito: medita, sé, y después relacionarse llegará por sí mismo. El que se hace silencioso, feliz, el que empieza a rebosar energía, a convertirse en una flor, tiene que relacionarse. Se relaciona con gente, se relaciona con los animales, se relaciona con los árboles, se relaciona hasta con las rocas. No es algo que tenga que aprender, es algo que ocurre.

De hecho, se relaciona las veinticuatro horas del día. Si camina sobre la tierra, se relaciona con la tierra; al tocar sus pies la tierra, se relaciona. Si se baña en el río, se relaciona con el río, y si mira a las estrellas se relaciona con las estrellas.

No es cuestión de relacionarse con alguien en particular. El hecho básico es que si tú eres, toda tu vida se vuelve un relacionarse. Es una canción constante, una danza constante; es una continuidad, como el fluir de un río.

Medita, primero encuentra tu centro. Antes de relacionarte con alguien más, relaciónate contigo mismo: este es el requisito básico que hay que cumplir. Sin él, nada es posible.

The book of wisdom. Discurso 27

¿Es posible estar casado y ser libre?

¿Es posible estar casado y ser libre al mismo tiempo?

Es difícil pero no imposible. Tan sólo se necesita un poco de comprensión; darse cuenta de algunas verdades básicas. Una es que nadie ha nacido para otro. La segunda es que nadie está aquí para satisfacer tus ideales de cómo él debería ser. La tercera es que tú eres el maestro de tu propio amor, y puedes dar tanto como quieras; pero no puedes pedirle amor a la otra persona, nadie es esclavo.

Si se entienden estos tres simples hechos. Entonces qué importa si estáis casados o no, podéis estar juntos; dejándoos espacio el uno al otro, sin interferir nunca en la individualidad del otro.

De hecho, el matrimonio es una institución pasada de moda.

En primer lugar, vivir bajo una institución no es bueno, todas son destructivas. El matrimonio ha destruido casi todas las posibilidades de felicidad en millones de personas; y todo por cosas banales. En primer lugar el mismísimo ritual de la boda es falso.

Yo trabajaba en una universidad. A uno de mis colegas, un profesor de psicología, su mujer le torturaba continuamente. Es muy difícil encontrar una pareja que no se torture; y curiosamente es la mujer quien tortura al hombre. Hay una larga historia detrás de esto; la mujer aprovecha cada oportunidad para vengarse, porque el hombre la ha reducido a la esclavitud. Todo es inconsciente.

Esa mujer era un verdadero monstruo; solía pegar al pobre hombre. Un día vino y me dijo: «Eres la única persona a quien se lo puedo contar y confiar en que no se lo va a contar a nadie».

«Te lo prometo» —contesté.

«Mi mujer me pega» —me dijo.

«Eso no es ningún secreto» —repliqué yo.
De una u otra forma, todas las mujeres pegan al marido. Puede
que no físicamente, pero que te peguen psicológicamente es más
peligroso y más lesivo.
Pero no se le puede hacer responsable a la mujer por ello.
Durante siglos ha sido torturada, asesinada, golpeada, enterrada
viva; y todo eso se ha acumulado en su inconsciente. El hombre
más cercano es el marido, así que con cualquier excusa empieza
a crear problemas. El marido no quiere que el vecino se entere; y
las esposas conocen esta debilidad, armar escándalo es uno de sus
métodos: tirar cosas, gritar; para que todo el vecindario se entere.
Y el marido tiene que ceder inmediatamente, porque está en tela
de juicio su respetabilidad.
Así que le dije al profesor: «No te preocupes; todos vienen y
me cuentan lo mismo. Cuando alguien empieza a decirme: "Por
favor no se lo cuentes a nadie", ya sé cual es el secreto. Puedo adi-
vinarlo incluso antes de que me lo digan».
«Pero quiero salir de esta prisión; he vivido en ella demasiado
tiempo. Es una tortura las veinticuatro horas al día» —dijo él.
«No veo ningún problema» —contesté yo.
«¿No ves el problema? Pero yo estoy casado con ella» —replicó
él.
«El matrimonio es un juego de niños. ¿Cómo te casaste?» —dije
yo.
«Un sacerdote canturreaba mantras, el fuego ardía... —dijo él
(se cree que el fuego es lo divino, la presencia de lo divino. Así
que si haces una promesa delante del fuego, no puedes romper-
la—.) Caminé en círculo siete veces, y el sacerdote ató mi traje al
sari de mi esposa. Hicimos la promesa, mientras él recitaba dimos
siete vueltas al fuego.»
«¿En la dirección de las manillas del reloj, o...?» —pregunté
yo.
«Siempre es en la dirección de las manillas del reloj» —contestó él.
«Entonces no hay ningún problema —comenté yo—. Trae a tu
mujer, yo haré de sacerdote; porque lo que fuera que el sacerdote
susurrara tú no lo entendiste...»
«No» —dijo él.

«Perfecto —dije yo—. Yo canturrearé algo que tú no entenderás ni yo tampoco. Me lo inventaré según lo vaya canturreando, y tú darás siete vueltas alrededor del fuego en dirección contraria a las manillas del reloj; entonces yo desataré el nudo que el sacerdote ató, con lo que el matrimonio quedará deshecho».

«¡Dios mío! —exclamó él—; ¿pero quién va a traer a mi esposa aquí? Sugieres una solución muy simple, pero tú no la conoces.»

«La conozco —respondí yo—; ¡porque ella vino a verme antes que tú! También ella quisiera acabar con este continuo pelear; tampoco ella lleva una vida feliz. Podéis ser felices ambos o desgraciados ambos; no es posible que uno sea feliz y el otro desgraciado. Así que la convenceré; ella ya está casi dispuesta; tú simplemente ve y dile que te he mandado yo. Y venid con el traje de boda...»

«¿El traje de boda?» — me contestó sorprendido.

«Sí —afirmé—. Todo el ritual tiene que hacerse en orden inverso.»

El hombre nunca regresó. Yo tenía que pasar por su casa muchas veces. Llamaba, y él me suplicaba: «Olvídate de lo que te conté. Cuando llegué a casa me llevé tal paliza ¡que olvidé todas las que había recibido antes! En esta vida no hay salida; ahora entiendo por qué los hindúes han inventado las vidas futuras».

Pero yo le dije: «¿Sabes que cada año, un día en particular, las esposas hindúes ayunan y rezan a Dios en el templo para casarse con el mismo marido en la próxima vida?».

«Eso es verdad; pero nunca he pensado en ello. ¿Cómo podría evitarlo?» —preguntó él.

«Muy sencillo: el mismo día ayuna —respondí yo—. Ve al templo y reza; silenciosamente, para que tu esposa no lo pueda oír. Ella estará rezando para que le sea concedido el mismo marido; tú simplemente di: "Una vida es suficiente. Mi esposa es fenomenal; ahora dásela a otro".»

«Está bien; eso lo puedo hacer» —dijo él.

Tú preguntas: «¿Es posible estar casado y ser libre?».

Si no te tomas el matrimonio en serio, puedes ser libre. Si te lo tomas en serio, entonces la libertad es imposible. Tómatelo como un juego; es un juego. Ten un poco de sentido del humor, es un papel que representas en el escenario de la vida; pero no es algo que forme parte de la existencia o tenga alguna realidad; es una ficción. Pero la gente es tan estúpida que hasta toma la ficción por realidad. He visto gente leyendo ficciones con lágrimas en sus ojos, en la ficción las cosas son muy trágicas. Que en los cines se apaguen las luces para que todo el mundo pueda disfrutar de las películas, es una idea muy ingeniosa. Saben perfectamente bien que la pantalla está vacía, que no hay nadie, que tan sólo es una imagen proyectada; y ademas, ¿que pensarán los demás? Es algo muy difícil de lograr pero consigue que la gente se olvide de todo.

Y lo mismo ocurre en nuestras vidas. Muchas cosas que son para tomárselas simplemente en broma, nos las tomamos muy en serio; y de esa seriedad surge nuestro problema.

En primer lugar, ¿por qué deberías casarte? Si amas a alguien, vive con alguien; forma parte de tus derechos básicos. Puedes vivir con alguien, puedes amar a alguien.

El matrimonio no es algo que ocurra en el cielo; ocurre aquí, a través de los hábiles sacerdotes. Pero si quieres entrar en el juego de la sociedad y no quieres sentirte solo y separado, ponle claro a tu esposa o a tu marido que este matrimonio es sólo un juego: «Nunca lo tomes en serio. Yo seguiré siendo tan independiente como antes de la boda, y tú seguirás siendo tan independiente como antes de la boda. Ni yo voy a interferir en tu vida ni tú vas a interferir en la mía; viviremos como dos amigos juntos, compartiendo nuestras alegrías, compartiendo nuestra libertad; pero sin convertirnos en una carga el uno para el otro.

»Y en cualquier momento que sintamos que la primavera ha pasado, que la luna de miel ha pasado, seremos lo suficientemente sinceros como para no seguir aparentando, y decirnos que nos hemos amado mucho y que seguiremos estando agradecidos el uno al otro para siempre, y los días de amor continuarán en nuestras memorias, en nuestros sueños, como algo maravilloso; pero la primavera se acabó. Nuestros caminos han llegado a un punto donde, aunque sea triste, tenemos que partir, porque ahora, vivir juntos ya no es una canción de amor.

»Si yo te amo, te dejaré en el momento que vea que mi amor se ha vuelto un sufrimiento para ti. Si tú me amas, me dejarás en el momento que veas que tu amor se está convirtiendo en una prisión para mí.»

El amor es el más elevado valor de la vida.

No debería ser reducido a estúpidos rituales.

Y el amor y la libertad van juntos; no puedes elegir a uno y dejar el otro. Un hombre que conoce la libertad está lleno de amor, y un hombre que conoce el amor siempre está dispuesto a dar libertad. Si no puedes dar libertad a la persona que amas, ¿a quién se la vas a poder dar? Dar libertad no es otra cosa que confiar.

La libertad es una expresión del amor.

Así que, estés casado o no, recuerda: todos los matrimonios son falsos; son sólo conveniencias sociales. Su propósito no es encarcelaros y ataros el uno al otro; su propósito es ayudaros a crecer el uno al otro. Pero el crecimiento necesita libertad; y en el pasado, todas las culturas han olvidado que sin libertad el amor muere.

Ves un pájaro en el cielo, volando junto al sol, y es algo muy bello. Atraído por su belleza, puedes cazarlo y ponerlo en una jaula de oro. ¿Crees que será el mismo pájaro? Superficialmente, sí; será el mismo pájaro que volaba en el cielo; pero profundamente no será el mismo pájaro, porque ¿dónde está su cielo?, ¿dónde está su libertad?

Esta jaula de oro que puede ser valiosa para ti, no lo es para él. Para el pájaro, estar libre en el cielo es lo único que tiene valor en la vida. Y lo mismo es verdad para los seres humanos.

The rebellius spirit. Discurso 8

¿Quién es un verdadero amigo?

Yo tengo muchos amigos, pero siempre surge en mi mente la pregunta: «¿Quién es un verdadero amigo?». ¿Podrías comentar algo acerca de ello?

Tú preguntas desde el extremo erróneo. Nunca preguntes: «¿Quién es mi verdadero amigo?». Pregúntate: «¿Soy yo el verdadero amigo de alguien?». Esa es la pregunta correcta. ¿Por qué te preguntas si los demás son tus amigos o no?

Hay un proverbio: un amigo necesitado es verdaderamente un amigo. ¡Pero en lo profundo eso es egoísmo! Eso no es amistad, eso no es amor. Tú quieres usar a los demás como un medio, y ningún hombre lo es, cada hombre es un fin en sí mismo. ¿Por qué te preocupa tanto quién es un verdadero amigo?

Una pareja de jóvenes en luna de miel viajaba por el sur de Florida e hicieron una parada en un criadero de serpientes de cascabel que estaba en el camino. Después de mirar el paisaje entablaron una corta conversación con el hombre que cuidaba las serpientes.

«¡Caramba —exclamó la joven esposa—, usted sí que tiene un trabajo peligroso! ¿Nunca le han mordido?»

«Sí, me han mordido» —contestó el hombre.

«Y bien —insistió ella—, ¿qué hace cuando una le muerde?»

«Yo siempre llevo una navaja en el bolsillo, y tan pronto como me muerde, hago una profunda marca en forma de cruz sobre la herida colmillo y absorbo el veneno que ha hecho el» —respondió él.

«¿Qué? ¿Y qué ocurriría si accidentalmente se sentara sobre una serpiente?» —persistió la esposa.

«Señora —contestó el hombre que cuidaba las serpientes—, ese día sabré quiénes son mis verdaderos amigos.»

¿Por qué te preocupas?

La verdadera pregunta sería: ¿Soy yo realmente el amigo de alguien? ¿Sabes lo que es la amistad? Es la forma más elevada del amor. En el amor, tiene que haber forzosamente algo de lujuria; en la amistad no hay nada así de grosero; se vuelve absolutamente sutil.

No es cuestión de usar al otro, ni siquiera de necesitarle, es cuestión de compartir. Tienes demasiado y quisieras compartirlo. Y a quienquiera que esté dispuesto a compartir contigo tu alegría, tu danza, tu canción, le estarás agradecido, te sentirás en deuda con él. No es que él te deba, no es que él tenga que sentirse agradecido contigo por haberle dado tanto. Un amigo nunca piensa de esa manera; un amigo siempre se siente agradecido con aquellas personas que le permiten que les ame, que les dé lo que sea que tenga.

El amor es egoísmo. Te sorprendería saber que la palabra inglesa *love* viene de la palabra sánscrita *lobh*; *lobh* significa egoísmo. Cómo *lobh* se convirtió en *love* es una extraña historia. En sánscrito es egoísmo; su raíz original significa egoísmo. Y el amor tal como lo conocemos no es otra cosa que egoísmo enmascarado como amor; es egoísmo escondido. Hacer amistades con la idea de usar a la gente es dar un paso en falso desde el principio. La amistad debe ser un compartir. Si tienes algo, compártelo; y quienquiera que sea que esté dispuesto a compartir contigo, es un amigo. No es cuestión de necesidad; no se trata de que cuando tú estás en peligro el amigo tenga que venir en tu ayuda. Eso es irrelevante; puede que venga, puede que no venga, pero si no viene, no tienes que quejarte. Si viene estás agradecido, pero si no viene, está perfectamente bien; es su decisión venir o no venir. Tú no quieres manipularle, no quieres hacerle sentirse culpable. No le guardarás ningún rencor. No le dirás: «Cuando yo te necesitaba tú no apareciste; ¿qué clase de amigo serías?».

La amistad no es una mercancía. La amistad es una de esas cosas raras que pertenece al templo, no al comercio. Pero tú no eres consciente de esa clase de amistad, tendrás que aprenderla.

La amistad es un gran arte. Detrás del amor hay un instinto natural; detrás de la amistad no hay ninguno. La amistad es algo consciente; el amor es inconsciente. Te enamoras de una mujer... ¿Por qué decimos caer enamorado?* Esa frase es significativa: «caer enamorado». ¡Nunca nadie se eleva enamorado, todo el mundo cae enamorado! ¿Por qué caes enamorado?: porque es una caída desde lo consciente a lo inconsciencia, desde la inteligencia al instinto.

Lo que nosotros llamamos amor es más animal que humano. La amistad es absolutamente humana. Es algo para lo que no existe un mecanismo innato en tu biología; no es biológico. Por eso uno se eleva en la amistad, uno no cae en la amistad. Tiene una dimensión espiritual.

Pero no preguntes: «¿Quién es un verdadero amigo?». Pregunta: «¿Soy yo un verdadero amigo?». Ocúpate siempre de ti

---

* Traducción literal del término inglés que significa "enamorarse" (*to fall in love*). (*N. de los T.*)

mismo. Siempre estamos pensando acerca de los demás: el hombre pregunta si verdaderamente la mujer le ama o no; la mujer pregunta si de verdad el hombre la ama o no. ¿Y cómo puedes estar absolutamente seguro acerca del otro? ¡Es imposible! Puede repetir mil veces que te ama y que siempre te amará, pero la duda tiene necesariamente que persistir: «¿Quién sabe si está diciendo la verdad o no?». De hecho, repetir algo mil veces simplemente significa que tiene que ser mentira, porque la verdad no se necesita repetir tanto.

Adolf Hitler en su autobiografía dice: «No hay tanta diferencia entre la verdad y la mentira. La única diferencia es que la verdad es una mentira repetida tan a menudo que olvidas que es una mentira».

Los expertos en publicidad dirían: «Repite y repite, anúncialo». No te preocupes por si alguien lo escucha o no: aunque no le pongan ninguna atención, no te preocupes, sus mentes subliminales están escuchando, se está impresionando la capa más profunda. No miras a los anuncios muy conscientemente, pero simplemente cuando los ves de pasada en el cine, en la TV o en los periódicos, una simple mirada y se te imprimen. Y repetirán otra vez: «Jabón de baño Lux» o «Coca-cola»....

La coca-cola es la única cosa verdaderamente internacional. Hasta en la Rusia soviética: coca-cola... Todas las otras cosas americanas son prohibidas y desterradas, pero no la coca-cola. La coca-cola es la única cosa verdaderamente internacional. ¡Sigue repitiéndolo!

Al principio se usaba la luz eléctrica para los anuncios; se usaban luces estáticas. Te recordaban «coca-cola». Pero más tarde descubrieron que si la luz se encendía y se apagaba era mucho más efectivo, porque si la luz permanecía estática, se leería sólo una vez al pasar. Pero si cambiaba, si se encendía y se apagaba una y otra vez, aunque alguien pasase en un automóvil, lo leería entre cinco y siete veces por lo menos: «COCA-COLA, COCA-COLA, COCA-COLA...». Eso llega mucho más hondo. Y más tarde o más temprano se te quedará impresionado.

Así es como todas las religiones han vivido hasta ahora: siguen repitiendo las mismas creencias estúpidas, pero esas creencias se convierten en una verdad para la gente. La gente está dispuesta a morir por ellas. Ahora bien, nadie ha visto dónde está el Cielo, pero millones de personas han muerto por él.

Los mahometanos dicen que si mueres en una guerra santa irás inmediatamente al Cielo y todos tus pecados te serán perdonados. Y los cristianos también dicen que si mueres en una guerra religiosa, en una cruzada, irás inmediatamente al cielo; entonces se te perdona todo lo demás. Y millones de personas han muerto o matado creyendo que esto era verdad.

Aún en este siglo XX hemos visto ocurrir cada cosa...; en ese sentido no parece muy civilizado. Adolf Hitler repitió continuamente durante veinte años que «Los judíos son la causa de toda desgracia», y una nación tan inteligente como Alemania le creyó. ¿Qué decir de la gente común?: hasta personas como Martin Heidegger, uno de los más grandes filósofos que Alemania ha producido en este siglo, creía que Adolf Hitler tenía razón y le apoyó.

Un hombre de la inteligencia de Martin Heidegger apoyando a una persona tan estúpida como Adolf Hitler... ¿Cuál es el secreto? El secreto es: repetir y seguir repitiendo. Hasta los judíos empezaron a creer que debía de ser verdad: «Nosotros debemos de ser la causa; si no ¿cómo podría creerlo tanta gente? Si tanta gente lo cree, es que tiene que haber algo».

Has sido educado con unas creencias, unas ideas, que en realidad no tienen ningún fundamento. Y si sigues viviendo de acuerdo a ellas vivirás en vano. Tienes que ir a través de un cambio radical.

Haz preguntas acerca de ti mismo, no preguntes acerca del otro. Es imposible estar seguro acerca del otro, y tampoco hay necesidad. ¿Cómo puedes estar seguro del otro? El otro está continuamente cambiando. Este momento el otro puede ser cariñoso, y el próximo momento no. No es algo que se pueda prometer; sólo puedes estar seguro acerca de ti mismo, y además tan sólo por un momento. Y no hay necesidad de pensar en todo el futuro; piensa en términos de momento y de presente. Vive en el presente.

Si este momento está lleno de amistad y de la fragancia de la amistad, ¿por qué preocuparse por el próximo momento? El próximo momento nacerá de este. Tiene necesariamente que ser de una calidad más alta, más profunda. Llevará esa misma fragancia a cotas más altas. No hay necesidad de pensar en ello; sólo vive el momento en profunda amistad.

Y la amistad no necesita dirigirse a una persona en particular; esa es también otra idea podrida, que tienes que ser amigo de cierta persona; tan sólo sé amistoso. Mejor que ser amigo de alguien, crea amistad. Deja que sea una cualidad de tu ser, un clima que te rodea; y así serás amistoso con quienquiera que te pongas en contacto.

¡A toda esta existencia se le tiene que ofrecer amistad! Y si le puedes ofrecer amistad a la existencia, la existencia te la devolverá multiplicada por mil. Te lo devuelve en la misma moneda pero multiplicada. Si le tiras piedras a la existencia, recibirás muchas más piedras. Si le tiras flores, volverán flores. Te hace eco.

La vida es un espejo, refleja tu rostro. Sé amistoso, y todo en la vida reflejará amistad. Todo el mundo sabe que si eres cariñoso con un perro, hasta este se vuelve tu amigo, así que sé amistoso. Algunas personas han descubierto que si eres amable con un árbol, el árbol se vuelve amable contigo.

Experimenta con la amistad. Prueba con un rosal, y observa el milagro; ocurrirá poco a poco, se ha vuelto muy miedoso porque el hombre no se comportado amistosamente con los árboles.

Pero ahora los científicos dicen que cuando llegas con un hacha a talar un árbol, aún antes de haber empezado a cortarle, al árbol le entra un temblor, un escalofrío. Le entra un gran miedo, pánico. Ni siquiera has empezado, pero basta sólo la intención; ¡como si el árbol fuera consciente de tus intenciones! Ahora tienen instrumentos sofisticados como los cardiógrafos, que pueden hacer un gráfico en el papel mostrando lo que el árbol está sintiendo. Cuando el árbol se siente alegre, hay un ritmo en el gráfico; cuando el árbol tiene miedo, el miedo se muestra en el gráfico. Cuando el árbol ve venir al amigo se alegra, salta, danza; el gráfico inmediatamente muestra una danza. Cuando el árbol ve al jardinero venir...

¿Le has dicho «¡hola!» alguna vez a un árbol? Pruébalo, y un día te sorprenderás: el árbol también dice «¡hola!» en su lengua, en su propio idioma. Abraza a un árbol, y pronto llegará el día que sientas que no sólo tú estabas abrazando. El árbol no tiene manos, pero tiene su propia forma de expresar su alegría, su tristeza, su ira, su miedo.

Toda la existencia es sensible. Esto es lo que quiero decir cuando digo que la existencia es Dios.

Sé amistoso, y no te preocupes por si alguien lo es contigo o no, no es una cuestión de negocios. ¿Por qué preocuparse? ¿Por qué perderse un reino tan grande?

The dhammapada. Volumen 6. Discurso 2

¿A qué se debe este hábito de escapar de la soledad?

Después de un maremoto de eventos, y con el recuerdo de una profunda experiencia, encaro una nueva soledad. Los esfuerzos por compartir o escapar de las distracciones dan malos resultados. ¿Por qué me aferro a este hábito de escapar de la soledad?

La soledad es fundamental. No hay otra manera de estar que solo. Uno puede olvidarlo, uno puede olvidarse a sí mismo en muchísimas cosas, pero una y otra vez la verdad se reafirma. Por eso después de cada experiencia profunda te sentirás solo.

Es por eso que las grandes experiencias ponen a la gente triste. En el despertar de una profunda experiencia, siempre se posa la tristeza. Es debido a este fenómeno que millones de personas no anhelan experiencias profundas; las evitan. No quieren profundizar en el amor, el sexo es suficiente para ellos. No les dejará solos, porque el sexo es superficial. Será divertido, un entretenimiento; por un momento lo disfrutarán y luego se olvidarán de él. No les conducirá a su propio centro; el amor es tan profundo que te deja solo.

Esto parecerá muy paradójico, porque ordinariamente la gente cre¬ que el amor les hará sentirse en compañía. Eso es una completa insensatez. Si el amor es profundo te hará consciente de la soledad, no de la compañía. Cuando algo cala hondo, ¿qué ocurre?: dejas la periferia de tu ser y entras en tu centro, y el centro es todo soledad. Allí estás sólo tú; o ni siquiera tú, tan sólo una consciencia sin ego, sin identidad, sin definición, un abismo de consciencia.

Después de escuchar bella música, o después de penetrar en el significado de una gran poesía, o ver la belleza de un atardecer, en el despertar siempre te sentirás triste. Viendo esto, millones de personas han decidido no ver la belleza, no amar, no meditar, no rezar, evitar todo lo que sea profundo. Pero aunque evites la verdad, la verdad te golpea algunas veces. Sin que te des cuenta, te posee. Puedes distraerte por el momento, pero ninguna distracción te va a ayudar. La consciencia tiene que aceptarse porque es fundamental. No es un accidente; así es como son las cosas: es el Tao. Una vez que lo aceptas, la cualidad cambia; la soledad no crea tristeza. Es tu idea de que no deberías estar solo, lo que está creando tristeza; tu idea de que estar solo es estar triste es lo que está creando el problema. La soledad es tremendamente bella porque es profundamente libre. Es absoluta libertad; ¿cómo puede crear tristeza?

Pero tu interpretación es errónea. Tendrás que abandonar tu interpretación. De hecho, cuando dices: «Afronto una nueva soledad», en realidad quieres decir que afrontas una nuevo sentimiento de soledad. Y tú todavía no conoces la diferencia entre la soledad y sentirte solo.

Sentirse solo es la soledad mal interpretada. Sentirse solo significa que echas de menos al otro. ¿Y quién es el otro?: alguna excusa que te ayuda a olvidar tu consciencia, algún tóxico: puede ser una mujer, un hombre, un libro, cualquier cosa; cualquier cosa que te ayude a olvidarte de ti mismo, que se lleva el recordarte a ti mismo, eso te quita el peso de la consciencia.

Tú, en realidad, quieres decir sentirte solo. Sentirse solo es un estado negativo: se echa de menos al otro y empiezas a buscarle. La soledad es inmensamente bella. La soledad es un momento en el que ya no se necesita al otro, tú eres suficiente para ti mismo; tan suficiente que puedes compartir tu soledad con toda la existencia. Tu soledad es tan inagotable que aunque inundes toda la existencia, aún te quedará más. Cuando estás solo, eres rico, cuando te sientes solo eres pobre.

El que se siente solo es un mendigo; su corazón es una escudilla. El que está solo es un emperador; Buda está solo.

Y lo que a ti te ha ocurrido ha sido sentirte solo, pero tu interpretación es errónea. Tu interpretación viene de tus experiencias pasadas, de tu mente pasada. Viene de tu memoria. Tu mente te está dando una idea errónea. Abandona la mente. Entra en tu soledad: obsérvala, saboréala. Hay que mirar todos sus aspectos. Entrar desde todas las puertas posibles; es el mayor templo que existe. Y es en esta soledad donde te encontrarás a ti mismo; y encontrarse a uno mismo es encontrar a Dios.

Dios está solo, y una vez que lo hayas visto sin que la mente interfiera no querrás distraerte en absoluto; entonces no hay nada de qué distraerse, entonces no hay necesidad de distraerse; entonces no querrás escapar de ello porque es la vida, la vida eterna. ¿Por qué debería uno escapar de ello? Y yo no estoy diciendo que en esta soledad no podrás relacionarte. De hecho, te podrás relacionar por primera vez.

Una persona que se siente sola no se puede relacionar porque su necesidad es muy grande; se aferra, se apoya en el otro. Trata de poseer al otro porque tiene miedo constantemente: «Si el otro se va ¿entonces qué? Me quedaré solo otra vez». Por eso existe tanta posesión en el mundo. Hay una razón, y es simple: tienes miedo; si el otro se va, entonces te quedarás solo, te sentirás completamente solo. Y eso no te agrada, la sola idea te hace sentir desgraciado. ¡Posees al otro! Posees al otro tan totalmente que no tiene posibilidad de escaparse de ti. Por eso el amor se convierte en algo miserable. El amor se convierte en política; el amor se convierte en dominación, en explotación. Porque la gente que se siente sola no puede amar.

Los que se sienten solos no tienen nada que dar, únicamente se explotan los unos a los otros. Naturalmente, cuando tú no tienes nada que dar y el otro trata de explotarte, comienza la política. Quieres dar el mínimo posible y obtener el máximo; el otro hace lo mismo que tú, y ambos creáis miseria el uno para el otro.

He oído que...

Un hombre detuvo su automóvil en la profundidad del bosque y empezó a mostrarse muy cariñoso con la mujer que estaba sentada a su lado. Pero la mujer le dijo: «Para. En realidad no sabes quién soy. Soy prostituta, y mi precio son cincuenta dólares».

El hombre le dio cincuenta dólares a la mujer e hizo el amor con ella. Cuando acabó se quedó sentado en silencio al volante sin moverse.

La mujer preguntó: «¿Bueno, y ahora a qué esperas? Se está haciendo tarde y quiero regresar a casa».

Y el hombre dijo: «Lo siento, pero tengo que decírtelo. Soy taxista... y la tarifa de regreso son cincuenta dólares».

Esto es lo que ocurre en tus relaciones amorosas: unos son prostitutas y otros taxistas. Es un negocio, es esto por aquello. Es un conflicto continuo. Es por eso que las parejas se pelean continuamente. No pueden separarse el uno del otro; aunque sigan peleándose no se pueden separar. De hecho ese es el motivo por el que se pelean: para que ninguno se separe. No pueden sentirse cómodos porque si se sienten cómodos estarán perdidos y el otro explotará aún más: esa es toda su base. Una vez que te das cuenta entiendes toda la miseria del matrimonio.

Uno se pregunta por qué la gente no se separa si no es feliz con el otro. ¡No se pueden separar! No pueden vivir juntos ni tampoco separados. De hecho, la misma idea de la separación crea el conflicto. Se mutilan el uno al otro para que el otro no pueda escapar, aunque él o ella quiera escaparse. Cargan al otro con tales responsabilidades, tales moralidades, que aunque sea el otro el que se separe, él o ella se sentirá culpable; le dolerá en su propia consciencia, le escocerá y sentirá que ha hecho algo malo. Y juntos, lo único que hacen es pelear. Juntos, lo único que hacen es regatear el precio. Tu matrimonio, tu mal llamado amor, es un negocio; no es amor.

Cuando te sientes solitario no hay posibilidad de amor. Cuando la gente se siente sola, empieza a meditar, entonces tampoco hay posibilidad de meditación. Se sienten solos y quieren algo con que llenarse a sí mismos. Necesitan un mantra, meditación transcendental o cualquier clase de insensateces. Les gustaría tener algo con que llenarse a sí mismos porque se sienten solos y vacíos. Repetir «Rama, Rama, Krishna, Krishna» o «Ave María», o cualquier otra cosa, les ayudará por lo menos a olvidar el vacío. ¡Esto no es meditación!, esto es tan sólo cubrir el sentirte solo, el vacío. Eso es tan sólo cubrir un agujero negro en ti mismo.

O empiezan a rezar en las iglesias y en los templos y a hablar con Dios. Ahora bien Dios es su imaginación; no pueden encontrar al otro en el mundo porque es muy costoso y problemático, así que crean «al otro» ahí arriba, en el Cielo. Empiezan a hablar con Dios, pero no pueden vivir sin el otro, tiene que haber otro. Pueden escapar al desierto, pero hasta en una cueva en el desierto mirarán hacia arriba y hablarán con el otro. Esto es pura fantasía, y nada más. Y si esto continúa durante suficiente tiempo, puedes empezar a alucinar con que el otro está ahí.

Tu necesidad es tal que puedes crear al otro a través de tu imaginación. Es por eso que las mal llamadas religiones han tratado de separarte de los otros, que son ordinarios y están a tu alcance. Querrían que no te casases; ¿por qué?: porque si estás casado y tienes una mujer, un hombre, no necesitas un Dios. Es una estrategia: no te permitirán ser mundano porque entonces estarás ocupado y no sentirás tu soledad. ¿Entonces para qué ibas a necesitar hablar con Dios?, puedes hablar con la gente. Te llevarán a cuevas en los Himalayas, a monasterios, para que llegues a sentirte tan solo que en la miseria de este sentimiento tengas que hablar con Dios, tengas que crear a Dios para la tranquilidad de tu corazón. Y entonces, cuanto más se te priva de compañía, mayor es la posibilidad de la visión de Dios; esas visiones no son otra cosa que ilusiones, sueños vistos con los ojos abiertos. Es como cuando una persona lleva a cabo un largo ayuno, puede empezar a imaginar comida, puede llegar a verla.

He oído hablar acerca de un poeta que estuvo perdido en el bosque durante tres días, hambriento. Y llegó la noche de luna llena; miró a la luna y se sorprendió, porque durante toda su vida cuando la veía le recordaba rostros de mujeres hermosas, sus amadas, y cosas así. Pero aquella noche, después de tres días de ayuno, cansado, hambriento, sediento, miró a la luna y vio un enorme queso flotando en el cielo sobre las nubes. ¡No podía dar crédito a lo que estaba viendo! «¿Qué clase de poesía era esa?» Un gran poeta, y la luna llena le parecía un queso!

Y todos sabéis que si se os priva de algo demasiado, empezaréis a sustituirlo con la imaginación. Si has tenido que vivir solo en un bosque durante muchos días y no has visto una mujer, hasta la mujer más fea del mundo te parecerá Cleopatra.

Mulla Nasruddin fue a la montaña; tenía una casita allí. Solía decir: «Me voy por tres semanas», pero regresaba a la segunda semana, o aún antes, a los ocho o diez días.

Yo le pregunté: «Nasruddin, a menudo dices: "Me voy por tres o cuatro semanas", ¡y vuelves en dos! ¿Qué es lo que pasa?».

«Tengo mis motivos —contestó él—. Allí tengo una mujer que me cuida la casa. Es la mujer más fea que te puedas imaginar: ¡es horrible, repulsiva! Ttan sólo con mirarla te entran ganas de vomitar.»

«¿Pero qué tiene ella que ver con que te vuelvas antes de tiempo?» —pregunté yo.

«Tiene su lógica —dijo él—. Cuando voy a la montaña, al principio ella me parece horrible. Pero poco a poco, después de cuatro o cinco días, ya no me lo parece tanto. Luego, después de ocho o diez días, empiezo a ver algo de belleza en ella; el día que empiezo a verla así, me escapo, ¡porque eso significa que ya es suficiente! He vivido alejado del mundo demasiado tiempo, alejado de mi mujer; ¡ahora, hasta esta horrible mujer empieza a parecerme bella! Eso simplemente significa que me he aislado demasiado. Este es el criterio; que yo diga: tres semanas, cuatro semanas, no tiene nada que ver. El verdadero criterio es el día que veo que empiezo a verla bonita y a tener fantasías con ella, en ese mismo instante hago las maletas y me escapo. Yo sé que la mujer es horrible, y si me quedo uno o dos días más, sería peligroso; me podría enamorar de ella.»

Sentirse solo no puede crear amor, crea necesidad. El amor no es una necesidad.

¿Entonces qué es el amor? El amor es un lujo; procede de tu soledad: cuando estás solo y feliz y alegre y celebrando, y una gran energía se va almacenando en ti. No necesitas a nadie; en ese momento que la energía es tanta, te gustaría compartir tu ser. Entonces das, das porque tienes mucho, das sin pedir nada a cambio: eso es amor.

Muy pocas personas llegan a conocer el amor, y son las que han alcanzado antes la soledad. Y en tu soledad, la meditación es natural, simple, espontánea. Entonces simplemente sentándote en silencio, sin hacer nada, estás en meditación; no necesitas repetir un mantra ni canturrear ningún estúpido sonido. Simplemente te sientas, o caminas, o haces tus cosas, y la meditación es como un clima que te rodea, que te envuelve como una nube; te inunda de luz. Estás inmerso en ella, bañado en ella y esa frescura va aumentando en ti; entonces empiezas a compartir. ¿Qué otra cosa puedes hacer? El amor es una consecuencia de la soledad. Cuando una canción nace en tu corazón tienes que cantarla. Y cuando el amor nace en tu corazón tienes que dejarlo salir. Cuando la nube está cargada de lluvia, llueve, y cuando la flor está rebosante de fragancia, la emana a los vientos. Sin dirección alguna, esparce su fragancia. Y la flor no pregunta: «¿Qué recibo a cambio?». La flor está feliz de que los vientos hayan sido lo bastante amables para liberarla de su carga.

El amor verdadero ocurre cuando no hay posesividad.

Y la verdadera meditación ocurre cuando no hay esfuerzo.

Lo que a ti te ha ocurrido es algo inmensamente valioso; sólo que tu interpretación es errónea. Por favor no lo llames soledad, o si lo llamas soledad trata de entender su naturaleza.

«Los esfuerzos por compartir o escaparme con distracciones dan malos resultados.»

Tienen necesariamente que dar malos resultados; porque es soledad, auténtica soledad. Te perderás algo si escapas de ella; sería escapar de tu tesoro más íntimo; sería escapar de tu riqueza, de tu propio reino. El resultado sería desastroso. No escapes; profundiza en ella; olvídate de todas las escapatorias; eso es lo que has estado haciendo toda tu vida. ¡Esta vez, no! Esta vez tienes que adentrarte en ella; esta vez tienes que saborearla en su totalidad; tienes que convertirte en ella; tienes que ver lo que es, hasta la raíz. Y una vez que lo hayas visto y vivido, saldrás como una persona totalmente nueva, renacida.

Te he estado observando desde el día que llegaste aquí. He estado continuamente observándote, he estado a tu alrededor, he mirado en tus ojos, en tu cara; algo profundo ha ocurrido; ¡pero mucho más va a ocurrir! Si te escapas perderás el «mucho más» que está en camino. ¡No! ¡Esta vez no! Lo has hecho muchas veces, lo has estado haciendo durante muchas vidas. Esta vez abandona todo miedo, abandona todas las memorias y entra en la nueva faceta de la soledad. Es auténtica soledad, no es sentirse solo. No necesitas escapar; si escapas de sentirte solo te sentirás bien. Si escapas de la soledad te sentirás mal.

«Los esfuerzos por compartir o escapar dan malos resultados.» No compartas en este momento. Deja que se acumule, deja que se convierta en una nube cargada de lluvia; entonces el compartir sucederá por sí solo. Compartir no será un esfuerzo. Ahora mismo, si empiezas a compartir, sería otra vez una manera de encontrar al otro en el nombre de compartir. Sería escapar. Tú simplemente ve acumulando esta soledad y verás que un día se esparce una fragancia a los cuatro vientos. Un día verás que el compartir ha comenzado. Tú serás su testigo; tú no serás el que haga, si no sólo un testigo.

«¿Por qué me aferro a este hábito de escapar de la soledad?» ¡Porque tú todavía no lo has entendido como soledad! Continúas interpretándolo como sentirse solo. Y puedo entenderlo: eso es lo que hace todo el mundo. Cuando sientes la soledad por primera vez la interpretas como sentirte solo, porque ese es un fenómeno conocido; lo has sentido toda tu vida.

El momento en que el niño deja el vientre de la madre, la primera experiencia es la de sentirse solo: empieza sintiéndose solo, tiene que abandonar su hogar. El mayor trauma que el niño sufre es cuando tiene que dejar el vientre. Se aferra al vientre, no quiere salir de él. Ha vivido ahí durante nueve meses, amaba el espacio, el calor, y se le ha cuidado maravillosamente, sin tener responsabilidad, sin preocupación. ¿Por qué se tiene que ir? Se le echa fuera, se le expulsa; no quiere salir. A la vida, nosotros la llamamos nacer, pero el niño piensa que se va a morir. Para él es la muerte, porque es el fin de la vida que ha conocido durante nueve meses. Está conmocionado, se siente castigado, y aún no puede pensar, así que el sentimiento profundiza mucho en el cuerpo. Es un sentimiento de todo su ser, no un pensamiento, por eso empapa cada célula de su cuerpo y se queda: esta es la primera experiencia de sentirse solo.

Y muchas experiencias vendrán una y otra vez. Un día la madre le retirará el pecho, y otra vez el niño se sentirá solo; un día se retirará al niño de la madre y le cuidará una niñera: otra vez se sentirá solo. Un día no le permitirán dormir en la habitación de la madre, le darán una habitación separada: otra vez se sentirá solo.

Recuerda tu niñez el día que tuviste que dormir solo en una habitación por primera vez: la oscuridad, la frialdad, nadie a tu alrededor. Y nunca antes había sido así; el calor de la madre, su suave cuerpo siempre estaba a mano. Ahora el niño se aferrará a un juguete (un osito de peluche), ¿pero es eso un sustituto? O se aferrará a a la manta, ¿pero es eso un sustituto? Un pobre sustituto, pero de alguna manera, se las tiene que arreglar; se siente muy solo, abandonado, rechazado, en la oscuridad. Estas son heridas que se van acumulando y van haciendo la idea del sentirse solo algo más profundo. Un día tiene que dejar el hogar e ir a una guardería, con personas extrañas, desconocidos. Recuerda todas esas heridas; ¡están ahí! Y continúan.

Toda tu vida es un largo proceso de sentirte solo. Entonces por azar suceden algunas profundas experiencias, y es debido a esas profundas experiencias que tienes un destello de tu ser. Pero toda tu mente sólo conoce el sentirse solo, así que transforma la experiencia de soledad en la de sentirse solo. Lo ha etiquetado como sentirse solo.

La experiencia de estar solo se define como soledad.

Olvida la interpretación; ahí es donde te pierdes, lo que está ocurriendo es algo verdaderamente nuevo. Es nuevo, así que no puedes explicártelo. La única manera de conocerlo es entrar en ello, familiarizarse con ello. Exactamente como el maestro Lu-tsu dijo: «Es como cuando bebes agua; sólo tú sabes si está fría o caliente».

Ahora bebe de esta soledad, esta energía fresca que está brotando de ti. Bébela, saboréala, y te sorprenderá: no es como nada que hayas conocido antes. Es libertad, libertad del otro; es lo que en oriente llamamos *moksha*, libertad total. Y después de esta libertad, el amor se hará posible. Después de esta libertad, el compartir sucederá. Después de esta libertad, tu vida tendrá un significado totalmente diferente, un esplendor totalmente diferente. Tu esplendor oculto se liberará.

The secret of secrets. Volumen 2. Discurso

IV

ACERCA DE LA TENSIÓN Y LA RELAJACIÓN

La relajación total es lo más elevado. Ese es el momento en que uno se convierte en Buda. Ese es el momento de realización, de iluminación, consciencia crística. En este momento tú no puedes estar relajado. En el nucleo más profundo persistirá una tensión.

Pero relájate. Empieza desde la superficie; ahí es donde estamos, y sólo podemos empezar desde donde estamos. Relaja la superficie de tu ser: relaja tu cuerpo, relaja tu comportamiento, relaja tus actos. Ralentiza todos los procesos; no tengas prisa, no te apresures. Muévete como si toda la eternidad estuviera a tu disposición; de hecho, lo está. Estamos aquí desde el principio y vamos a estar aquí hasta el mismísimo fin... si hay un principio y un fin. De hecho, no hay principio ni fin; siempre hemos estado aquí y siempre estaremos. Las formas van cambiando, pero la sustancia no; los ropajes van cambiando, pero el alma no.

La tensión significa prisa, miedo, duda. Significa también un constante esfuerzo para protegerte, para estar seguro, para estar a salvo. La tensión significa prepararse ahora para el mañana, o para la posvida, por miedo a que mañana no seas capar de afrontar la realidad; así que prepárate. La tensión es el pasado que no has vivido realmente sino tan sólo pasado de largo; queda pendiente, es como una resaca que te rodea.

Recuerda una cosa muy básica acerca de la vida: cualquier experiencia que no hayas vivido quedará colgando a tu alrededor, persistirá: «¡Acábame!»; «¡Víveme!»; «¡Complétame!». Hay una cualidad intrínseca en cada experiencia que quiere ser acabada, completada, y tiende a ello. Una vez completa, se evapora; incompleta, persiste, te tortura, te acecha, atrae tu atención. Dice: «¿Qué vas a hacer conmigo? Estoy todavía incompleta, acábame».

Todo tu pasado merodea a tu alrededor sin nada acabado, porque nada ha sido vivido realmente, todo ha sido de alguna manera pasado de largo, vivido parcialmente, sólo a medias, tibiamente. No ha habido intensidad ni pasión. Te has movido como un sonámbulo. Así que ese pasado queda pendiente, y el futuro produce miedo. Y entre tu pasado y tu futuro, queda aplastado tu presente que es tu única realidad.

Tienes que relajarte desde la superficie. El primer paso es relajar el cuerpo. Recuerda tantas veces como te sea posible observar el cuerpo; si tienes alguna tensión en alguna parte del cuerpo: en el cuello, en la cabeza, en las piernas. Relájalo conscientemente. Simplemente dirígete a esa parte del cuerpo, y persuádela, dile cariñosamente: «Relájate».

Y te sorprenderá que si te diriges a cualquier parte de tu cuerpo, ¡te escucha, te sigue; es tu cuerpo! Cierra los ojos, entra en el cuerpo desde los dedos de los pies a la cabeza buscando algún lugar donde haya una tensión. Y luego habla a esa parte como se le habla a un amigo; deja que haya un diálogo entre tú y tu cuerpo. Dile que se relaje, y dile: «No hay nada que temer. No tengas miedo. Yo estoy aquí para cuidarte; puedes relajarte». Entonces el cuerpo se relaja. Poco a poco, le cogerás el punto.

Luego, otro paso un poco más profundo; dile a la mente que se relaje. Y si el cuerpo ha escuchado, la mente también escuchará; pero no puedes empezar por la mente, tienes que empezar desde el principio. No puedes empezar desde el medio. Mucha gente empieza por la mente y fracasa; fracasa porque empieza desde un lugar erróneo. Todas las cosas deben hacerse en el orden correcto.

Si llegas a ser capaz de relajar el cuerpo voluntariamente, podrás ayudar a tu mente a relajarse voluntariamente. La mente es un fenómeno más complejo. Cuando tengas la seguridad de que el cuerpo te escucha, tendrás una nueva confianza en ti mismo; entonces hasta la mente puede escucharte. Te llevará un poco más de tiempo con la mente, pero sucederá.

Una vez que la mente esté relajada, empieza a relajar tu corazón, el mundo de tus sentimientos, de tus emociones; el cual es aún más complejo, más sutil. Pero ahora te moverás con confianza, con una gran confianza en ti mismo; ahora sabrás que es posible. Si ha sido posible con el cuerpo y con la mente, también lo será con el corazón. Y sólo cuando hayas atravesado estos tres pasos, podrás dar el cuarto. Entonces podrás ir al núcleo más interno de tu ser, el cual está más allá del cuerpo, de la mente, del corazón; al mismísimo centro de tu existencia. Y también podrás relajarlo. Y esa relajación realmente trae la mayor alegría posible, lo máximo en éxtasis: aceptación. Estarás lleno de felicidad y regocijo. Tu vida tendrá la cualidad de la danza. Toda la existencia, excepto el hombre, danza. Toda la existencia se mueve relajadamente; hay movimiento, es cierto, pero es completamente relajado. Los árboles crecen, los pájaros cantan, los ríos fluyen y las estrellas se van moviendo; todo se mueve de una forma muy relajada. Sin prisa, sin precipitación, sin preocupación. Excepto el hombre; el hombre ha caído víctima de su mente. El hombre puede elevarse más alto que los dioses y descender más abajo que los animales. El hombre posee un gran espectro, desde lo más bajo a lo más alto; el hombre es una escalera.

Comienza desde el cuerpo, y luego poco a poco ve profundizando más. Y no empieces con nada más hasta que no hayas resuelto lo primario. Si tu cuerpo está tenso, no empieces con la mente; espera. Trabaja en el cuerpo.

Y la pequeñas cosas son de una ayuda inmensa. Caminas a cierto paso; que se ha vuelto habitual, automático. Ahora trata de caminar despacio. Buda solía decir a sus discípulos: «Caminad muy despacio, y dad cada paso muy conscientemente». Si das cada paso muy conscientemente, tienes necesariamente que caminar despacio. Si corres, si te apresuras, olvidarás recordar. Por eso Buda camina muy despacio.

Prueba a caminar lentamente, y te sorprenderás; surge en tu cuerpo una nueva cualidad de consciencia. Come despacio y te sorprenderás; produce una gran relajación. Haz todas las cosas despacio; cambia los viejos patrones, sal de los viejos hábitos.

Primero el cuerpo tiene que estar completamente relajado, como un niño pequeño, sólo entonces empieza con la mente. Muévete científicamente: primero lo más simple, luego lo más complejo. Y sólo entonces podrás relajarte en el núcleo fundamental.

The dhammapada, Volumen 1, Discurso 8

De cómo la relajación está conectada con la consciencia

La relajación ha sido siempre para mí uno de los más valiosos estados del ser. «La observación» parece posible sólo entonces, o por lo menos mucho más fácil. Podrías comentar acerca de ¿cómo está conectada «la relajación» con «la consciencia»?

No solamente están conectadas entre ellas, sino que son casi dos caras de la misma moneda; no las puedes separar. Tampoco puedes empezar por la consciencia, y luego encontrarte relajado... ¿Cuál es tu tensión? Tu identificación con toda clase de pensamientos, miedos, con la muerte, la bancarrota, que baje el dólar: hay toda clase de miedos. Estas son tus tensiones que también afectan a tu cuerpo. También se pone tenso, porque el cuerpo y la mente no son dos entidades separadas. Cuerpo-mente es un sistema simple, así que cuando la mente se pone tensa, el cuerpo se pone tenso.

Puedes empezar por la consciencia: la consciencia te saca de la mente y de las identificaciones con la mente. Ya no estás conectado con ellas, porque las tensiones no pueden existir en la luz de la consciencia. Naturalmente el cuerpo empieza a relajarse.

También puedes empezar desde el otro extremo. Sólo relájate, deja que caigan todas las tensiones, y mientras te relajas te sorprenderá que cierta consciencia surge en ti; son inseparables. Pero comenzar por la consciencia es más fácil; empezar por la relajación es un poco más difícil, porque hasta los esfuerzos por relajarse producen cierta tensión.

Hay un libro americano, y si quieres descubrir toda clase de libros estúpidos, América es el lugar. Cuando vi el título del libro, no me lo podía creer. El título es: *Tienes que relajarte*. Ahora bien, si hay un «tienes que», ¿cómo vas a relajarte? El «tienes que» te pondrá tenso; la misma palabra crea tensión inmediatamente. «Tienes que» llega como una orden de Dios. Quizá la persona que ha escrito el libro no sabe nada acerca de la relajación y sus complejidades.

Por eso, en Oriente nunca hemos empezado la meditación desde la relajación; hemos empezado la meditación desde la consciencia. Luego, la relajación llega por sí misma, no tienes que traerla; tener que traerla creará cierta tensión. Debe venir por sí misma; sólo así será pura relajación. Y llega...

Si quieres puedes probar desde la relajación, pero no de acuerdo a los consejeros americanos. En cuanto a experiencia del mundo interior, América es el lugar más infantil de la Tierra. Europa es un poco más antigua; pero Oriente ha vivido miles de años en busca del yo interior.

América sólo tiene trescientos años, y en la vida de una nación trescientos años no es nada; por eso, América es el mayor peligro para el mundo. Armas nucleares en manos de niños...

Rusia se comportará más racionalmente; es una tierra anciana y tiene toda la experiencia de una larga historia. En América no hay historia. Cada uno sabe el nombre de su padre y eso es todo; ahí acaba tu árbol genealógico.

En India es muy difícil. Uno de los eruditos de esta misma ciudad, Lokmanya Tilak, hizo una prueba; y esta prueba no ha sido rebatida por ningún argumento de otros intelectuales. Ahora ha pasado casi un siglo, pero la evidencia es tal que no se puede rebatir.

Los eruditos occidentales argüían que el *Rigveda*, el libro más antiguo del mundo, tiene cinco mil años. Su dificultad radicaba en que de acuerdo al cristianismo, Dios creó el mundo cuatro mil años antes de Jesucristo. Así que sólo tendría seis mil años. Han encajado todo en seis mil años; no pueden ir más allá de eso. Ir más allá sería demasiado arriesgado, significaría ir en contra del cristianismo, en contra de la Biblia, en contra de Jesucristo.

Lokmanya Tilak probó, con una lógica aplastante, que en el *Rigveda* hay una descripción de cierta constelación de estrellas, acerca de la cual los astrónomos están absolutamente seguros de que ocurrió hace noventa mil años. No hay forma de que esa gente hubiera podido describir esa constelación, la cual no se ha vuelto a repetir, a no ser que la hubieran observado.

Lokmanya Tilak probó que el *Rigveda* puede que no sea más antiguo, pero seguro que por lo menos tiene noventa mil años. Porque una cosa trae la otra. En el *Rigveda*, Adinatha, el fundador del jainismo, es mencionado con gran respeto. Eso significa que si el hinduismo tiene noventa mil años, el jainismo tiene que ser aún más antiguo, porque nadie habla con tal respeto acerca de los contemporáneos; particularmente de aquellos que no están de acuerdo contigo.

Adinatha no estaba de acuerdo en ningún punto con el hinduismo; eso ratifica que no eran contemporáneos. Quizá cuando el *Rigveda* se escribió, él llevaba ya mil años muerto. La gente tiende a ser respetuosa con los muertos, y cuanto más tiempo llevan muertos, más respetuosa se vuelve. Así que os doy un consejo: si queréis ser respetables, moríos, todo el mundo os respetará. ¿Habéis observado?: cuando alguien muere, nadie dice nada contra él. Es simple ceremonia y formalismo.

En una aldea, murió un hombre. Es costumbre que antes de bajar al hombre a la tumba alguien diga algunas palabras bonitas acerca de él. Todos se miraron entre sí; pero había sido tal elemento que nadie encontraba nada que decir. Había maltratado a casi todo el mundo en la aldea; había sido tan molesto que en el fondo todos estaban contentos de que finalmente hubiera muerto. «Qué alivio, ya podemos relajarnos.» Así que nadie estaba dispuesto a decir nada bueno acerca del hombre, porque todos sabían que se reirían de ellos si se les ocurría decir algo bueno.

Finalmente un hombre se levantó y dijo: «Comparado con sus otros cuatro hermanos, este era un ángel. Ellos todavía estan vivos; no deberíamos olvidarlo». Y era verdad; esos otros cuatro hermanos eran aún peores, más peligrosos. Pero se las arregló para decir algo bueno acerca del hombre; que comparado con los otros cuatro hermanos era un ángel.

Que en el *Rigveda* se mencionara a Adinatha con tanto respeto sólo puede significar una cosa: que Adinatha llevaba mucho tiempo muerto. Respetar a tus contemporáneos es muy difícil, hiere tu ego, y en particular a aquellos que no estén de acuerdo contigo. No sólo eso, además sus argumentos son muy superiores a los tuyos y ni siquiera puedes rebatirles. Entonces se hace muy difícil respetarlos y se les condena desde todos los ángulos. Pero el *Rigveda* dedica un pasaje entero a Adinatha, que hace de él casi un Dios, sin una sola palabra de crítica.

Sobre esta base puede decirse que el jainismo tiene más de noventa mil años. Pues bien, esa gente tiene historia.. América es un bebé; ni siquiera un bebé, tan sólo un embarazo. Comparado con noventa mil años... puede que acabe de ser concebida. Es peligroso darle a esa gente armas nucleares. Te torturan problemas políticos, religiosos, sociológicos y económicos. Empezar por la relajación es difícil; de ahí que, en oriente nunca hayamos empezado por ella. Pero si tú quieres, yo tengo cierta idea de cómo debes comenzar. He estado trabajando con mis sannyasins occidentales y me he dado cuenta del hecho de que no pertenecen a Oriente y no conocen su corriente de consciencia.

Para los sannyasins occidentales he creado especialmente meditaciones como la dinámica. Cuando yo hacía grupos de meditación usaba la meditaciones *gibberish* y *kundalini*. Si quieres empezar desde la relajación, tendrás que hacer estas meditaciones primero. Sacarán todas las tensiones de tu mente y cuerpo, y luego relajarse será muy fácil. No sabes cuánto estás reprimiendo, y eso es la causa de la tensión.

Cuando yo permitía la meditación gibberish en los grupos de meditación en la montaña... Es difícil permitirla aquí porque los vecinos están empezando a volverse locos. Empiezan a llamar a la policía y al comisario, diciendo: «Están arruinando nuestras vidas». No saben que si participasen en ellas desde sus casas, sus vidas saldrían de la demencia en la que viven. Pero ni siquiera son conscientes de esa demencia.

Esta meditación gibberish consistía en que a todo el mundo se le permitía decir en voz alta lo que se le pasara por la mente. Y era muy divertido escuchar lo que la gente decía, era irrelevante, absurdo; yo era el único testigo. La gente hacía toda clase de cosas, y la única condición era que no podías tocar a los demás. Podías hacer lo que quisieras... Uno hacía el pino, otro se quitaba la ropa, se quedaba desnudo y se ponía a correr; durante toda una hora.

Un hombre solía sentarse cada día frente a mí; tenía que ser un corredor de bolsa o algo así. Y cuando empezaba la meditación, primero se sonreía, tan sólo por la idea de lo que iba a hacer. Luego cogía su teléfono: «Hola, hola...»; me miraba por el rabillo de los ojos. Yo evitaba mirarle a él para no perturbar su meditación. Vendía y compraba sus acciones, la hora entera estaba al teléfono.

Cada uno hacía las cosas raras que reprimía. Cuando acababa la meditación había diez minutos para la relajación, en esos diez minutos la gente se relajaba sin esfuerzo alguno, porque estaban completamente cansados. Habían tirado toda la basura, así que al tener cierta limpieza, se relajaban. Miles de personas... y parecía que no había nadie.

La gente solía venir y decirme: «Prolonga esos diez minutos, porque en toda nuestra vida no hemos sentido tal relajación, tal gozo. Nunca pensamos que podríamos comprender qué es la consciencia, pero la sentimos venir».

Así que si quieres empezar por la relajación, primero tendrás que ir a través de un proceso catártico. Meditación dinámica, latihan, kundalini o gibberish. Puede que no sepas de dónde procede esta palabra, gibberish: viene de un místico sufí que se llamaba Jabbar, y esa era su única meditación. Quien fuera que viniera, le diría: «Siéntate y empieza», y la gente sabía lo que quería decir. Nunca hablaba, nunca daba discursos; simplemente le enseñaba a la gente gibberish.

Por ejemplo, de vez en cuando hacía una demostración. Durante media hora decía toda clase de sinsentidos y nadie sabía en qué idioma; iba mostrando a la gente justo lo que pasaba por su mente. Esta era su única enseñanza, y a los que le comprendían simplemente les decía: «Sentaos y empezad».

Pero Jabbar ayudó a mucha gente a entrar en silencio. ¿Durante cuánto tiempo puedes seguir?; la mente se vacía. Dando lugar poco a poco a una profunda nada, y esa nada es una llama de consciencia. Está siempre presente, rodeada por tu gibberish. Tienes que quitar el gibberish; ese es tu veneno.

Lo mismo pasa con el cuerpo. Tu cuerpo tiene tensiones. Empieza por hacer algún movimiento que el cuerpo quiera hacer; no debes manipularlo. Si quiere bailar, si quiere correr, si quiere rodar por el suelo, no debes hacerlo tú, tú simplemente permíteselo. Dile al cuerpo: «Eres libre, haz lo que quieras»; y te sorprenderás. «¡Dios mío, la cantidad de cosas que el cuerpo quería hacer y yo estaba reprimiendo, y esa era la tensión!»

Así que, hay dos clases de tensiones: las tensiones del cuerpo y las tensiones de la mente. Ambas han de ser liberadas antes de que pueda llegar la relajación, la cual te llevará a la consciencia.

Pero empezar por la consciencia es mucho más fácil, y particularmente para aquellos que comprenden su proceso, que es muy simple. Lo usas todo el día con las cosas: con los automóviles, en el tráfico, ¡hasta en el tráfico de Puna, que es una locura total, sobrevives! Hace unos días leí algo acerca de Atenas; Atenas es aún peor que Puna. El gobierno hizo un concurso especial de siete días para taxistas; consistía en seguir las reglas de tráfico, otorgaban trofeos de oro para el primero, segundo y tercer puesto. Pero en todo Atenas no pudieron encontrar una sola persona. La policía se empezaba a preocupar; se estaba acabando el plazo, y querían encontrar tres taxistas como fuera; no hacía falta que fueran perfectos, pero esos tres premios tenían que otorgarse.

Encontraron un hombre que seguía las reglas de tráfico perfectamente, así que se pusieron muy contentos. Se apresuraron hacia él con el trofeo, pero al ver que la policía le seguía, el hombre se saltó un semáforo en rojo. ¿Quién quiere meterse en líos innecesariamente? La policía le gritaba: «Espera», pero el no escuchó, desapareció inmediatamente. Probaron con otras dos personas, pero al ver a la policía, nadie paraba. Así que después de siete días de esfuerzos, todavía esos tres premios están en las oficinas de la policía, y Atenas continúa tan alegremente como siempre.

En Puna tienes una pequeña muestra de ese caos, pero aún así sobrevives porque te mantienes alerta, atento. Quizá la peor situación de tráfico sea la de Italia. Por eso os decía el otro día que los vendedores de automóviles han llegado a la conclusión de que, si lo primero que un hombre hace es mirar el motor del automóvil, es alemán; si se fija en la belleza y las curvas del automóvil, es francés; pero si en lo primero que se fija es en el claxon, si funciona o no, es italiano, porque lo importante en Italia es el claxon, de otra forma no puedes sobrevivir.

Estás usando la consciencia sin ser consciente de ello, pero sólo con las cosas externas. Es la misma consciencia que tiene que usarse para estar en medio del tráfico. Cuando cierras los ojos hay tráfico de pensamientos, de emociones, de sueños, de imaginaciones; todo tipo de cosas centellean.

Haz en el mundo interno exactamente lo mismo que haces en el mundo externo y te convertirás en un testigo. Y una vez que has probado, el gozo de ser un testigo es tan maravilloso, tan del otro mundo, que te gustaría entrar más y más. Siempre que encuentres tiempo te gustará profundizar.

No es una cuestión de posturas; no es una cuestión de templos, iglesias o sinagogas. Sentado en un autobús público o en un tren, cuando no tengas nada que hacer, tan sólo cierra los ojos. Le ahorrará a tus ojos el cansancio de mirar hacia fuera, y te dará suficiente tiempo para observarte a ti mismo. Esos serán los momentos de la más maravillosa experiencia.

Y poco a poco, mientras crece la consciencia, toda tu personalidad cambia. El gran salto cuántico es desde la inconsciencia a la consciencia.

Hymie Goldberg estaba de vacaciones en Irlanda, conducía su nuevo Mercedes. Llegó a una pequeña granja donde el camino cruzaba exactamente por un gran charco. Paddy estaba allí, así que Hymie le preguntó si el charco era profundo.

Paddy dijo: «No», así que Hymie continuó, tan sólo para ver como el automóvil se hundía lentamente hasta desaparecer.

Balbuceando de rabia y chorreando, Hymie le gritó a Paddy: «¡Idiota! ¿Por qué no me dijiste que el charco era demasiado profundo para cruzarlo?».

Paddy se rascó la cabeza y dijo: «No lo comprendo. A mis patos les cubre sólo hasta la mitad».

Simplemente aprende a ser consciente en todas las situaciones. Acostúmbrate a usar cada situación para la consciencia.

Un hombre muy agitado entró apresuradamente a un pub.

«¿Tiene alguien un gran gato negro con un collar blanco?» —dijo con voz nerviosa. No hubo respuesta.

«Y bien, ¿tiene alguien un gran gato negro con un collar blanco?» —preguntó de nuevo el hombre, levantando su voz sobre el murmullo del bar. Pero tampoco hubo respuesta.

«¡Oh, querida! —susurró el hombre— Creo que acabo de atropellar al cura.»

Satiam - Shivam - Sundram. Discurso 25

¿Es posible iluminarse, fácil y relajadamente?

¿Es posible iluminarse de una forma realmente relajada y fácil, sin demasiado esfuerzo y con muchas siestas?

¡Me preguntas a mí, un hombre que nunca ha hecho nada! Precisamente a través de la relajación —¡sin esfuerzo alguno y con muchas siestas! Yo paso la mayor parte del tiempo durmiendo. Sólo me levanto para hablaros a vosotros por la mañana, luego regreso a dormir. En total debo dormir unas dieciocho horas. Seis estoy despierto, dos horas con vosotros y el resto para el baño, la comida, y el recuerdo de que estoy en absoluto samadhi. ¡Soy tan vago que ni siquiera sueño!

¡Y me haces esa pregunta a mí! Esa es toda mi filosofía, que no debes hacer ningún esfuerzo, que sólo relajándote llega la iluminación. Viene cuando te encuentra realmente relajado, sin tensión, sin esfuerzo; e inmediatamente te inunda con miles de flores.

Pero todas las religiones han enseñado justo lo opuesto, que la iluminación es un trabajo muy arduo, que require el esfuerzo de toda una vida, quizá de muchas vidas, y aún así no es algo seguro, no hay garantía. Puedes perderte cuando estás sólo a un paso de la iluminación. ¡Y tú no conoces el camino hacia la iluminación! Así que hay muchas posibilidades de perderse, de desviarse. Algunas personas han tropezado con la iluminación por azar; sólo por accidente.

Millones de personas han estado buscando y no han encontrado nada, sin ser conscientes de que la propia búsqueda les está poniendo tensos; su propio esfuerzo está creando un estado en el cual la iluminación no puede suceder. La iluminación sólo puede suceder cuando estás tan en silencio, tan relajado, que casi no estás. Tan sólo un puro silencio, e inmediatamente la explosión, la explosión de tu alma luminosa.

La gente rigurosa simplemente destruye su inteligencia y su cuerpo, y yo no creo que alcancen la iluminación. Las pocas personas que han alcanzado la iluminación lo han hecho en un estado relajado. La relajación es la tierra donde crecen las rosas de la iluminación.

Así que, está muy bien que quieras estar relajado, cómodo, sin esfuerzos y cantidad de siestas; esa es la receta. Te iluminarás. ¡Te puedes iluminar hoy! La iluminación es tu ser más interior. Sólo porque estás tan ocupado con el esfuerzo, en buscar, averiguar, haciendo esto y aquello, nunca llegas a tu propio ser. Cuando estás relajado no vas a ningún sitio, tú no haces nada y la hierba crece por sí misma.

Todo lo que se necesita es estar alerta, ser inteligente, conciente, que no son esfuerzos; atestiguar, observar, que no son tensiones. Son experiencias muy gozosas, de las que no te cansas y que te dejan muy calmado y sereno. No se han tenido noticias de que la inteligencia fuera parte de vuestros mal llamados santos. La destruyeron completamente con sus estúpidos esfuerzos. Y yo os digo, todos los esfuerzos para iluminarse son estúpidos.

¡La iluminación forma parte de tu naturaleza! Ya estás iluminado, sólo que no lo sabes. En lo que a mí concierne estáis todos iluminados, porque puedo ver vuestra llama interior. Cuando os veo, no veo vuestra figura, veo vuestro ser, el cual es sólo una preciosa llama luminosa.

Se dice que a Gautama Buda le sorprendió que en el momento en que se iluminó también se iluminó toda la existencia, porque sus propios ojos cambiaron, su propia visión cambió. Podía mirar tan profundo dentro de él mismo como dentro de todos los demás, hasta de los animales y los árboles. Podía ver que todo se mueve hacia la iluminación. Todas las cosas necesitan realizar su propia naturaleza; sin ello la vida no es un gozo, no es una festividad.

Simplemente sé un poco inteligente, y la iluminación ocurrirá por sí sola; ni siquiera tienes que pensar en ello.

Una mujer entró en un banco y fue a la oficina del presidente. Se dirigió derecha a su despacho y le dijo: «Quisiera apostar diez mil dólares».

«Lo siento señora —contestó el presidente—, pero este banco no acepta apuestas.»

«Yo no quiero apostar con el banco —dijo ella—, quiero apostar con usted. Se los apuesto a que mañana a las diez sus testículos serán cuadrados.»

«Usted está loca —dijo el presidente—, pero le voy a aceptar la apuesta. Mañana a las diez aquí, y traiga los diez mil dólares.»

A las diez menos cinco, la mujer entra con un caballero alto de aspecto imponente. «¿Quién es este señor?» —pregunta el presidente.

«Es mi abogado —contesta la mujer—. Ha venido para ver que todo marche bien.»

«De acuerdo» —dice el presidente. Y riendo se baja los pantalones. La mujer acerca la mano y se los palpa. En ese momento, el abogado se desmaya.

«¿Qué le pasa?» —pregunta el presidente.

«Pues bien —responde la mujer—, me he ha apostado cincuenta mil dólares con él a que esta mañana a las diez tendría a un presidente de banco cogido por las pelotas.»

¡Simplemente sé un poco inteligente!

... Sólo un poco inteligente. El mundo no es inteligente. Está funcionando de una forma muy poco inteligente y crea toda clase de miserias para todos, en vez de ayudarles a ser más felices. Todo el mundo se burla de los demás, arrastrándose los unos a los otros hacia una oscuridad más profunda, hacia un lodo más profundo, hacia problemas más profundos. Parece que en este mundo la gente disfruta sólo de una cosa: de crear desdicha a los demás; por eso hay tal nube de oscuridad rodeando la Tierra. Si no, esto sería un continuo festival de luces; y no de luces ordinarias, sino de las luces de tu mismo ser.

¿Por qué han logrado los sacerdotes convencer al hombre de que la iluminación es muy difícil, una tarea casi imposible? La razón está en tu mente, ella siempre está interesada en lo difícil, en lo imposible, porque eso resulta desafiante y el ego necesita un desafío para hacerse más y más grande.

Los sacerdotes han conseguido convenceros de que la iluminación es muy difícil, casi imposible. Entre millones de personas sólo de vez en cuando uno se ilumina; tienen la idea de que no te puedes iluminar. Para evitar que te ilumines usan un ingenio muy astuto. Desafían tu ego y tú te interesas por toda clase de rituales, por toda clase de austeridades, de autotortura. Has hecho de tu vida una angustia lo más profunda posible.

Pero esas personas que han hecho de su vida una tortura, los masoquistas, no pueden iluminarse. Pueden seguir oscureciéndose más y más. Y esas personas que viven en la oscuridad acaban por arrastrarse como esclavos fácilmente, porque en su extraño esfuerzo han perdido toda su inteligencia, toda su consciencia. ¿Has visto alguna vez, durante el invierno, un perro descansando al sol por la mañana temprano? Ve su propia cola moverse y siente curiosidad. ¿Qué es eso? Salta para cazar su cola. Pero entonces se vuelve loco, porque esto resulta muy estraño: cuando salta él, también salta la cola. Y la distancia entre el perro y la cola es siempre la misma; da vueltas y vueltas. ¿Lo has observado?: cuanto más salta la cola, más empeño pone; usando su fuerza de voluntad, trata de agarrarla de una u otra forma. Pero el pobre no sabe que es imposible. Que ya es parte de él. Y que cuando él salte, la cola saltará.

La iluminación no es difícil ni imposible. No tienes que hacer nada para obtenerla: es simplemente tu naturaleza intrínseca, es tu propia subjetividad. Todo lo que tienes que hacer es relajarte totalmente por un momento, olvida todos los quehaceres y todos los esfuerzos, para no estar ocupado con nada. Esta consciencia desocupada de repente se da cuenta de que «yo soy eso».

La iluminación es la cosa más fácil del mundo, pero los sacerdotes no quieren que la gente se ilumine. De ser así no serían cristianos, no habría católicos ni hindúes, ni mahometanos; tienen que prevenirlos; tienen que mantenerlos ciegos a su propia naturaleza y han descubierto una manera muy astuta: no tienen que hacer nada, simplemente darte la idea de que es muy difícil, una misión imposible.

Inmediatamente a tu ego le interesa. Al ego nunca le interesa lo obvio. Nunca le importa lo que eres; sólo se interesa por una meta lejana; cuanto más lejana sea la meta, mayor será el interés. Pero la iluminación no es una meta y no dista ni una pulgada de ti: ¡eres tú!

El buscador es lo buscado.

El observador es lo observado.

El conocedor es lo conocido.

Una vez que has comprendido que tu propia naturaleza es la iluminación... de hecho, la palabra sánscrita para religión es *dharma*: significa naturaleza, tu propia naturaleza. No significa Iglesia, no significa teología, simplemente significa tu naturaleza. Por ejemplo, ¿cuál es el dharma del fuego?: ser caliente. ¿Y cuál es el dharma del agua?: fluir hacia abajo. ¿Cuál es la naturaleza del hombre?: iluminarse; conocer su propia divinidad. Si puedes comprender la facilidad... los logros sin esfuerzo de tu naturaleza... sólo así te consideraré inteligente; si no puedes comprender esto, no eres inteligente, eres simplemente un egoísta que intenta... Igual que algunos egoístas intentan ser los hombre más ricos del mundo, otros pocos egoístas intentan ser los más poderosos y muy pocos intentan iluminarse. Pero la iluminación no es posible para el ego; puedes conseguir la riqueza, el poder, el prestigio, y son cosas difíciles, muy difíciles.

A Henry Ford, uno de los hombres más ricos de este tiempo, aunque nació pobre, le preguntaron: «¿Qué desea para la próxima vida?».

Él dijo: «No quiero ser el hombre más rico otra vez. Ha sido una tortura toda mi vida; no he podido vivir. Solía llegar a la fábrica a las siete de la mañana, los operarios llegaban a las ocho, los oficinistas llegaban a las nueve y el director llegaba a las diez y se iba a las dos; todos los demás se iban a las cinco y yo me quedaba a trabajar hasta bien entrada la noche, unas veces hasta las diez, otras veces hasta las doce.

»Trabajé duro para convertirme en el hombre más rico y lo conseguí. ¿Pero para qué? No he podido disfrutar de nada. Trabaje más duro que mis trabajadores. Ellos han disfrutado más de la vida. Yo no he tenido vacaciones. Hasta en vacaciones solía ir a la fábrica a proyectar planes para el futuro.»

Ser el hombre más rico es difícil, pero si haces el esfuerzo necesario puedes lleger a serlo. Es difícil, pero puedes llegar a la cima del Everest si haces el esfuerzo necesario. Pero si haces el más mínimo esfuerzo, la iluminación se vuelve imposible para ti. Si pones a tu mente, con todas sus tensiones y preocupaciones, a componer tu iluminación, vas en la dirección equivocada, te alejas de ella.

Necesitas dejarte ir completamente, con una tranquilidad absoluta, sin tensiones, en un estado de silencio. Y de repente... la explosión. Habéis nacido todos iluminados, os déis cuenta de ello o no.

La sociedad, las religiones, ios políticos, no quieren que te des cuenta de ello, porque va en contra de sus intereses creados.

Viven y te chupan la sangre porque no estás iluminado. Son capaces de reducir a toda la humanidad a estúpidas etiquetas: cristiano, hindú, mahometano; como si fueras cosas, mercancías. Te han etiquetado quién eres en la frente. Actualmente en la India puedes encontrar brahmanes con símbolos en la frente. Viendo el símbolo puedes reconocer a qué clase de brahmanes pertenece; son medios o mercancías. Llevan sus símbolos marcados en la frente. Puede que tú no lo lleves, pero en el fondo sabes que dentro de tu ser llevas gravado que eres cristiano, que eres budista, que eres hindú.

Si os iluminárais, seríais simplemente luz, un gozo para vosotros mismos y para los demás, una bendición para vosotros y para toda la existencia, seríais la última libertad. Nadie podría explotarte, nadie podría esclavizarte en ningún sentido. Y ese es el problema: nadie quiere que te ilumines. Hasta que no te des cuenta seguirás jugando en las manos de los intereses creados, los cuales son todos parásitos. Su única función es chuparte la sangre.

Si quieres libertad, la iluminación es la única libertad. Si quieres individualidad, la iluminación es la única individualidad. Si quieres una vida llena de bendiciones, la iluminación es la única experiencia. Y es muy fácil, absolutamente fácil; es la única cosa que para conseguirla no tienes que hacer nada, porque ya está ahí. Tan sólo tienes que relajarte y verlo.

Por eso en la India no tenemos nada paralelo a la filosofía occidental. Filosofía significa pensar acerca de la verdad: «Amor al conocimiento». En la India tenemos una cosa totalmente diferente. Lo llamamos *darshan*. Y darshan no significa pensar, significa ver.

Tu verdad no es para ser pensada, tiene que ser vista. Ya está ahí, no tienes que ir a ningún sitio para encontrarla. No tienes que pensar acerca de ella, tienes que parar de pensar para que pueda emerger a la superficie de tu ser.

Se necesita que haya espacio sin ocupar dentro de ti para que la luz que está oculta pueda expandirse y llenar tu ser. Y no sólo llena tu ser, empieza a irradiar desde él. Toda tu vida se vuelve belleza, una belleza que no es la del cuerpo, sino la que se irradia desde dentro, la belleza de tu consciencia.

Sat Chit Anand. Discurso 25

V

ACERCA DEL EGO

El ego es una comparación. El amor propio y el orgullo no son comparativos; esa es la diferencia básica. En el ego siempre te comparas. soy superior a los otros, soy mejor que tú, estoy más elevado que tú, soy más piadoso que tú; yo soy un santo, y tú un pecador. Por cualquier razón, te comparas a ti mismo, como si fueras superior y reduciendo al otro a inferior. Así se forma el ego.

Pero el orgullo no es comparativo. No tiene nada que ver con los demás. Simplemente dice: me respeto a mí mismo, me amo a mí mismo, simplemente estoy orgulloso de ser; sólo por estar en esta maravillosa existencia. No tiene nada que ver con los demás. En el momento que empiezas a comparar, comienzas un juego sucio.

Mi respeto por mí mismo no es un obstáculo para que tú seas respetuoso contigo mismo. De hecho, me encantaría que te respetaras a ti mismo, porque si tú no te respetas, ¿quién te va a respetar? Si no estás orgulloso de ser un ser humano, la consciencia más evolucionada de la existencia, entonces ¿quién va a estar orgulloso de ti?

Y tu orgullo no es realmente otra cosa que un agradecimiento por todo lo que la existencia te ha dado; es tremendo, no somos digno de ello, no nos lo merecemos. No nos lo hemos ganado, no tenemos derecho a exigirlo; simplemente la existencia nos lo ha dado todo desde su abundancia...

El amor propio es respeto sin comparación. El orgullo es dignidad, un sentido de dignidad que la existencia quiere que tengas: esa existencia te ha creado, esa existencia te necesita; eres bienvenido a la existencia. No eres un niño no deseado, un huérfano; la existencia te nutre a cada momento, te da vida, luz, todo lo que tú necesitas.

El orgullo no es equivalente al ego; tampoco el amor propio lo es. El ego es comparativo, y por ser comparativo, es feo, es enfermizo. La misma idea de que, por cualquier razón, «yo soy superior a ti» es inhumana. Pero estar orgulloso de uno mismo no hace a nadie inferior. De hecho muestra a los demás la forma de estar orgullosos de ellos mismos, de respetarse a sí mismos.

Yo estoy en contra del ego, pero no en contra del orgullo, no en contra del amor propio. Estas son las cualidades humanas más importantes.

The new dawn. Discurso 3

Humildad, timidez y miedo

¿Cuál es la diferencia entre ser humilde, ser tímido, y simplemente esconderse por miedo?

La diferencia entre ser humilde, ser tímido, y simplemente esconderse por miedo es inmensa. Pero la inconsciencia del hombre es tal, que ni siquiera es capaz de distinguir entre sus propios actos y sus respuestas a la realidad; por otra parte, la diferencia es tan clara que hasta hacer la pregunta carece de sentido.

Primero tienes que profundizar en la palabra «humilde». Todas las religiones le han dado una connotación errónea: con humilde quieren decir justamente lo opuesto a egoísta; no es eso. Pero hasta lo opuesto exacto al ego sería todavía el ego, escondido detrás de diferentes máscaras. Se deja ver de vez en cuando en el que llaman hombre humilde: él se cree más humilde que nadie; y eso es ego. La humildad no conoce ese lenguaje.

Ya os he contado la historia de los tres frailes cristianos. Sus monasterios estaban cerca, en las montañas, y ellos tenían que cruzarse en el camino todos los días. Un día hacía tanto calor que decidieron parar a descansar y hablar un poco entre ellos. Después de todo eran todos cristianos; puede que pertenecieran a diferentes sectas, pero sus bases eran cristianas.

Mientras se sentaban a la sombra de un árbol, el primero dijo: «Está claro que vuestros monasterios deben tener algo, pero no tienen la sabiduría ni la erudición que encontrarás en el nuestro».

El segundo dijo: «Eres tú quien ha sacado el tema, por eso os tengo que decir que vuestros monasterios pueden tener erudición, pero esa no es la cuestión. Nadie es más austero y disciplinado que la gente de nuestro monasterio; su austeridad es incomparable, y en el momento del juicio final, recordad, la erudición no se tendrá en cuenta. Lo que contará será la austeridad».

El tercero se rió y dijo: «Ambos tenéis razón acerca de vuestros monasterios, pero no conocéis la verdadera esencia del cristianismo, y esta es la humildad. Nosotros somos los más humildes».

¿Humildes y los mejores?; esto es simplemente un ego reprimido. Por avaricia, por la tremenda avaricia de entrar en el paraíso y disfrutar todos sus placeres, un hombre es capaz de reprimir su ego y volverse humilde. Antes de que te pueda decir lo que es la verdadera humildad tienes que comprender la falsa humildad. A menos que comprendas la falsa, es imposible definir la verdadera. De hecho, al entender la falsa, la verdadera surge en tu visión por sí sola.

La falsa humildad es simplemente el ego reprimido, aparentando ser humilde pero deseando ser el mejor. La verdadera humildad no tiene nada que ver con el ego; es la ausencia del ego. No pretende ser superior a nadie. Es la pura y simple comprensión de que no hay nadie que sea superior, ni nadie que sea inferior; las personas son simplemente ellas mismas, incomparablemente únicas. No puedes compararlas como superior o inferior.

De ahí que el auténtico hombre humilde sea muy difícil de comprender, porque no será humilde de la manera que tú lo entiendes. Has conocido montones de personas humildes, pero todos eran egoístas y tú no eres lo suficientemente perspicaz para ver que eso es su ego reprimido.

Una vez vino a mi casa una misionera cristiana, una mujer joven y preciosa. Me regaló la Sagrada Biblia y algunos otros panfletos, ella parecía muy humilde. Le dije: «Saque toda esta basura de aquí. Esta sagrada Biblia es una de las más sacrílegas escrituras del mundo»; e inmediatamente ella explotó. Olvidó toda su humildad. Le dije: «Puede dejar la Biblia. Sólo ha sido una treta para mostrarle quién es usted. Usted no es humilde; de otra forma no se hubiera sentido herida».

Sólo el ego se siente siempre herido. No se puede herir a un hombre humilde. La verdadera humildad es simplemente la ausencia del ego. Es abandonar toda la personalidad y la decoración que has acumulado a tu alrededor, y ser como un niño que no sabe quién es, que no sabe nada acerca del mundo. Sus ojos son claros; puede ver el verde de los árboles con más sensibilidad que tú. Tus ojos están llenos del polvo que tú llamas conocimiento. ¿Y por qué has acumulado este polvo que te está dejando ciego?: porque en el mundo, el conocimiento le da una tremenda energía a tu ego. Tú sabes y los demás no.

El hombre humilde no sabe nada. Ha completado el círculo de regreso a la inocencia de su infancia: está lleno de asombro; ve misterios en todas partes; recoge piedras y conchas de la playa, y se siente tan feliz como si hubiera encontrado diamantes, esmeraldas y rubíes.

Cuando yo era un niño, mi madre tenía muchos problemas conmigo; y lo mismo le pasaba a mi sastre, porque yo le solía decir: «Póngame todos los bolsillos que pueda».

«Con una sola condición: que no le digas a nadie quién te lo ha hecho —respondía él—. Por tu culpa estoy perdiendo clientes. Dicen: "Este sastre se ha vuelto majareta"»... Porque yo llevaba bolsillos por delante, por detrás, por los lados, en los pantalones, tantos como era posible.

«Donde encuentre un pequeño espacio, ponga un bolsillo» —le pedía yo.

«¿Tú estás loco o qué?» —exclamaba él.

«Usted puede pensar lo que quiera, pero yo necesito todos esos bolsillos» —explicaba yo, porque en el río de mi aldea había tantas piedras de colores tan maravillosas que tenía que recogerlas, y necesitaba bolsillos diferentes para los diferentes colores.

Mi madre se enfadaba mucho porque yo me iba a dormir con mis piedras en los bolsillos. Mientras dormía, ella me las sacaba. «¿Cómo puedes dormir con tantas piedras?» Yo le decía que eso era hacer trampa; no se me debería hacer nada mientras estuviera durmiendo.

La infancia posee una inmensa claridad. En esta claridad, en esta transparencia, bajo esta perspectiva, el mundo entero es un milagro. El hombre humilde regresa a esta milagrosa existencia. Nosotros la damos por supuesta, pero no vemos cómo del mismo suelo florecen lotos, rosas y millones de otras flores. La tierra no tiene colores, ¿de dónde vienen esos preciosos colores?; la tierra es muy tosca, ¿de dónde vienen las rosas aterciopeladas?; la tierra no tiene verdor, ¿de dónde viene el verde de los árboles? El hombre humilde es como un niño otra vez. No tiene exigencias, sino sólo gratitud; gratitud por todas las cosas; gratitud incluso por cosas por las que tú ni puedes concebir que se pueda estar agradecido.

Un místico sufí, Junnaid, estaba en peregrinación religiosa con sus discípulos. En su escuela de misterio era casi rutinario para los discípulos rezar con el maestro. Y su plegaria era siempre la misma; acababa dando gracias a Dios: «¿Cómo te voy a pagar? Me das tanto, me inundas con tanta felicidad, y nunca me dices cómo te lo voy a pagar. No tengo otra cosa que gratitud. Perdóname por mi pobreza, pero te doy las gracias por todas las cosas maravillosas que me has dado».

Nadie lo ha objetado. La escuela de misterio de Junnaid estaba floreciente, la gente venía desde lugares muy lejanos; se convirtió en una de las más ricas escuelas sufíes. Pero en la peregrinación los discípulos comenzaban a flaquear respecto a la última parte de la plegaria.

Un día atravesaron una aldea muy fanática. Los mahometanos no creen que los sufíes sean verdaderos mahometanos (y los sufíes son los únicos auténticos mahometanos de todo el mundo). Los mahometanos ortodoxos, los sacerdotes; condenan a los sufíes por haberse desviado al dejar la masa y empezar a moverse en su propio camino en solitario. No les importa la tradición, han declarado abiertamente que «si hay algo erróneo en la tradición lo vamos a corregir».

Por ejemplo, los mahometanos ruegan a Dios en sus plegarias, y acaban la plegaria con: «El Dios de los Mahometanos es el único Dios. Sólo hay un Dios, y sólc hay un libro sagrado, el Corán, y sólo hay un profeta, Hazrat Mahoma».

Los sufíes nunca lo acaban; simplemente dicen: «Sólo hay Dios»; y nada más. Han abandonado los otros dos puntos, el de que sólo hay un libro sagrado, el Corán, y el de que sólo hay un profeta, Hazrat Mahoma. Esto hiere a los mahometanos ortodoxos.

Los sufíes son gente muy humilde y abierta a recibir de todas las fuentes; no les preocupa si viene de fuentes cristianas, o de fuentes judías, o de fuentes hindúes. La verdad es la verdad; por qué puerta entra en tu ser es irrelevante.

Esa aldea fanática no les dio cobijo, no les dio comida, ni siquiera les dejaron beber de su pozo. Era un país desértico y esto continuó ocurriendo durante tres días: dormían en la fría noche del desierto, temblando durante toda la noche, hambrientos, sedientos, rechazados, condenados; y en la última aldea hasta les habían tirado piedras. De alguna forma sobrevivieron y escaparon.

Pero el maestro continuó su plegaria, exactamente igual que lo hacía en la escuela de misterio: «¡Cuánto nos has dado! ¡Tu compasión es infinita! Y tú conoces nuestra pobreza; no podemos darte nada excepto nuestra gratitud de todo corazón».

Eso ya era demasiado. Tres días sin comida, sin cobijo, en las frías noches del desierto... los discípulos no podían resistirlo. Junnaid estaba yendo demasiado lejos. Uno de los discípulos le dijo: «Al menos en días como estos, deja esta última parte».

Junnaid dijo: «No lo comprendes. Dios nos ha dado estos días como una prueba de fuego. Su compasión es infinita; tan sólo nos prueba para ver si también nuestra confianza es infinita o no, si nuestra confianza tiene condiciones. Si hubiesemos sido recibidos por esas aldeas, bienvenidos, alimentados y hospedados (los mahometanos respetan mucho a la gente que va en peregrinación sagrada), entonces hubieses estado de acuerdo con mi plegaria. Porque hasta ahora, nunca habías estado en desacuerdo. Por primera vez, Dios me da la oportunidad de mostrar que no sólo estoy agradecido en los días buenos, sino que, pase lo que pase, mi gratitud permanecerá sin vacilar. Hasta en la hora de la muerte tendré las mismas palabras en mis labios».

Un hombre humilde vive una vida de gratitud incondicional; no sólo gratitud hacia Dios, sino también hacia los seres humanos, los árboles, las estrellas, todas las cosas. Ser tímido es otra forma de ego. Se ha convertido en algo casi ornamental. Se considera que las personas que se sienten tímidas, en Oriente particularmente las mujeres, tienen una gracia especial; pero son tímidas porque se piensa que serlo es algo maravilloso.

En Occidente, poco a poco esa timidez está desapareciendo porque ya no se piensa que tenga valor alguno; simplemente muestra una larga tradición de esclavitud. La mujer occidental moderna también se ha deshecho de ella porque era una cadena que la ataba, y que necesitaba romper para liberarse.

¿En qué momentos te sientes tímido? En los momentos en que alguien te alaba; en los momentos en que alguien te dice: «Qué bonito eres»; y tú sabes que no es verdad, no hay tanta gente bonita alrededor. Pero casi todo el mundo se cruzará con un idiota que le diga: «Qué bonito eres». Y entonces te entra la timidez porque sabes que no lo eres, pero satisface al ego.

Puedes probar, puedes decirle al hombre más feo o a la mujer más fea: «¡Dios mío! No hay nada en el mundo como tú. Eres tan hermosa que ni Cleopatra sería nada comparada contigo»; y ni la mujer más horrible lo negará. De hecho dirá: «Tú eres el único que tiene sensibilidad...».

Es el ego otra vez jugando un juego diferente.

La persona sin ego nunca se siente tímida. Si dices algo que no es verdad acerca de él, él mismo lo desmentirá. Quiere exponerse a sí mismo en absoluta autenticidad.

Y por último, «esconderse por miedo». Son todas expresiones diferentes del ego: la falsa humildad, ser tímido; cuando se sabe perfectamente bien que lo que se está diciendo no es verdad; y la tercera, esconderse por miedo. Excepto el ego, no hay elemento en ti que pueda sentir miedo nunca, porque el ego es lo único que es falso y que tiene que morir. Ni tu cuerpo desaparecerá; simplemente regresara a sus elementos básicos; ni tu consciencia va a morir. Continuará su viaje hacia niveles y formas de expresión más elevadas, o finalmente puede desaparecer en la consciencia universal.

Pero esto no es la muerte. Eso es convertirte en algo grande, inmenso... infinito y eterno; no es una pérdida. La única cosa que va a morir, y ha estado continuamente muriendo cada vez que tú has muerto, la única cosa que muere una y otra vez, es el ego. El cuerpo vuelve a los elementos naturales, la consciencia vuelve a la consciencia universal, o a una nueva forma de consciencia; la única cosa que muere una y otra vez es el ego. Así que el ego es la raíz que causa todo miedo en ti. Un hombre sin ego es también un hombre sin miedo. En lo que a ti concierne es sólo discriminación intelectual. En lo que a mí concierne no lo es, es mi experiencia. El día que mi ego desapareció, encontré una clase de humildad totalmente nueva. Descubrí que no hay nada por lo que ser tímido, y de ninguna manera me he estado escondiendo por miedo.

Tú también puedes tener esta experiencia, y hasta que no la tengas, solamente la comprensión intelectual no será suficiente. La meditación te puede ayudar a deshacerte del ego y esas tres cosas desaparecerán.

Satyam - Shivam - Sundram. Discurso 11

¿Qué es el ego?

¿Qué es el ego? Al no estar iluminados, ¿funcionamos siempre a través del ego o hay momentos en los que nos liberamos de él?

El centro del hombre no está separado del centro del todo. Sólo hay un centro en la existencia: antiguamente se le llamaba Tao, Dhamma, Dios. Ahora estas palabras se han quedado anticuadas; podéis llamarlo verdad. Sólo hay un centro en la existencia. No hay varios centros, de no ser así el Universo no sería realmente un Universo, sería un multiverso. Es una unidad, por eso se le llama «Universo»; sólo tiene un centro.

Pero hay que meditar un poco acerca de esto. Ese centro es mi centro, tu centro, el centro de todo el mundo. Ese centro no significa que tú no tengas centro, ese centro significa que tú no tienes un centro separado. Dicho en otras palabras: puede haber muchos círculos concéntricos sobre un centro, muchos. Si tiras una piedra a un lago en calma, en el lugar donde caiga la piedra surgirá un centro y luego multitud de círculos concéntricos que se expandirán hasta llegar a la otra orilla; miles de círculos concéntricos, pero todos tienen el mismo centro. Cada uno puede reclamar ese centro como suyo propio. Y de alguna manera es su centro, pero no es sólo suyo. El ego surge con la exigencia: «El centro es mío, separado. No es tu centro, es mi centro; forma parte de mí». La idea de un centro separado es la raíz del ego. Cuando un niño nace, viene sin un centro propio. Durante nueve meses en el vientre de la madre funciona con el centro de la madre como si fuera el suyo; él no está separado. Luego nace. Entonces, pensar que uno tiene un centro separado es algo práctico; de no ser así la vida sería muy difícil, casi imposible. Para sobrevivir y luchar por la supervivencia, todo el mundo necesita una cierta idea de quién es. Y nadie tiene la más mínima idea. De hecho nadie puede jamás tenerla, porque en lo más profundo de ti eres un misterio. No puedes tener la más mínima idea. En lo más profundo de ti no eres individual, eres universal.

Es por eso que si le preguntas a Buda: «¿Quién eres tú?», se queda en silencio, no contesta. No puede, porque ahora ya no está separado. Él es el todo. Pero en la vida cotidiana hasta Buda tiene que usar la primera persona. Si tiene sed tiene que decir: «Tengo sed. Ananda, tráeme un poco de agua, tengo sed».

Para ser exactamente correctos, él debería decir: «Ananda, trae un poco de agua. El centro universal tiene un poco de sed». Pero sonaría un poco raro. Y decir una y otra vez: unas veces el centro universal tiene hambre, otras el centro universal tiene un poco de frío, otras el centro universal está cansado; sería innecesario, absolutamente innecesario. Así que siguió utilizando la vieja y significativa primera persona. Es muy significativa; a pesar de ser una ficción es muy significativa. Pero muchas ficciones son significativas.

Por ejemplo, tú tienes un nombre: eso es una ficción. Vienes sin nombre, no traes ninguno contigo, el nombre se te ha dado. Luego, por la constante repetición empiezas a identificarte con él. Sabes que tu nombre es Rama o Rahim o Krishna. Llega tan profundo que si los tres mil sannyasins que estáis aquí os durmiérais y alguien viniera y dijera: «¿Rama dónde estás?», nadie lo oiría excepto Rama. Rama diría: «¿Quién ha venido a perturbar mi sueño?». Hasta en sueños reconocería su nombre; ha llegado hasta el inconsciente, se ha ido infiltrando poco a poco. Pero es una ficción.

Pero cuando digo que es una ficción no quiero decir que sea innecesaria. Es una ficción necesaria, es útil; si no ¿cómo te vas a dirigir a la gente? Si le quieres escribir una carta a alguien, ¿a quién se la vas a escribir?

Una vez un niño le escribió una carta a Dios. Su padre había muerto, su madre estaba enferma y no tenían dinero, así que le pidió a Dios cincuenta rupias.

Cuando la carta llegó a la oficina de correos estaban desconcertados; ¿qué hacer con ella?, ¿dónde mandarla? Iba dirigida simplemente a Dios. Así que la abrieron; se sintieron conmovidos por el niño y decidieron hacer una colecta y mandarle el dinero. Reunieron algo de dinero; el niño había pedido cincuenta rupias pero ellos habían podido recoger sólo cuarenta.

Llegó otra carta, también dirigida a Dios, el niño había escrito: «Querido señor, por favor, la próxima vez que mandes dinero, dámelo directamente a mí, no me lo mandes por correo. Se han quedado su comisión; diez rupias».

Sería muy difícil si nadie tuviera nombre. Aunque en realidad nadie tiene nombre, aún así, es una bonita ficción, de gran ayuda. Y nadie lo sabe mejor que yo, porque no creo que en toda la historia de la humanidad alguien haya dado tantos nombres como yo. ¡Puedes contar conmigo!

Necesitas un nombre por el que los demás te puedan llamar, lo necesitas para llamarte a ti mismo, pero es una ficción. Si profundizas en ti mismo descubrirás que el nombre desaparece, la idea del yo desaparece; solo queda un puro siendo, estando, existencia, ser.

Y ese ser no está separado, no es tuyo ni mío; ese ser es el ser de todo. Las piedras, los ríos, las montañas, los árboles, está todo incluido. Incluye todo, no excluye nada. Todo el pasado, todo el futuro, este inmenso Universo, está incluido en él. Cuanto más profundices en ti, te irás dando más y más cuenta de que no existen las personas, de que los individuos no existen; lo que existe entonces es una pura universalidad. En la circunferencia tenemos nombre, ego, identidad. Cuando saltamos desde la circunferencia al centro, todas esas identidades desaparecen.

El ego es tan sólo una ficción útil.

Utilízalo, pero no te dejes engañar por él.

También preguntas: «Al no estar iluminados, ¿funcionamos siempre a través del ego o hay momentos en que nos liberamos de él?».

Hay momentos en que os libráis de él porque es una ficción. Pero por ser una ficción, sólo puede permanecer si tú la mantienes. Una ficción necesita una gran mantenimiento. La verdad no necesita que se la mantenga, esa es la belleza de la verdad. ¿Pero una ficción? Tienes que pintarla continuamente, repararla aquí y allá, está continuamente derrumbándose. Cuando te las arreglas para repararla por un lado, empieza a derrumbarse por el otro.

Y eso es lo que la gente hace toda su vida, tratar de hacer que la ficción parezca realidad. Ten más dinero, así podrás tener un ego más grande, un poco más sólido que el de un hombre pobre. El ego del hombre pobre es delgado; no puede permitirse un ego más grueso. Hazte primer ministro o presidente de un país y tu ego se inflará en extremo. Entonces no caminarás sobre la tierra.

Toda nuestra vida, la búsqueda del dinero, poder, prestigio, esto y aquello, no es otra cosa que la búsqueda de nuevas propiedades, la búsqueda de nuevas ayudas para mantener como sea las ficciones. Y todo el tiempo sabes que la muerte llega. Hagas lo que hagas, la muerte lo destruirá. Pero uno todavía sigue esperando contra toda esperanza; puede que todos los demás mueran, pero no tú.

Y en un sentido es verdad. Tú siempre has visto morir a otra gente, nunca te has visto morir a ti mismo, también parece verdad, lógico. Esta persona muere, aquella persona muere, pero tú nunca mueres. Tú siempre estás ahí para sentir pena por ellos, siempre vas con ellos al cementerio a darles el último adiós, pero luego te vuelves a casa.

No te dejes engañar por esto, porque a toda esa gente le pasaba lo mismo. Y no hay excepciones. La muerte llega y se lleva todas las ficciones, tu nombre, tu fama. La muerte llega y simplemente lo borra todo; no queda ni huella. Hagamos lo que hagamos de nuestra vida no será otra cosa que escritura en el agua; ni siquiera en la arena, en el agua. Ni siquiera lo has escrito, y ya ha desaparecido. No puedes ni leerlo, ha desaparecido. Pero seguimos tratando de hacer castillos en el aire. Por ser una ficción, necesita un constante mantenimiento, un constante esfuerzo, noche y día. Y nadie puede prestar tanta atención las veinticuatro horas del día. Así que algunas veces, aún a pesar de ti, hay momentos en los que tienes destellos de realidad, sin que el ego funcione como barrera. Cuando la pantalla del ego no está, hay momentos; recuerda, a pesar de ti. Todo el mundo tiene esos momentos de vez en cuando.

Por ejemplo, cada noche cuando te duermes profundamente, y el sueño es tan profundo que no puedes ni soñar, entonces no se encuentra el ego; todas las ficciones desaparecen. Dormir profundamente, sin soñar, es como una pequeña muerte. En sueños todavía hay una posibilidad de que te las arregles para recordarlo. La gente se las arregla para mantener su ego hasta en sueños.

Es por eso que el psicoanálisis trata de profundizar en los sueños, porque hay menos posibilidades de mantener la identidad; se pueden encontrar más agujeros. Durante el día estás muy alerta y en guardia, siempre con un escudo para proteger tu ego. En sueños algunas veces te olvidas. Pero los que han estudiado los sueños dicen que hasta cuando duermes la protección permanece; se vuelve un poco más sutil.

Por ejemplo, en un sueño ves que has matado a tu tío. Si profundizas en ello te sorprenderás: querías matar a tu padre pero has matado a tu tío. Te has engañado a ti mismo, el ego te la ha jugado. Tú eres tan buen muchacho... ¿cómo vas a matar a tu propio padre?; y tu tío se parece a tu padre, aunque nadie quiere realmente matar a su tío. Los tíos son siempre buena gente; ¿quién quiere matar a su propio tío? ¿Y quién no quiere matar a su propio padre?

Entre el padre y el hijo tiene que haber necesariamente un gran antagonismo. El padre tiene que disciplinar al hijo, tiene que esculpir y recortar su libertad, darle órdenes y forzarle a obedecerle; y nadie quiere obedecer, ser disciplinado o que le digan lo que tiene y lo que no tiene que hacer. El padre es tan poderoso que el hijo siente celos; y lo que al hijo le hace sentirse más celoso es que quiere a la madre para él solo, y el padre siempre se pone en medio, siempre está ahí. Y no sólo el hijo está celoso del padre, el padre también siente celos del hijo porque siempre está entre él y su mujer.

El hijo de Mulla Nasruddin se casó. Vino a casa con su mujer, sus amigos y sus parientes; toda la casa estaba llena. Salió fuera a por algo y cuando regresó se quedó estupefacto; su padre estaba abrazando y besando a su esposa. ¡Esto era demasiado! No se podía permitir. Estaba muy enfadado y le dijo: «¿Qué estas haciendo?».

«¿Y tú qué has estado haciendo durante toda tu vida? Has estado abrazando y besando a mi esposa; y nunca te he dicho nada» —contestó el padre.

Puede que él no lo dijera, pero lo sintío así. Hay un antagonismo ente el padre y el hijo, entre la madre y la hija; un antagonismo natural, unos celos naturales. La hija quiere poseer al padre pero la madre siempre está ahí, como si fuera el enemigo.

Los tíos son gente encantadora, pero en sueños no matarás a tu propio padre. Tu consciencia moral, la cual es parte de tu ego, te impedirá hacer tal cosa; encontrarás un sustituto. Eso es una estratagema.

Si observas minuciosamente tus sueños encontrarás muchas estratagemas que el ego trata de realizar. El ego no puede aceptar el hecho: «¿Estoy matando a mi propio padre? Soy un hijo tan obediente, respetuoso con mi padre, le amo mucho, ¿y estoy tratando de matar a mi padre?». El ego no puede aceptar esa idea; la trastoca un poco. El tío se parece mucho al padre; mata al tío, eso parece más fácil. El tío es sólo un sustituto. Eso continúa hasta en sueños.

Pero cuando se duerme sin soñar el ego desaparece completamente, porque cuando no se piensa, no se sueña, ¿entonces cómo puedes mantener una ficción? Pero el sueño sin sueños es muy corto; no dura más de dos horas en un sueño saludable de ocho. Pero sólo esas dos horas son revitalizantes. Si duermes dos horas profundamente sin sueños, por la mañana estas nuevo, fresco, vivo. La vida recupera su encanto, el día parece un regalo. Todo parece ser nuevo, porque tú eres nuevo. Y todo parece ser maravilloso porque tú estás en un espacio maravilloso.

¿Qué pasa en esas dos horas que caes en sueño profundo (lo que Patanjali llama *sushupti*, sueño sin sueños)?: el ego desaparece. Y la desaparición del ego te revitaliza, te rejuvenece. Con la desaparición del ego, aún en profunda inconsciencia, tienes una experiencia de Dios.

Patanjali dice que no hay tanta diferencia entre *sushupti:* dormir sin sueños, y *samadhi:* el estado definitivo de ser un Buda; no hay tanta diferencia, no obstante hay una diferencia. La diferencia es la consciencia. En el sueno sin sueños eres inconsciente, en samadhi eres consciente. Pero el estado es el mismo: vas hacia Dios, vas hacia el centro universal. Desapareces de la circunferencia y vas al centro. Y tan sólo ese contacto con el centro te rejuvenece.

La gente que no puede dormir es muy desgraciada, verdaderamente desgraciada. Ha perdido la fuente natural que les conecta con Dios. Ha perdido el puente natural hacia lo universal; se ha cerrado una puerta.

En este siglo se sufre por primera vez de insomnio. Hemos cerrado todas las otras puertas; ahora cerramos la última puerta, la puerta del sueño. Esa parece ser la última desconexión con la energía universal; el mayor de los peligros. Y ahora hay idiotas en el mundo que escriben libros, y además con una perspicacia muy lógica, diciendo que no se necesita dormir en absoluto, que es una pérdida de tiempo. Tienen razón, es una pérdida de tiempo. Para la gente que piensa en términos de dinero y trabajo: los adictos al trabajo, para ellos es una pérdida de tiempo.

Igual que ahora existe Alcohólicos Anónimos, pronto tendremos Adictos Al Trabajo Anónimos. Gente que está obsesionada con el trabajo, que tiene que estar moviéndose continuamente. No pueden descansar, no pueden relajarse. Hasta cuando se mueran estarán haciendo una cosa u otra.

Esa gente ahora sugiere que dormir es innecesario. Sugieren que dormir es una innecesaria resaca del pasado. Dicen que en el pasado, cuando no se conocía el fuego ni la electricidad, la gente tenía que dormir por necesidad, pero que ahora no hay necesidad. Es tan sólo un viejo hábito absorbido durante millones de años, que se tiene que abandonar. Tienen la idea de que en el futuro no se dormirá.

Y lo mismo también está ocurriendo en Rusia tras la cortina de acero. Están creando nuevos recursos para enseñar a la gente mientras duerme; una nueva clase de educación, así no se pierde tiempo. Es lo último en tortura para niños. Ya hemos inventado la escuela, encerramos a los niños pequeños en escuelas... y aún no estamos satisfechos. En la India, las escuelas y las prisiones solían pintarse igual, con el mismo color. Y eran el mismo tipo de edificios: feos, sin sentido estético, sin árboles, ni pájaros, ni animales de ninguna clase a su alrededor, para que los niños no se distrayeran. De otra forma, ¿quién iba a escuchar al estúpido profesor de matemáticas cuando el cuco de repente empieza a llamarte desde la ventana? ¿O si una cabra pasa por el patio, y el maestro está enseñando geografía o historia?... Los niños se distraerían, así que se les tiene que separar de la naturaleza, de la sociedad. Se les obliga a sentarse en un duro banco durante seis o siete horas.

Y esto continúa durante años. Casi un tercio de la vida se pasa en las escuelas. Se convierten en esclavos. Lo que les queda de vida seguirán siendo adictos al trabajo; no serán capaces de tener unas verdaderas vacaciones.

Ahora esa gente piensa: ¿por qué desperdiciar el tiempo de la noche? Se puede usar para educar a los niños. Estarán durmiendo en la cama pero sus oídos estarán conectados a una escuela central, y de una forma muy, muy sutil y subliminal, se les introducirán mensajes en la cabeza. Se les programará.

Se ha descubierto que de esta forma aprenden más fácilmente que cuando están despiertos. Naturalmente, porque cuando estás despierto, por muy protegido que estés, mil y una cosas distraen tu mente. Y los niños están tan llenos de energía que cualquier cosa les atrae; se distraen continuamente. Es simplemente porque están llenos de energía, es sólo eso; no hay nada malo en ello. No están muertos, por eso se distraen.

Un perro se pone a ladrar, alguien se pelea fuera, alguien le gasta una broma al profesor o alguien cuenta un chiste, y mil y una cosas más que les distraen. Pero cuando un niño duerme (y duerme profundamente, sin sueños) no hay distracción en absoluto. Ahora, ese espacio podría usarse como parte de su pedagogía.

Parece que estamos totalmente dispuestos a desconectarnos a nosotros mismos de la fuente universal del ser. Pues bien, esos niños serán de lo más horrible, porque se les habrá quitado hasta la posibilidad de perderse completamente más allá del ego. Ya no quedará la más mínima posibilidad de que el ego desaparezca. Durante el tiempo que podrían haber estado en contacto con Dios, se les enseñará alguna porquería de historia. Por ejemplo la fecha en que nació Genghis Khan; ¿a quién le importa, a quién le preocupa? De hecho, si Genghis Khan no hubiera nacido estaríamos mejor. Eso es lo que yo escribí en mi examen, y mi profesor se enfadó mucho. Me castigaron a estar veinticuatro horas de pie fuera de la clase, por haber escrito: «Es una gran desgracia que Genghis Khan haya existido; hubiera sido mucho mejor si ni siquiera hubiera nacido».

Pero los reyes y los emperadores siguen y siguen naciendo tan sólo para torturar a los niños, que tienen que recordar sus nombres y las fechas sin ninguna razón. Sería mejor educación abandonar toda esta mierda: el noventa por ciento es una mierda, y el diez por ciento restante podría mejorarse muchísimo. Y entonces la vida tendría más alegría, más descanso, más relajación.

Debido a que el ego es una ficción, algunas veces desaparece. El mejor momento es cuando se duerme sin sueños. Así que date cuenta de que dormir es muy valioso; no te lo pierdas por ninguna razón. Poco a poco haz del sueño una cosa regular. Porque el cuerpo es un mecanismo, si sigues patrones regulares de sueño será más fácil para el cuerpo, y para la mente será más fácil desaparecer.

Vete a la cama a la misma hora exactamente. No lo tomes al pie de la letra; ¡si un día te acuestas tarde no vas a ir al infierno! Tengo que ser cauto, porque hay algunas personas obsesionadas con la salud. Su única enfermedad es estar continuamente pensando en la salud; si dejaran de pensar en ello estarían totalmente sanos. Pero si puedes hacer que el sueño sea regular, acostándote y levantándote más o menos a la misma hora todos los días; el cuerpo es un mecanismo, la mente también, y a su debido tiempo simplemente cae en ese estado en el que no hay sueños.

La segunda gran fuente de experiencias de la ausencia del ego es el sexo, el amor. Eso también ha sido destruido por los sacerdotes; lo han condenado, así que ya no es una experiencia maravillosa. Semejante condena durante tanto tiempo ha condicionado la mente de la gente. Hasta cuando hacen el amor, en el fondo creen que están haciendo algo malo. Siempre hay algo de culpabilidad acechando en alguna parte. Y es así hasta para los más modernos, los más vanguardistas, hasta para las generaciones más jóvenes.

Superficialmente puede que te hayas rebelado contra la sociedad, superficialmente puede que ya no seas conformista; pero las cosas son muy profundas, no es cuestión de rebelarse superficialmente. Puedes dejarte el pelo largo, pero no va a servir de nada. Puedes hacerte hippie y dejar de lavarte, no servirá de nada. Puedes convertirte en un inadaptado en todos los sentidos imaginables, pero realmente no servirá de nada, porque las cosas se han vuelto muy profundas y todas esas son medidas superficiales.

Durante miles de años nos han dicho que el sexo es el mayor de los pecados. Esto se ha vuelto parte de nuestra sangre, de nuestros huesos y de nuestra médula. Así que aunque conscientemente sepas que no hay nada malo en él, el inconsciente te mantiene un poco desconectado, con miedo, con sentimiento de culpabilidad, y no puedes ser total en él.

Si puedes ser total haciendo el amor, el ego desaparecerá, porque en su momento álgido, en su clímax, eres pura energía. La mente no puede funcionar. Con tal alegría, tal explosión de energía, la mente simplemente se para.; es tal corriente de energía que la mente se siente confusa, no sabe lo que hacer. Es perfectamente capaz de funcionar en situaciones normales, pero cuando ocurre algo tan nuevo y tan vital, se para; y el sexo es lo más vital.

Si profundizas haciendo el amor, el ego desaparece. Esa es la belleza de hacer el amor, que es otra fuente de la energía de Dios; exactamente igual que el sueño profundo pero mucho más valioso, porque en el sueño profundo eres inconsciente. Haciendo el amor serás consciente; consciente y a la vez sin la mente.

Por eso se hizo posible la gran ciencia del tantra. Patanjali y el yoga trabajaron de acuerdo a la experiencia del sueño profundo; escogieron el camino de transformar el sueño profundo en un estado consciente en el que sabes quién eres, en el que sabes lo que eres en tu centro.

El tantra escogió hacer el amor como ventana hacia Dios. El camino del yoga es muy largo, porque transformar el sueño inconsciente en consciencia es un trabajo muy arduo; puede llevar muchas vidas. Y quién sabe si serás capaz o no de persistir durante tanto tiempo, de perseverar durante tanto tiempo, de ser paciente durante tanto tiempo. Este es el destino del yoga: los que llamáis yoguis siguen haciendo posturas corporales. Nunca profundizan más; eso les lleva toda la vida. Por supuesto consiguen una vida mas sana y más larga; ¡pero eso no es lo importante! Puedes mejorar la salud corriendo, nadando, haciendo ejercicio; puedes tener una vida más larga a través de cuidados médicos. Eso no es lo importante.

Lo importante era hacerse consciente en el sueño profundo. Y los que vosotros llamáis yoguis continúan enseñando cómo ponerte sobre tu cabeza y cómo distorsionar y contorsionar tu cuerpo. El yoga se ha convertido en un tipo de circo; sin sentido. Ha perdido su verdadera dimensión.

He tenido la visión de revivir el yoga en su verdadera esencia, su verdadera dimensión en la nueva comuna. Y la meta es hacerse consciente mientras se está profundamente dormido. Eso es lo esencial del yoga, y si algún yogui enseña cualquier otra cosa es un esfuerzo inútil.

¡Pero el tantra ha escogido un camino más corto, el más corto, y también mucho más placentero! Hacer el amor puede abrir la ventana. Todo lo que se necesita es arrancarte los condicionamientos que los sacerdotes te han inculcado. Los sacerdotes te inculcan esos condicionamientos para poderse convertir en mediadores y agentes entre tú y Dios, así cortan el contacto directo. Naturalmente necesitarás alguien que te conecte, y los sacerdotes se harán poderosos. Los sacerdotes han sido poderosos durante siglos.

Quien pueda ponerte en contacto con el poder, el verdadero poder, se hará poderoso. Dios es verdadero poder, la fuente de todo poder. Los sacerdotes durante siglos han sido siempre muy poderosos; ahora los científicos han tomado el puesto de los sacerdotes, porque ahora saben cómo abrir la puerta del poder oculto de la naturaleza. Los sacerdotes sabían cómo conectarte con Dios, los científicos saben cómo conectarte con la naturaleza.

Pero los sacerdotes primero te tienen que desconectar, para que no queden líneas individuales entre tú y Dios. Han destruido tus fuentes internas, las han envenenado; se han hecho muy poderosos, pero toda la humanidad se ha convertido en algo sin deseos, sin amor, lleno de culpabilidad.

Mi gente tiene que abandonar completamente esa culpabilidad. Cuando hagáis el amor, pensad en la oración, en la meditación, en Dios. Cuando hagáis el amor, quemad incienso, cantad, bailad. Tu alcoba debería ser un templo, un lugar sagrado. Hacer el amor no debería ser una cosa apresurada. Profundiza en ello; saboréalo lentamente y con tanta elegancia como te sea posible. Y te sorprenderás. Tú posees la llave.

Dios no te ha mandado al mundo sin llaves. Pero esas llaves se tienen que usar, tienes que meterlas en la cerradura y girarlas.

El amor es otro fenómeno, el de mayor potencial, donde el ego desaparece y eres consciente, plenamente consciente, latiendo, vibrando. Ya no eres un individuo, te pierdes en la energía del todo.

Entonces, poco a poco, deja que esto se convierta en tu propia forma de vida. Lo que ocurre en la cima del amor tiene que convertirse en tu disciplina; no sólo en una experiencia sino también en una disciplina. Entonces lo que sea que hagas, donde quiera que camines: por la mañana temprano, con el sol del amanecer..., ten el mismo sentimiento, el mismo fundirte con la existencia. Tumbado en el suelo, con el cielo lleno de estrellas, vuelve a sentir lo mismo. Acostado sobre la tierra, siéntete uno con ella.

Poco a poco, hacer el amor debe darte la pista para enamorarte de la misma existencia. Y entonces te das cuenta de que el ego es una ficción, que se usa como una ficción. Y si lo usas como una ficción, no hay peligro.

Hay otros pocos momentos en los que el ego se desprende por su cuenta. En momentos de gran peligro: estás conduciendo, y de repente ves que va a ocurrir un accidente. Has perdido el control de tu coche y parece que no tienes posibilidades de salvarte. Vas a chocar contra un árbol o contra un camión que viene de frente, o vas a caerte al río, es absolutamente seguro. En esos momentos de repente el ego desaparecerá.

Por eso existe tal atracción por vivir situaciones peligrosas. La gente escala el Everest. Es una profunda meditación, sin embargo puede que lo entiendan o puede que no. El montañismo es algo muy importante. Escalar montañas es peligroso; cuanto más peligroso, más bonito. Tendrás vislumbres, experiencias de ausencia de ego. Cuando el peligro está muy cerca, la mente se para. La mente sólo puede pensar si no estás en peligro; cuando hay peligro no tiene nada que decir. El peligro te hace espontáneo, y en esa espontaneidad te das cuenta de repente de que tú no eres el ego.

O (para gente diferente, porque la gente es diferente) si tu corazón vibra con la estética, entonces la belleza abrirá las puertas. Simplemente viendo pasar a una mujer hemosa o a un hombre, sólo por un momento tienes un destello de belleza, y de repente el ego desaparece. Te deja abrumado.

Viendo una flor de loto en el lago, o el atardecer, o un pájaro en el aire; cualquier cosa que provoque tu sensibilidad interior, cualquier cosa que durante un momento te posea tan profundamente que te olvides de ti mismo, que seas y a la vez no seas, que te abandones a ti mismo; entonces también, el ego se desprende. Es una ficción con la que hay que cargar. Si la olvidas por un momento, se desprende.

Y es bueno que se desprenda por algunos momentos y puedas tener un destello de lo verdadero y lo real. Si la religión no ha muerto es debido a esos destellos. No a los sacerdotes; ellos han hecho todo lo posible por destruirla. No es debido a los mal llamados religiosos, los que van a las iglesias, las mezquitas y los templos. No son en absoluto religiosos, están fingiendo.

La religión no ha muerto debido a esos momentos que le ocurren más o menos a casi a todo el mundo. Date más cuenta de ellos, absorbe más el espíritu de esos momentos, crea más espacios para que esos momentos ocurran. Esta es la verdadera forma de encontrar a Dios. No es estar en el ego, es estar en Dios.

The book of wisdom. Discurso 16

¿Cómo renunciar al ego?

¿Qué podemos hacer por nuestra parte para renunciar al ego, cuando este querer rendirse es, por sí mismo, una parte intrínseca de él?

El ego es un rompecabezas. Es algo así como la oscuridad; la cual puedes ver, puedes sentir, puede obstaculizar tu camino, pero que no existe. No tiene positividad. Es simplemente una ausencia, ausencia de luz.

El ego no existe; ¿cómo vas a renunciar a él? El ego es sólo una ausencia de consciencia.

La habitación está llena de oscuridad; tú quieres que la oscuridad abandone la habitación.

Puedes hacer todo lo que esté en tu mano: empujarla, golpearla; pero no lo vas a conseguir. Qué extraño, te vencerá algo que no existe. Exhausto, dirás que la oscuridad es tan poderosa que no eres capaz de dispersarla, de expulsarla. Pero la conclusión no es correcta; es «alemana», pero no es correcta.

Con traer una pequeña vela sería suficiente. No tienes que expulsar la oscuridad, no tienes que luchar con ella; eso es pura estupidez. Con traer una pequeña vela la oscuridad desaparece. No es que salga fuera; no puede salir fuera, porque en primer lugar no existe. Ni estaba dentro ni sale fuera.

La luz entra, la luz sale; tiene existencia positiva. Enciendes una vela y desaparece la oscuridad; apagas la vela y vuelve la oscuridad. Para hacer algo con la oscuridad, tendrás que hacer algo con la luz; muy extraño, muy ilógico, pero ¿qué le vas a hacer? Así es la naturaleza de las cosas.

No se puede abandonar el ego, porque no existe.

Tú puedes aportar un poco de conocimiento, un poco de consciencia, un poco de luz. Olvídate completamente del ego; concéntrate en estar más alerta. Y en el momento en que tu consciencia se ha concentrado, se ha convertido en una llama, no serás capaz de encontrar el ego. No puedes abandonar cuando eres inconsciente y tampoco cuando eres consciente. El ignorante no puede renunciar a él, y el sabio no puede ni siquiera pensarlo, porque no existe.

El ego es un espejismo; es sólo una apariencia. Y cuando estás espiritualmente dormido, es tremendamente fuerte; naturalmente te crea problemas. Él crea toda tu desgracia, tus tensiones, tus ansiedades. Tu ego hace de tu vida un infierno. Naturalmente tú quieres abandonarlo. Y por todo el mundo hay sacerdotes religiosos y profesores diciéndote cómo hacerlo. Quienquiera que te diga como renunciar al ego es un idiota. No sabe nada acerca de la naturaleza del ego, pero te parecerá racional; será convincente. Será atractivo porque estará diciendo tu propio pensamiento en voz alta. Él es tu portavoz; eso es lo mismo que dice tu mente. Él se expresa mejor que tú, y aporta toda clase de argumentos a favor; pruebas y citas de las escrituras, y todas dicen: «A no ser que abandones el ego no puedes llegar a realizarte». Naturalmente, a tales personas, nadie les objeta.

Pero yo os digo que la verdad es exactamente lo contrario: no es que cuando renuncias al ego llegas a realizarte, no. La realización ocurre antes, y luego no puedes encontrar el ego.

The Osho Upanishad. Discurso 28

VI

ACERCA DE LA MEDITACIÓN

Un antiguo provervio dice: «Siembra un pensamiento y cosecharás un acto. Siembra un acto y cosecharás un hábito. Siembra un hábito y cosecharás un carácter. Siembra un carácter y cosecharás un destino».

Y yo os digo: no sembréis nada y cosecharéis meditación y amor.

No sembrad nada; de eso se trata la meditación. Y su consecuencia natural es el amor. Si al final del viaje de la meditación el amor no ha florecido, todo el viaje habrá sido inútil; algo habrá ido mal. Lo comenzaste pero nunca llegaste al destino.

El amor es el criterio. En el camino de la meditación, el amor es el criterio. Son dos caras de una misma moneda, dos aspectos de la misma energía: cuando uno está, el otro también tiene que estar. Si el otro no está, entonces el primero tampoco estará.

La meditación no es concentración. Un hombre muy concentrado puede que no alcance el amor; de hecho, no lo alcanzará. Un hombre muy concentrado puede que se vuelva violento, porque la concentración es una preparación para permanecer tenso; la concentración es un esfuerzo para enfocar la mente. Es una profunda violencia hacia tu consciencia. Y cuando eres violento con tu propia consciencia no puedes dejar de serlo con los demás. Cualquier cosa que seas contigo mismo, lo serás con los demás.

Deja que esto sea una regla fundamental en tu vida, una de las más fundamentales: cualquier cosa que seas hacia ti mismo, lo serás hacia los demás. Si te amas a ti mismo, amarás a los demás; si fluyes dentro de tu ser, también fluirás en cualquier relación. Si estás paralizado dentro, también estarás paralizado fuera. El interior tiende a volverse el exterior; el interior se manifiesta a sí mismo en el exterior.

La concentración no es meditación; la concentración es el método de la ciencia. Es la metodología científica. Un científico necesita de la profunda disciplina de la concentración, pero de él no se espera que sea compasivo; no hay ninguna necesidad de que sea así. De hecho, un científico se vuelve cada vez más violento con la naturaleza. Todo el progreso científico está basado en una violencia hacia la naturaleza. Es destructivo porque, en primer lugar, el científico es destructivo hacia su propia consciencia expansiva. En vez de expandir su consciencia, la reduce, la hace exclusiva, unidireccional. Es una coacción, es violencia.

Recuerda, la meditación no es concentración pero tampoco es contemplación. No es pensar. Puede que estés pensando acerca de Dios; aun así será pensar. Si hay un «acerca de» será pensar. Puede que estés pensando acerca del dinero, acerca de Dios; básicamente no hay ninguna diferencia. Sigues pensando, solamente el objeto ha cambiado. Si piensas acerca del mundo, o acerca del sexo, nadie lo llamará contemplación. Pero si piensas acerca de Dios o la virtud, si piensas acerca de Jesús, de Krishna o de Buda, sí lo llamarán contemplación.

Pero no es meditación, todavía es pensar. Todavía te concierne el otro. En la contemplación el otro está ahí, aunque por supuesto no tan exclusivamente como en la concentración. En la contemplación hay más fluidez que en la concentración; en la concentración la mente se dirige hacia un solo punto; en la contemplación la mente se orienta hacia un sujeto, no hacia un punto. Puedes continuar pensando, puedes seguir cambiando y fluyendo con el sujeto, pero aún así, en definitiva, el sujeto permanece igualmente.

¿Entonces qué es meditación? La meditación es simplemente deleitarte en tu propia presencia; la meditación es un deleitarte en tu propio ser. Es muy sencillo: un estado totalmente relajado de la consciencia en que no haces nada. En el momento en que comienzas a hacer, te pones tenso: ¿Qué hacer? ¿Cómo hacerlo? ¿Cómo lograrlo? ¿Cómo no fracasar? Inmediatamente te crea ansiedad. Ya te has ido al futuro.

Si contemplas, ¿qué puedes contemplar? ¿Cómo puedes contemplar lo desconocido? ¿Cómo puedes contemplar lo incognoscible? Solamente puedes contemplar lo conocido. Puedes darle vueltas y vueltas, pero seguirá siendo lo conocido. Si sabes algo acerca de Jesús, puedes pensarlo una y otra vez; si sabes algo acerca de Krishna, puedes pensarlo una y otra vez. Puedes continuar modificándolo, cambiándolo, decorándolo; pero no te conducirá hacia lo desconocido. Y lo desconocido es Dios. La meditación es simplemente ser, sin hacer nada; sin ninguna acción, ni pensamiento, ni emoción; simplemente eres. Y ese ser es una pura delicia. ¿De dónde viene este gozo cuando no haces nada? No viene de ningún lugar, o viene de todos. No tiene causa, porque la existencia en sí misma está hecha de lo que nosotros llamamos gozo. No necesita causa ni motivo. Para ser infeliz se necesita un motivo; si eres feliz, simplemente eres feliz, no necesitas razones. Tu mente trata de encontrar alguna causa porque no puede concebir lo que no la tiene, porque no puede controlarlo; con lo que no tiene causa la mente simplemente se hace innecesaria. Así que la mente va encontrando una u otra razón. Pero me gustaría decirte que siempre que eres feliz, lo eres sin ninguna razón; siempre que eres infeliz, tienes una razón para ello; porque la felicidad es la materia de la que estás hecho. Es tu mismo ser, es tú nucleo más profundo. El gozo es tu mismísimo núcleo.

Mira los árboles, mira los pájaros, mira las nubes, mira las estrellas; y si tienes ojos serás capaz de ver que toda la existencia es gozosa. Todo es simplemente feliz. Los árboles son felices sin ninguna razón; no van a hacerse ni ministros ni presidentes y nunca van a llegar a ser ricos ni a tener ninguna cuenta en el banco. Mira las flores. Es increíble lo felices que son las flores sin ninguna razón.

Toda la existencia está hecha de la materia que llamamos gozo. Los hindúes lo llaman *satchitananda, ananda,* gozo. Por eso no es necesaria ninguna razón ni ninguna causa. Si simplemente puedes estar contigo mismo, sin hacer nada, simplemente gozándote; sólo estando contigo mismo, simplemente estando feliz por ser, simplemente siendo feliz por respirar, por escuchar a los pájaros, sin ninguna razón, entonces estarás en meditación. La meditación es estar aquí y ahora. Y cuando uno es feliz sin ningún motivo, no puede contener esta felicidad. Se esparce a los demás, se convierte en un compartir. No puedes mantenerla, es tanta, tan infinita

que no puedes abacarla con tus manos, tienes que permitir que se esparza. Esto es compasión.
La meditación es estar contigo mismo y la compasión es el florecimiento de ese estar contigo.

Dang Dang Doko Dang. Discurso 5

¿Qué es la inteligencia?

¿Qué es la inteligencia? ¿Es un estado más allá de la mente y sus limites? ¿Está la meditación conectada con la inteligencia? ¿Es la inteligencia un potencial que todos tenemos y simplemente necesita ser despertado? ¿Podemos aumentar nuestra consciencia con la inteligencia?

La cuestión que has preguntado es de gran relevancia: «¿Qué es la inteligencia? ¿Es un estado más allá de la mente y sus limites?». Sí. La inteligencia no pertenece a la mente, la inteligencia es una de las cualidades de tu ser. Pero usa la mente como vehículo; de ahí la confusión. La gente piensa que la inteligencia pertenece a la mente —viene a través de la mente. La mente es el instrumento de su expresión.

La mente es sólo una biocomputadora. Tiene un sistema de memoria igual que cualquier otra computadora: alimentas el sistema de memoria y la mente guarda la memoria. Pero la memoria no es la inteligencia.

La inteligencia es la clara visión de las cosas acerca de las cuales no tienes ninguna información. La memoria puede funcionar sólo con las cosas que ya le son conocidas; pero la vida se compone de lo conocido, lo desconocido y lo incognoscible. En lo que respecta a lo conocido, con la memoria basta.

Eso es lo que todas vuestras universidades, todos vuestros sistemas educativos están haciendo: están simplemente alimentando vuestra memoria con más y más información, por eso tú respondes inmediatamente a cualquier cosa que le sea conocido a tu sistema de memoria. Esa respuesta no demuestra que seas inteligente.

La inteligencia se descubre sólo cuando te encuentras con lo desconocido, aquello de lo que no tienes ninguna memoria, ningún conocimiento, ninguna información previa; ese es el punto decisivo. ¿Cómo responder? Puedes responder inteligentemente o puedes responder estúpidamente.

Por ejemplo, Alemania es uno de los países donde la población está disminuyendo. Y el gobierno está preocupado, porque por cada tres mil personas que se van o mueren, llegan treinta mil personas como inmigrantes de otros países. El gobierno tiene miedo de que tan sólo en una década Alemania no sea el país de los alemanes. Su población está disminuyendo y siguen entrando en el país inmigrantes.

Y aquí en 1947, cuando la India se hizo independiente, la población del país era de cuatrocientos millones de habitantes; ahora la población es de novecientos millones; ha habido un incremento de quinientos millones de habitantes. Ya en 1947 el país era pobre, y Gran Bretaña tenía prisa por dar la independencia a este país, porque si no a Gran Bretaña pronto se le culparía por su pobreza. El primer ministro de Inglaterra, Attlee, Mandó a Mountbatten a la India con un mensaje urgente: «Bajo cualquier circunstancia, antes de 1948; la fecha límite es 1948. Tienes que darle la independencia a la India. Porque podemos ver lo que va a ocurrir, y toda la culpa caerá sobre nuestras cabezas, así que sé rápido».

Y Mountbatten hizo un trabajo realmente rápido. Incluso antes de 1948 le dio la independencia a la India; en 1947, un año antes. Attlee quedó muy satisfecho. Y a ninguno de los políticos indios se le ocurrió pensar a qué venía tanta prisa.

En 1942 Gran Bretaña no estaba dispuesta a dar la independencia a la India; cuando la India estaba dispuesta a luchar por la independencia, Gran Bretaña no quería, Gran Bretaña aplastó la revolución india de 1942 en nueve días. Y ni un sólo líder indio, incluyendo a Mahatma Gandhi y Jawaharlal Nehru, pudo ver por qué de repente Gran Bretaña estaba tan interesada en darles la independencia. No hubo revolución; después de 1942 los líderes indios perdieron la esperanza, porque su revolución fue aplastada en nueve días. ¡Esta fue la revolución más corta de toda la historia de la humanidad! Entonces de repente, como de la nada, Gran

Bretaña por sí sola decide. ... Si hubieran sido inteligentes, podrían haberse dado cuenta de que había algo desconocido: tú no pides la independencia y ellos están dispuestos a dártela; ¿qué nuevos factores han entrado? Pero a nadie le preocupó. Simplemente estaban felices; porque iban envejeciendo y si la independencia no llegaba pronto, puede que no vivieran para verla, puede que sus nombres aparecieran en los libros de historia, pero no como grandes líderes del país.

Estaban muy contentos, como niños, porque había llegado la independencia. Pero nunca pensaron: ¿algún imperio, algún país imperialista, por su propia voluntad, ha tenido tanta prisa por darle libertad a los esclavos?... Cuando los esclavos están contentos y no hay revolución a la vista ni posibilidades de que la hubiera por lo menos en otros veinte años.

Era una situación peliaguda, pero se necesitaba inteligencia. No era cuestión de memoria, porque la situación era nueva. La India había crecido hasta llegar a los cuatrocientos millones de habitantes, y Gran Bretaña pudo ver por el índice de crecimiento de población que este país iba a morir de hambre y malnutrición, y no querían ser responsables de ello.

Yo empecé a decir en 1950 que la India necesitaba control de natalidad, y fui criticado: «Lo que dices va en contra de la religión. Dios manda a los niños; ¿cómo podríamos rechazarlos?».

Yo les contesté: «Cuando caéis enfermos, Dios manda la enfermedad; ¿por qué llamáis al médico? Si Dios quiere que estéis bien, él mandará también la medicina».

Ellos me contestaron. El mismo Shankaracharya, de Puri, me contestó: «Los métodos de control de natalidad son artificiales».

«¿Qué significa para usted artificial?» —pregunté yo.

«Que no han sido creados por Dios» —respondió él.

«¿Piensa usted que Dios ha creado los trenes?, ¿que ha creado los aviones? Todas las medicinas que usted usa son artificiales» —contesté yo.

Él llevaba unas gruesas gafas sobre su nariz. Le dije: «¿Y eso qué? ¿Ha venido usted de la casa de Dios? ¿Se trajo usted esas gafas al nacer? Dios le ha dado ojos y usted debería seguir con sus ojos; ¿para qué llevar esas gruesas gafas? Son artificiales. Que todas las demás cosas sean artificiales está bien, sin embargo los métodos de control de natalidad no pueden ser usados porque son artificiales».

Se enfadó tanto conmigo que se negó a hablar desde el mismo estrado en una conferencia, diciendo: «No puedo hablar con este hombre en el mismo estrado. O habla él o yo».

Y yo les estaba diciendo que pronto tendrían problemas, pero aún hoy el gobierno tiene miedo, los líderes religiosos tienen miedo. Va en contra de su sistema de memoria; si no, un poco de inteligencia seria suficiente para hacerles ver...

Los científicos predicen que para el final de este siglo, la India llegará a los mil millones de habitantes; y ese es el calculo más bajo. La gente más progresista e inteligente ha calculado que la India tendrá mil ochocientos millones de habitantes al final de este siglo, casi el doble de la población actual.

De aquí al final de este siglo el cincuenta por ciento de la población de la India morirá, y cuando una de cada dos personas va a morir, ¿qué crees que pasará con los que queden viviendo entre cadáveres? Su situación será peor que estar muertos. Los muertos por lo menos encontrarán reposo.

Pero hablar acerca del control de natalidad o de la píldora de control de natalidad va en contra de la memoria, en contra del sistema, en contra de la mente que ha estado diciendo algo durante siglos pero no es consciente de que ha surgido una situación completamente nueva. La India nunca había sido el país más poblado; hasta ahora había sido China. Al final de este siglo la India le habːa adelantado. China se está comportando más inteligentemente.

Pero la gente realmente inteligente la encontrarás en Alemania, en Suiza, donde la población está disminuyendo. Aumentar la población es aumentar la muerte. Esta es una situación nueva; se necesitan nuevos métodos para afrontarla.

La inteligencia es la capacidad para responder a las situaciones nuevas. Procede de tu ser; la mente solamente es un vehículo; la inteligencia es un ser consciente de lo que es la mente, sin pertenecer a ella. Tú sólo eres capaz de ver esto intelectualmente. Pero cualquier cosa que digas, si se convierte en tu experiencia, transformará toda tu vida.

La inteligencia es la cualidad del testigo; observa la mente y le da dirección. Ahora mismo, lo que sea que tengas en la mente ha venido de fuera. La inteligencia viene de dentro. Este era el significado básico de la palabra educación; significa «extraer». Pero lo que se está haciendo en el nombre de la educación es justamente lo opuesto; es «rellenar», rellenar con toda clase de absurdos. En ningún lugar se está tratando de sacar fuera tu inteligencia. Tú ya la tienes, sólo necesita un puente, un camino.

La meditación crea ese puente, ese camino. Hace que tú seas el maestro y tu mente simplemente un sirviente.

La memoria viene de fuera, la inteligencia procede de tus fuentes internas, tu vida misma, respondiendo a situaciones.

«¿Está la meditación conectada con la inteligencia?»

La meditación está conectada con tu ser, y tu ser tiene muchos aspectos: inteligencia, gracia, gratitud, oración, amor, compasión; el tesoro de tu ser es infinito. La inteligencia es sólo uno de sus atributos.

Y, «¿es la inteligencia un potencial que todos tenemos y simplemente necesita despertarse? ¿Podemos aumentar nuestra consciencia con la inteligencia?»

Todo el mundo ha nacido con el mismo potencial. Las diferencias existen, simplemente, porque no estamos usando nuestro potencial en la misma medida.

Te sorprendería saber que hasta un hombre como Albert Einstein, al que podrías tomar como ejemplo de genio, usaba tan sólo el cincuenta por ciento de su potencial. Las personas de las que tú piensas que tienen mucho talento usan tan sólo un diez por ciento. Y la gente corriente, los millones de personas restantes, usan entre el cinco y el siete por ciento.

El mundo sería un lugar totalmente diferente si toda la gente estuviera usando el cien por cien de su potencial, en direcciones diferentes, en dimensiones diferentes.

La meditación sólo puede hacerte consciente de tu potencial, puede crear el puente a través del cual tu potencial puede crecer y encontrar su expresión. Y nadie carece de inteligencia o es desigual en lo que a ella se refiere. La desigualdad aparece sólo por el uso que se le da: algunos la usan, otros no.

The hidden splendor. Discurso 26

De cómo la observación conduce a la no-mente

¿Cómo te lleva el observar a la no-mente? Cada vez soy más capaz de observar mi cuerpo, mis pensamientos y sentimientos, y esto me hace sentir muy bien. Pero los momentos en los que no hay pensamientos son pocos y ocurren raramente. Cuando te oigo decir: «Meditación es observación», siento que lo entiendo. Pero cuando hablas acerca de no-mente, no me resulta en absoluto fácil. ¿Podrías por favor comentar algo al respecto?

La meditación abarca un gran peregrinaje. Cuando yo digo «meditación es observación», es el principio de la meditación. Y cuando digo «meditación es no-mente», es la conclusión del peregrinaje. La observación es el principio, la no-mente es la culminación. La observación es el método para alcanzar la no-mente. Naturalmente sentirás que la observación es más fácil; está más cerca de ti.

Pero la observación es sólo la semilla, luego viene un largo período de espera. No sólo de espera, también de confianza, en que la semilla va a germinar, se va a convertir en un arbusto; un día llegará la primavera y el arbusto florecerá. No-mente es la última etapa del florecimiento.

Sembrar la semilla por supuesto que es muy fácil; está en tu mano. Pero traer las flores está más allá de ti. Puedes abonar la tierra, pero las flores vendrán por sí solas; no puedes hacer nada para forzarlas a venir. La primavera está más allá de tu alcance; pero si la preparación es perfecta, la primavera llega; eso está totalmente garantizado.

El camino por el que vas, es correcto. La observación es el camino y tu estás empezando de vez en cuando a sentir momentos sin pensamientos. Esos son instantes de no-mente; pero solamente duran un momento.

Recuerda una ley fundamental: lo que puede existir por un sólo momento también se puede volver eterno. No se te dan dos momentos juntos, es siempre sólo un momento. Y si puedes transformar un momento en un estado sin pensamientos, estás aprendiendo el secreto. Entonces no hay obstaculos, no hay razón por la que no puedas cambiar el siguiente momento, el cual también vendrá sólo, con el mismo potencial, con la misma capacidad.

Si conoces el secreto, tienes la llave maestra que puede abrir cada momento a un vislumbre de no-mente. No-mente es la etapa final, donde la mente desaparece para siempre y ese espacio sin pensamientos se convierte en tu realidad intrínseca. Si estos espacios llegan, te muestran que estás en el camino correcto y usando el método adecuado.

Pero no seas impaciente. La existencia necesita de una inmensa paciencia. Los supremos misterios se abren sólo para aquellos que tienen una inmensa paciencia.

Esto me recuerda...

En el antiguo Tíbet era costumbre, respetable, que cada familia contribuyera al gran experimento de la expansión de la consciencia. Así que el primogénito de cada familia era entregado al monasterio para ser formado en meditación. Quizá ningún otro país haya hecho tan extenso experimento en la consciencia.

La destrucción del Tíbet a manos de la China comunista es una de las mayores calamidades que le ha podido ocurrir a la humanidad. No es tan sólo cuestión de un pequeño país, es una cuestión de un gran experimento que estuvo en proceso durante siglos en el Tíbet.

Al niño se le entregaba a los monasterios cuando aún era muy pequeño, a los cinco o seis años de edad como mucho. En el Tíbet se sabía que los niños podían aprender a observar mejor que los adultos: el adulto ya está totalmente maleado; el niño es inocente, la pizarra de su mente está vacía, así que enseñarles el vacío es mucho más fácil.

Pero la admisión de un niño en el monasterio era muy difícil, particularmente para un niño pequeño. Esto me recuerda un caso... voy a contar sólo uno; habrá habido cientos de casos como este. Tiene que ser así.

Un niño pequeño, de seis años de edad, se marchaba. Su madre lloraba, porque la vida de un niño pequeño en un monasterio iba a ser muy dura. El padre le dijo al niño: «No mires atrás. El honor de nuestra familia está en juego. Jamás en toda la historia de nuestra familia ni un sólo niño ha vuelto la vista atrás. Cualquiera que sea la prueba de admisión al monasterio, incluso si tu vida está en peligro, no mires atrás. No pienses en mí o en tu madre y sus lágrimas.

»Te estamos mandando al mayor experimento de la consciencia humana con gran alegría, aúnque la separación sea dolorosa. Pero sabemos que superarás todas las pruebas; llevas nuestra sangre, y por supuesto mantendrás el honor de nuestra familia.»

El pequeño iba a caballo con un sirviente. Un tremendo deseo surgió en su interior al llegar al recodo del camino, una última mirada a su casa, a su jardín. El padre estaría todavía allí, la madre seguiría llorando... pero él recordaba lo que el padre le había dicho: «No mires atrás».

Y no miró atrás. Con lágrimas en los ojos, él giró con el camino. Ahora ya no podría ver su casa, y nunca se sabe cuándo la volvería a ver; quizá pasarían años y años hasta que pudiera volver a ver de nuevo a su padre, a su madre y a su familia.

Llegó al monasterio. En la puerta del monasterio se encontró con el abad que le recibió amablemente, como si de un adulto se tratara, inclinándose ante él como se inclinaría ante un abad, y le dijo: «Tu primera prueba consiste en estar sentado a la puerta con los ojos cerrados y quieto, hasta que seas llamado».

El pequeño se sentó a la puerta, allí fuera, con los ojos cerrados. Pasaron las horas... y no podía ni moverse. Las moscas se posaban sobre su nariz, pero no podía ni espantarlas. Debía estar a la altura de la dignidad que el abad le había mostrado. Ya no pensaba como un niño; era tan respetado..., tenía que satisfacer las aspiraciones de su familia y las expectaciones del abad.

Pasó todo el día, e incluso otros monjes del monasterio empezaron a sentir pena por el niño. Hambriento, sediento... simplemente esperando. Empezaron a sentir que a pesar de ser pequeño este niño tenía un gran coraje.

Finalmente, al ponerse el sol, habiendo ya pasado todo el día, el abad hizo pasar al niño y le dijo: «Has pasado la primera prueba, pero habrá muchas más en adelante. Respeto tu paciencia, siendo un niño tan pequeño. Has permanecido inmóvil, no has abierto los ojos. No perdiste el coraje, confiaste en que a su debido tiempo serías llamado».

Y entonces pasó diez años formándose en el arte de observar. Al niño no se le permitiría ver a sus padres hasta quizá diez o veinte años después. Pero el criterio era que hasta que no hubiera experimentado el estado de no-mente, no se le permitiría ver a sus padres y su familia de nuevo. Una vez que alcanzara ese estado, podría volver al mundo. Entonces no habría ningún problema. Una vez que un hombre está en el estado de no-mente, nada le contradice de su ser. No se le puede hacer daño. No surge nada en él: ni ataduras ni avaricia ni envidia ni ira. No hay mayor poder que el poder de la no-mente; la no-mente es un cielo absolutamente abierto, sin una nube.

Tú dices: «¿Cómo puede la observación llevarte a la no-mente?».

Hay una ley intrínseca: los pensamientos no tienen vida propia. Son parásitos; viven de tu identificación con ellos. Cuando dices: «Estoy furioso», estás vertiendo energía vital en la ira, porque te estás identificando con ella.

Pero cuando dices: «Estoy observando la ira aparecer en la pantalla de mi mente, dentro de mí», ya no le estás dando vida o energía alguna a la ira. Te será posible verlo porque no estarás identificado; la ira es absolutamente impotente, no causa ningún impacto en ti, no te cambia, no te afecta. Está absolutamente vacía y muerta; pasará y dejará el cielo limpio y la pantalla de tu mente vacía.

Poco a poco empiezas a salirte de tus pensamientos. Ese es todo el proceso de atestiguar y observar. En otras palabras (Gerorge Gurdjieff solía llamarlo desidentificación), ya no te identificas con tus pensamientos; si estás simplemente distante y lejano, indiferente, como si se tratara de los pensamientos de cualquier otro. Has roto tu conexión con ellos. Sólo entonces puedes observarlos.

La observación necesita una cierta distancia. Si te identificas no hay distancia, están demasiado cerca. Es como si estuvieras poniendo el espejo demasiado cerca de tus ojos: no puedes ver tu cara. Se necesita una cierta distancia; sólo entonces puedes verla en el espejo.

Si los pensamientos están demasiado cerca de ti, no puedes observar. Te quedas impresionado y teñido por ellos: la ira te pone furioso, la avaricia te hace avaro, la lujuria te hace lujurioso, porque no hay distancia en absoluto. Están tan cerca que no tienes más remedio que pensar que tú y tus pensamientos sois uno. La observación destruye esta unidad y crea una separación. Cuanto más observas, mayor es la distancia. Cuanto mayor es la distancia, menor es la energía que tus pensamientos reciben de ti. Y ellos no tienen ninguna otra fuente de energía. Pronto empezarán a morir, a desaparecer. En los momentos en que desaparezcan, tendrás los primeros destellos de no-mente.

Eso es lo que estás experimentando. Tú dices: «Cada vez soy más capaz de observar mi cuerpo, mis pensamientos y sentimientos, y esto me hace sentir muy bien». Esto es tan sólo el principio. Y hasta el principio es inmensamente maravilloso; tan sólo estar en el camino correcto, sin ni siquiera dar un paso, te da una alegría inmensa sin motivo alguno.

Y una vez que vayas por el camino correcto, tu felicidad, tus preciosas experiencias se harán más y más profundas, se expandirán más y más, tendán nuevos matices, nuevas flores, nuevas fragancias.

Tú dices: «Pero los momentos en los que no hay pensamientos son pocos y ocurren raramente». Esto es un gran logro, la gente no conoce ni una pequeña pausa. Sus pensamientos siempre van a cien por hora, pensamientos tras pensamientos, el tráfico continúa, estés despierto o dormido. Lo que llamas sueños no son otra cosa que pensamientos en forma de imágenes... porque la mente inconsciente no conoce el lenguaje alfabético. No hay escuela, ni instituto que enseñe el lenguaje inconsciente.

El inconsciente es muy primitivo, es como un niño pequeño. ¿Te has fijado en los libros para niños? Si quieres enseñar a un niño, primero tienes que hacer un dibujo grande. Así que en los libros para niños verás dibujos, dibujos con colores y un texto muy corto. El niño tiene más interés en los dibujos: es primitivo, entiende el lenguaje de las imágenes.

Poco a poco va asociando las imágenas con el lenguage; siempre que ve una manzana él sabe que es «una manzana». Y empieza a aprender que bajo la imagen de la manzana hay una palabra que la describe. Él está interesado en la manzana, pero la palabra «manzana» se le va asociando lentamente. Cuando el niño crece, las imágenes se vuelven más pequeñas y el texto aumenta. Para cuando entre en la universidad, las imágenes habrán desaparecido por completo del libro; sólo quedará texto.

Esto me recuerda deciros que la televisión ha hecho retroceder a la humanidad a un estadio primitivo, la gente vuelve otra vez a mirar imágenes. Hay un peligro en el futuro; es obvio que la gente ya ha dejado de leer la gran literatura. ¿Quién se molesta en leer, cuando puedes ver una película en TV? Este es un fenómeno peligroso, porque hay cosas que no pueden ser reproducidas en imágenes. El peligro radica en que la gente empezará a olvidar el lenguaje, su belleza y su magia, y se volverán primitivos de nuevo, mirando la televisión. Ahora el americano medio ve siete horas y media de televisión al día. Esto va a destruir algo que hemos conseguido con gran esfuerzo. Ahora bien, no puedes esperar que este hombre que ve siete horas y media de televisión al día, lea a Shakespeare, Kalidas, Rabrindanath Tagore, Hermann Hesse o Martin Buber o Jean-Paul Sartre. Cuanto mejor es la literatura, menos posibilidades hay de ponerla en imágenes.

Las imágenes están llenas de color, son excitantes, te atraen, pero no tienen comparación con el lenguaje. El futuro debe ser protegido de muchas cosas. Las computadoras pueden destruir el sistema de memoria de la gente, porque no será necesario. Podrás llevar en el bolsillo una computadora del tamaño de un paquete de cigarrillos que contenga todo lo que tú necesites saber en todo momento. Entonces no habrá necesidad de tener tu propia memoria; con tan sólo pulsar un botón la computadora te dará cualquier información que precises.

Las computadoras pueden destruir todo el sistema de memoria de la humanidad, el cual ha sido desarrollado durante siglos con gran esfuerzo. La televisión puede hacer desaparecer toda la gran literatura y la posibilidad de que personas como Shelley o Byron vuelvan a nacer en el mundo. Son grandes inventos pero nadie ha profundizado en sus implicaciones. Reducirán a toda la humanidad a un retraso mental.

Lo que estás sintiendo es una gran señal de que estás en el camino correcto. Para el buscador es siempre una cuestión fundamental si está o no en el camino correcto. No hay seguridad, ni certeza, ni garantía. Todas las dimensiones están abiertas; ¿cómo vas a elegir la correcta?

Estas son las vías y criterios de cómo uno puede elegir. Si vas por cualquier camino, con cualquier metodología, y te trae alegría, más sensibilidad, más atención y un sentimiento de inmenso bienestar; significa que estás en el camino correcto. Si te vuelve más miserable, más furioso, más ególatra, más egoísta, más lujurioso; esos son indicios de que vas por un camino erróneo.

En el camino correcto tu felicidad crecerá más y más cada día y tus experiencias de hermosos sentimientos... se volverán tremendamente psicodélicos, más coloridos; con colores que nunca has visto en el mundo, fragancias que nunca antes has experimentado. Entonces puedes andar por el camino sin ningún miedo a equivocarte.

Estas experiencias internas te mantendrán siempre en el camino correcto. Recuerda, si van creciendo, significa que te estás moviendo. Ahora tan sólo tienes unos pocos momentos sin pensamientos. No es algo fácil de lograr; es un gran logro, porque la gente en toda su vida no conoce ni siquiera un momento en el que no haya pensamientos.

Estos pequeños momentos crecerán.

A medida de que te vayas centrando y te vayas haciendo más y más atento, esos momentos irán creciendo. Y no está lejos el día (si sigues adelante sin mirar atrás, sin desviarte) en el que sentirás por primera vez que los espacios se han hecho tan grandes que han pasado horas sin que surja ni un sólo pensamiento. Entonces tendrás mayores experiencias de no-mente.

El último logro es estar rodeado de no-mente las veinticuatro horas el día.

Eso no quiere decir que no puedas usar la mente; eso es una falacia que han propagado aquellos que no saben nada acerca de la no-mente. No-mente no quiere decir que no puedas usar la mente; simplemente quiere decir que la mente no te puede usar a ti.

No-mente no significa que se destruye la mente. No-mente simplemente significa que la mente se pone a un lado. Puedes ponerla en acción en cualquier momento que necesites comunicarte con el mundo. Será tu sirvienta. Ahora mismo es tu ama.

Aún cuando estás solo continúa: bla-bla-bla, bla-bla-bla; y no puedes hacer nada, estás totalmente desvalido.

No-mente simplemente significa que se ha puesto a la mente en su sitio. Como sirvienta, es un gran instrumento; como ama, es un desastre. Es peligrosa; destruirá toda tu vida. La mente es sólo un medio para cuando te quieras comunicar con los demás. Pero cuando estás solo, no la necesitas. Así que cuando quieras usarla, puedes usarla. Y recuerda una cosa más: cuando la mente permanece en silencio durante horas, se refresca, se rejuvenece, se vuelve más creativa, más sensible, a través del descanso.

Las mentes de las personas corrientes empiezan alrededor de los tres o cuatro años de edad, continuando durante setenta u ochenta años sin descanso. Naturalmente no pueden ser muy creativas. Están profundamente cansadas; y cansadas de tanta basura. Millones de personas en el mundo viven sin ninguna creatividad; la creatividad es una de las experiencias más maravillosas. Pero sus mentes están tan agotadas... no están en un estado de energía desbordante.

El hombre de no-mente mantiene la mente en reposo, llena de energía, inmensamente sensible, lista para pasar a la acción en el momento que le sea ordenado. No es por casualidad que las palabras de las personas que han experimentado la no-mente tienen cierta magia en sí mismas. Cuando usan sus mentes, tienen un carisma, tienen una fuerza magnética. Tienen la tremenda espontaneidad y frescura de las gotas de rocío por la mañana temprano antes de que salga el sol. La mente es el medio de expresión y creatividad más desarrollado de la naturaleza.

Así que en el hombre de meditación (o en otras palabras, en el hombre de no-mente) hasta la prosa se transforma en poesía. Sin esfuerzo alguno, sus palabras se llenan de tal autoridad que no necesitan argumentos; se vuelven sus mismos argumentos. La fuerza que llevan se convierte en una verdad evidente por sí misma. No necesitan ningún apoyo de la lógica o de las escrituras. Las palabras de el hombre de no-mente tienen una certeza intrínseca en sí mismas. Si eres capaz de recibir y escuchar, sentirás en tu corazón esa verdad evidente en sí misma.

Mira a través de los siglos: Gautama Buda nunca ha sido contradicho por ninguno de sus discípulos; tampoco Mahavira o Jesús. Había algo en sus palabras, en su sola presencia, que te convencía. Sin esfuerzo alguno por convertirte, te convertían. Ninguno de los grandes maestros ha sido misionero; nunca han tratado de convertir a nadie, pero han convertido a millones.

Es un milagro; pero el milagro consiste en una mente en reposo, en una mente que está siempre llena de energía y que se usa sólo de vez en cuando. Cuando os hablo, tengo que usar la mente. El resto del día, cuando estoy sentado en mi habitación, me olvido absolutamente de la mente. Soy tan sólo un puro silencio... y mientras, la mente descansa. Los únicos momentos en los que uso la mente es cuando os hablo. Cuando estoy solo, estoy absolutamente solo, y no hay necesidad de usar la mente.

Tú dices: «Cuando te oigo decir "Meditación es observación", siento que lo entiendo. Pero cuando hablas acerca de no-mente, no me resulta en absoluto fácil».

¿Cómo te va a resultar fácil? Para ti es sólo una posibilidad futura. Has empezado a meditar; puede que estés en las primeras fases, pero esto te da cierta experiencia que hace que me entiendas. Si no puedes entender la meditación, no te preocupes en absoluto.

La meditación conduce con toda seguridad a la no-mente, igual que todos los ríos van hacia el océano sin ningún mapa, sin guía alguna. Todos los ríos sin excepción al final llegan al océano. Toda meditación, sin excepción, al final llega al estado de no-mente.

Pero naturalmente, cuando el Ganges vaga por los Himalayas entre montañas y valles, no tiene idea de lo que es el océano, no puede concebir la existencia del océano; pero va hacia el océano, porque el agua posee la capacidad intrínseca de encontrar siempre el nivel más bajo. Y el océano es el nivel más bajo... así que los ríos nacen en los picos de los Himalayas e inmediatamente buscan los niveles más bajos, y al final no tienen más remedio que encontrar el océano.

El proceso de meditación es justo lo opuesto: se mueve hacia los picos más altos, y el pico más elevado es la no-mente. No-mente es una palabra sencilla, pero exactamente quiere decir iluminación, liberación, libertad de todas las limitaciones, experiencia de lo eterno y de la inmortalidad.

Estas son palabras mayores y no quiero que te asustes, así que uso una palabra simple, no-mente. Tú conoces la mente... puedes concebir un estado en el que la mente no esté funcionando. Una vez que la mente no está funcionando, te vuelves parte de la mente del cosmos, de la mente universal. Cuando eres parte de la mente universal tu mente individual funciona como un maravilloso sirviente. Ha reconocido al maestro, y les trae noticias de la mente universal a aquellos que aún están encadenados a la mente individual.

Cuando os hablo, de hecho, es el Universo usándome. Mis palabras no son mis palabras; pertenecen a la verdad universal. Ese es su poder, ese es su carisma, esa es su magia.

Satyam - Shivam - Sundram. Discurso, 7

La relación entre la consciencia y la energía

Por favor, ¿podrías comentar algo acerca de la relación entre la consciencia y la energía?

Los físicos modernos han descubierto una de las cosas más importantes que jamás se hayan descubierto, esto es: la materia es energía. Esta es la contribución más grande de Albert Einstein a la humanidad: $E = mc2$, la materia es energía. La materia sólo aparenta serlo... por lo demás no existe tal cosa como la materia, nada es sólido. Hasta una sólida roca es energía pulsante, la roca es energía en la misma medida que lo es el rugiente océano. Las olas que surgen en la sólida roca no pueden ser vistas porque son muy sutiles, pero en la roca hay olas, pulso, respiración; está viva.

Friedrich Nietzsche declaró que Dios está muerto. Dios no está muerto; por el contrario, lo que está muerto es la materia. Se ha descubierto que la materia no existe en absoluto. Este nuevo punto de vista de la materia acerca a los físicos muchísimo al misticismo. Por primera vez los científicos y los místicos se están acercando mucho, casi dándose la mano.

Eddington, uno de los más grandes científicos de nuestro tiempo, dijo: «Solíamos pensar que la materia es una cosa; ahora ya no es así. La materia es más como un pensamiento que como una cosa». La existencia es energía. La ciencia ha descubierto que lo observado es energía, el objeto es energía. A lo largo de los siglos, por lo menos durante cinco mil años, se ha sabido que la otra polaridad: el sujeto, el observador, la consciencia, es energía. Tu cuerpo es energía, tu mente es energía, tu alma es energía. ¿Entonces cuál es la diferencia entre los tres? La diferencia es solamente una diferencia de ritmo, diferente longitud de onda, eso es todo. El cuerpo es energía basta funcionando de una forma basta, en una forma visible.

La mente es un poco más sutil, pero todavía no demasiado sutil, porque puedes cerrar los ojos y ver los pensamientos moviéndose; se pueden ver. No son visibles como tu cuerpo; tu cuerpo es visible para todos los demás, es públicamente visible. Tus pensamientos son privadamente visibles. Nadie más puede ver tus pensamientos; sólo tú puedes verlos; o la gente que ha trabajado muy profundamente en ver los pensamientos. Pero ordinariamente no son visibles para los demás.

Y el tercero, la última capa dentro de ti, es la de la consciencia. Ni siquiera para ti es visible. No puede ser reducida a un objeto, continúa siendo un sujeto.

Si estas tres energías funcionan en armonía, estás sano e íntegro. Si estas tres energías no funcionan en acuerdo y armonía estás débil, enfermo; ya no estarás completo. Y estar completo es ser sagrado.

El esfuerzo que aquí estamos haciendo es para ayudarte a que tu cuerpo, tu mente, y tu consciencia, puedan bailar al mismo ritmo, en unidad, en profunda armonía; no en conflicto, sino en cooperación. El momento en que tu cuerpo, mente y consciencia funcionan juntos, te conviertes en una trinidad, y en esa experiencia está Dios.

Tu pregunta es significativa. Preguntas: «Por favor, ¿podrías comentar algo acerca de la relación entre la consciencia y la energía?».

No hay relación entre la consciencia y la energía. La consciencia es energía, la más pura de las energías; la mente no es tan pura, el cuerpo es todavía menos puro. El cuerpo es algo demasiado confuso, y la mente tampoco es totalmente pura. La consciencia es energía totalmente pura. Pero sólo puedes conocer esta consciencia si haces un cosmos con las tres, y no un caos. La gente vive en caos: sus cuerpos dicen una cosa, quieren ir en una dirección; sus mentes no escuchan en absoluto al cuerpo; porque durante siglos se te ha enseñado que tú no eres el cuerpo, durante siglos se te ha dicho que el cuerpo es tu enemigo, que tienes que luchar contra él, que le tienes que destruir, que el cuerpo es pecado.

Debido a todas esas ideas; que son tan tontas y estúpidas, que son tan dañinas y venenosas, pero que han sido enseñadas durante tanto tiempo que se han convertido en parte de vuestra mente colectiva, tú no experimentas tu cuerpo danzando en ritmo contigo mismo. De ahí mi insistencia en la música y la danza, porque sólo en la danza sentirás que tu cuerpo, tu mente y tú funcionáis juntos; la riqueza es enorme.

La consciencia es la forma más elevada de energía. Y cuando estas tres energías funcionan juntas, llega la cuarta; la cuarta está siempre presente cuando las otras tres funcionan al unísono. Cuando estas tres funcionan en una unidad orgánica, siempre está la cuarta; la cuarta no es otra cosa que esa unidad orgánica.

En Oriente, a la cuarta le hemos llamado simplemente «la cuarta» (*turiya*); no le hemos puesto ningún nombre. Las otras tres tienen nombres, la cuarta no. Conocer la cuarta es conocer a Dios. Digámoslo de esta manera: Dios es cuando tú eres una unidad orgásmico-orgánica. Dios no es cuando tú eres un caos, una desunión, un conflicto. Cuando eres una casa dividida en contra de ti mismo, Dios no es.

Cuando estás tremendamente feliz contigo mismo, tan feliz como puedes, tan agradecido como puedes, y todas tus energías danzan juntas, cuando todas tus energías son una orquesta, Dios es. Ese sentimiento de unidad total es lo que Dios es. Dios no es una persona en algún sitio, Dios es la experiencia de las tres cayendo en tal unidad que la cuarta surge. Y la cuarta es más que la suma total de las partes.

Si analizas minuciosamente una pintura, encontrarás el lienzo y los colores, pero la pintura no es simplemente la suma total del lienzo y los colores; hay algo más. Ese «algo más» se expresa a través del pintar, los colores, el lienzo, el artista, pero ese «algo más» es la belleza. Disecciona una rosa, y encontrarás todos los productos químicos y las cosas de las que está constituida, pero la belleza desaparecerá. No era tan sólo la suma total de sus partes, era más. El todo es más que la suma total de las partes; se expresa a través de ellas, pero es más. Entender que es más, es entender a Dios. Dios es ese más, ese plus. No es cuestión de teología, no puede decididirse por argumentación lógica; tienes que sentir la belleza, tienes que sentir la música, tienes que sentir la danza. Y definitivamente tienes que sentir la danza en tu cuerpo, en tu mente, en tu alma.

Tienes que aprender a tocar esas tres energías para que se conviertan en una orquesta. Entonces Dios es (no que veas a Dios, no hay nada que ver) Dios es el mismísimo ver, la observación. Aprende a fundir tu cuerpo, mente y alma; encuentra formas en las que puedas funcionar como una unidad.

Muchas veces ha ocurrido que corredores... Tú puede que pienses que correr no sea una meditación, pero los corredores sienten algunas veces tremendas experiencias de meditación. Se sorprendían, porque no lo estaban buscando (¿quién cree que un corredor va a experimentar a Dios?), pero ha ocurrido, y ahora correr se está convirtiendo más y más en una forma de meditación. Puede ocurrir corriendo; si alguna vez has corrido, si has disfrutado corriendo por la mañana temprano cuando el aire es fresco y todo el mundo está regresando del sueño, despertando, y tú corriendo, tu cuerpo funcionando maravillosamente, el aire fresco, y el mundo renacido de la oscuridad de la noche, todo cantando a tu alrededor, y te sentías tan vivo... Llega un momento en el que el corredor desaparece, sólo queda el correr. Cuerpo, mente y alma empiezan a funcionar juntos; de repente se produce un orgasmo interno.

Los corredores, algunas veces, han llegado accidentalmente a la experiencia de la cuarta, *turiya*, aunque no se dan cuenta porque piensan que han disfrutado el momento a causa del correr, porque era un día precioso, porque el cuerpo estaba sano y el mundo era maravilloso, y estaban de cierto humor. No se darán cuenta. Pero si se dieran cuenta, mi propia observación es que un corredor puede acercarse más a la meditación que cualquier otra persona. Correr puede ser de una inmensa ayuda, nadar puede ser de una inmensa ayuda. Todas estas cosas tienen que ser transformadas en meditaciones.

Olvida las viejas ideas de las meditaciones: que simplemente sentarse bajo un árbol en una postura de yoga es meditación. Esa es una de las maneras, y puede ser la apropiada para unas pocas personas pero no la apropiada para todos. Para un niño pequeño esto no es meditación, es una tortura. Para un hombre joven que está vivo, vibrante, es una represión, no es meditación. Puede que para un hombre viejo que ha vivido, cuyas energías están declinando, sea meditación.

Las personas son diferentes, hay muchas clases de personas. Para alguien que tenga un tipo de energía baja, sentarse bajo un árbol en una postura de yoga puede ser la mejor meditación, porque la postura de yoga es la que menos energía gasta; la que menos. Cuando la columna está erguida, en un ángulo de noventa grados con la tierra, tu cuerpo gasta la menor energía posible. Si estás inclinado hacia la derecha o hacia el frente, tu cuerpo necesita gastar más energía, porque la gravedad tira de ti hacia abajo y tienes que mantenerte; tienes que sujetarte para no caer. Esto es un gasto. Se ha descubierto que cuando la columna está erguida necesita el mínimo gasto de energía.

Entonces sentarse con las manos juntas sobre el regazo es también muy provechoso para las personas de energía baja, porque cuando ambas manos están tocándose, la electricidad de tu cuerpo empieza a moverse en círculo. No sale fuera de tu cuerpo; se hace un círculo interno, la energía se mueve dentro de ti.

Tienes que saber que la energía siempre se libera a través de los dedos, la energía nunca se libera desde las cosas con forma redonda; por ejemplo, tu cabeza no puede liberar energía, la contiene. La energía se libera a través de los dedos de los pies y de las manos. En cierta postura de yoga los pies están juntos, así que un pie libera la energía y el otro la recoge; una mano libera energía y entra en la otra. Vas recogiendo tu propia energía, te conviertes en un círculo interno de energía. Es muy sosegador, muy relajante.

La postura de yoga es la postura más relajada posible. Es más relajante aún que dormir, porque cuando estás durmiendo la gravedad tira de todo tu cuerpo. Estar en horizontal es relajante de una forma muy diferente; es relajante porque te lleva de regreso a épocas remotas cuando el hombre era un animal, horizontal. Es relajante porque es regresivo; te ayuda a convertirte en animal de nuevo. Es por esto que acostado no puedes pensar claramente, se vuelve difícil pensar. Pruébalo. Puedes soñar fácilmente pero no puedes pensar fácilmente; para pensar te tienes que sentar. Cuanto más erguido te sientes, mayores son las posibilidades de pensar. Pensar llegó más tarde; hasta que el hombre no se hizo vertical, no existía el pensar. Así que cuando te acuestas empiezas a soñar, el pensar desaparece. Es una forma de relajación porque el pensar se para; tienes una regresión.

La postura de yoga es una buena meditación para aquellos que tienen energía baja, para los que están enfermos, para los ancianos, para aquellos que ya han vivido casi toda su vida y se acercan cada vez más a la muerte.

Miles de monjes budistas han muerto sentados en la postura del loto, porque la mejor manera de recibir a la muerte es en esa postura; porque en la postura del loto estarás totalmente alerta, y las energías irán desapareciendo, irán disminuyendo a cada momento. La muerte va llegando. En la postura del loto puedes mantenerte alerta hasta el mismísimo final. Y permanecer alerta mientras te estás muriendo es una de las mayores experiencias, el orgasmo supremo.

Y si estás despierto mientras mueres tendrás un tipo de nacimiento totalmente diferente; volverás a nacer despierto. El que muere consciente nace consciente. El que muere inconsciente nace inconsciente. El que muere con atención puede elegir el embarazo adecuado él mismo; tiene elección, se lo ha ganado. El hombre que muere inconsciente no tiene el derecho a elegir el embarazo; el embarazo ocurre inconscientemente, accidentalmente.

El hombre que muere totalmente alerta en esta vida regresará sólo una vez más, porque la próxima vez no habrá necesidad de volver. Sólo ha quedado un poco de trabajo por hacer; una vida ordenada hará ese trabajo. Al que muere conscientemente, sólo le queda una cosa: no ha tenido tiempo de irradiar su consciencia a la compasión, algo queda incompleto, algo queda imperfecto. La próxima vez podrá irradiar su atención a la compasión. Y hasta que la consciencia no se convierta en compasión, algo queda incompleto, algo queda imperfecto.

Correr puede ser una meditación; correr, bailar, nadar, cualquier cosa puede ser una meditación. Mi definición de meditación es: cuando tu cuerpo, mente y alma funcionan juntos al mismo ritmo, eso es meditación, porque eso hará entrar a la cuarta. Y si estás alerta de que estás haciéndolo como una meditación (no para participar en los juegos olímpicos, sino como una meditación) entonces es tremendamente hermoso.

En la nueva comuna vamos a introducir toda clase de meditaciones. Los que disfruten nadando, tendrán la oportunidad de ir a una meditación de nadar. Los que disfruten corriendo, tendrán su grupo para correr kilómetros. Cada uno de acuerdo a su necesidad. Sólo entonces este mundo puede llenarse de meditación; de otra forma no.

Si damos sólo patrones fijos de meditación, entonces será aplicable sólo para unas pocas personas. Este ha sido uno de los problemas del pasado: los patrones fijos de la meditación, la falta de flexibilidad; patrones fijados para que encajen en determinados tipos, dejando a todos los demás en la oscuridad.

Mi esfuerzo es hacer que la meditación esté a disposición de todos y cada uno; se debería poner la meditación de acuerdo a las características de cada uno a disposición de todo aquel que quiera meditar. Si necesita descansar, entonces el descanso debería ser su meditación. Entonces, «sentarse en silencio sin hacer nada, la primavera llega y la hierba crece por sí sola», será su meditación. Tenemos que encontrar tantas dimensiones a la meditación como personas hay en el mundo. Y el patrón no tiene que ser muy rígido, porque no hay dos individuos iguales. El patrón tiene que ser muy fluido para que pueda encajar con el individuo. En el pasado, el individuo tenía que encajar con el patrón.

Yo traigo una revolución. El individuo no tiene que encajar con el patrón, el patrón tiene que encajar con el individuo. Mi respeto por el individuo es absoluto. A mí no me importan los medios; los medios pueden cambiarse, disponerse de maneras diferentes. Es por eso que te encuentras con tantas meditaciones aquí. No tenemos demasiadas posibilidades aquí, si no te sorprendería cuántas puertas tiene el templo de Dios. También te sorprendería que hay una puerta especial para ti y para nadie más. Este es el amor de Dios por ti, su respeto por ti. Serás recibido a través de una puerta especial, no a través de la puerta pública; serás recibido como un invitado especial.

Pero cualquiera que sea la meditación, el fundamento básico, el requisito que tiene que cumplir es: que cuerpo, mente y consciencia, los tres deben funcionar en unidad. Entonces de repente un día llega la cuarta: la observación. O si lo prefieres puedes llamarle Dios; llámale Dios o nirvana o Tao o lo que quieras.

The book of wisdom. Discurso 23

VII

ACERCA DE LO CORRECTO Y LO INCORRECTO

Haz lo que quieras hacer, haz lo que tus cualidades intrínsecas deseen hacer. No escuches a las escrituras, escucha a tu propio corazón; esa es la única escritura que yo receto. Sí, escucha muy atentamente, muy conscientemente, y nunca te equivocarás. Escuchando empezarás a moverte en la dirección correcta, sin ni siquiera pensar en qué es lo correcto y qué es lo erróneo. Para la nueva humanidad todo el arte consistirá en el secreto de escuchar al corazón conscientemente, alerta, atentamente. Síguelo por cualquier medio y ve donde te lleve. Sí, algunas veces te llevará al peligro; pero entonces recuerda, esos peligros son necesarios para hacerte madurar. Algunas veces hará que te pierdas; pero recuerda de nuevo, esas veces que te pierdes son parte del crecimiento. Caerás muchas veces. Levántate otra vez, porque es así como uno se hace fuerte, cayendo y levantándose de nuevo. Es así como uno se vuelve íntegro.

Pero no sigas reglas impuestas desde fuera. Ninguna regla impuesta puede ser buena, porque las reglas han sido inventadas por la gente que quiere manejarte. Sí, algunas veces también ha habido grandes personas iluminadas en este mundo; un Buda, un Jesús, un Krishna, un Mahoma. Ellos no le han dado reglas al mundo, le han dado su amor. Pero tarde o temprano los discípulos se reúnen y empiezan a crear códigos de conducta. Una vez que el maestro se ha ido, una vez que la luz se ha ido, se quedan en una profunda oscuridad y empiezan a buscar a tientas ciertas reglas a seguir, porque la luz que podían ver ya no está. Ahora tendrán que depender de las reglas.

Lo que Jesús hacía era el susurro de su propio corazón, pero lo que los cristianos están haciendo no es el susurro de su propio corazón. Son imitadores, y en el momento que imitas insultas a tu humanidad, insultas a tu Dios.

Nunca seas un imitador, sé siempre original. No te conviertas en una fotocopia...

Lo que está bien para un Buda puede que no esté bien para ti. Fíjate lo diferente que es Krishna de Buda. Si Krishna hubiera seguido a Buda hubiéramos perdido uno de los hombres más maravillosos de esta Tierra. O si Buda hubiera seguido a Krishna, hubiera sido tan sólo un pobre especimen. Imagínate a Buda tocando la flauta: hubiera molestado el sueño de mucha gente, él no era un flautista. Imagínate a Buda bailando; ¡parecería tan ridículo, tan absurdo!

Pero lo mismo ocurriría en el caso de Krishna. Sentado bajo un árbol sin flauta, sin corona de plumas de pavo real y sin su precioso ropaje, simplemente sentado como un mendigo bajo un árbol con los ojos cerrados, sin nadie bailando a su alrededor, sin danza, sin canciones, Krishna tendría un aspecto muy pobre, estaría muy empobrecido.

Buda es Buda, Krishna es Krishna, y tú eres tú. Y tú no eres de ninguna manera menos que cualquiera. Respétate a ti mismo, respeta tu propia voz interior y síguela. Y recuerda, yo no te garantizo que siempre te lleve hacia lo correcto. Muchas veces te hará equivocar, porque para llegar a la puerta correcta uno tiene que llamar antes a muchas puertas equivocadas. Así es como es. Si de repente te das de narices contra la puerta correcta no te sería posible reconocer que es la correcta...

Así que recuerda, a fin de cuentas no se malgasta ningún esfuerzo, todos los esfuerzos contribuyen al clímax definitivo de tu crecimiento. Así que no lo dudes, no te preocupes demasiado por equivocarte. Ese es uno de los problemas; a la gente se le ha enseñado que no debe equivocarse nunca, y por eso se vuelven tan dubitativos, tan miedosos, tan aterrados a equivocarse, que se quedan atascados. No se pueden mover, algo erróneo podría ocurrir. Así que se vuelven como rocas, pierden todo movimiento.

Lo que yo enseño es: comete cuantos errores te sea posible, recordando sólo una cosa; no cometas el mismo error de nuevo. Y estarás creciendo.

The book of wisdom. Discurso 11

¿Existe algo así como lo correcto y lo incorrecto?

No existe tal cosa como lo correcto y lo incorrecto, porque algunas cosas puede que sean correctas en este momento y no serlo en el siguiente. Algunas cosas pueden ser incorrectas hoy y no serlo mañana.

Lo correcto y lo incorrecto no son dos entidades fijas, no son etiquetas que puedas poner sobre las cosas, «esto es correcto» y «esto es incorrecto». Pero esto es lo que se ha estado haciendo hasta ahora. La gente ha decidido qué es lo correcto y qué no lo es. Y por haberlo decidido, ha guiado mal a toda la humanidad.

Manu se decidió en una dirección: lo que él pensó que era correcto se convirtió en lo correcto para millones y millones de hindúes durante miles de años. ¡Es tan estúpido, tan increíble! ¿Cómo puede continuar la gente siguiendo a Manu durante cinco mil años? Todo lo demás ha cambiado. Si Manu regresara no podría reconocer al mundo en absoluto; todo ha cambiado. Pero la mente hindú continua siguiendo las categorías que Manu fijó.

Todavía después de cinco mil años, hay millones de personas en la India que no son tratadas como personas. No sólo no se las trata como a personas; ni siquiera se las trata como al ganado. Hasta las vacas son mucho más importantes que las personas. Las vacas son adoradas, son sagradas, y a los intocables, los Sudras, los rechazados (rechazados por Manu, hace cinco mil años), se les quema.

Y hasta un hombre como Vinoba Bhave está dispuesto a hacer un ayuno si no se para completamente la matanza de vacas en este país, si no se para totalmente. Pero mantiene un silencio absoluto, no dice ni una sola palabra, acerca de los intocables que se están matando, que son quemados vivos, sus mujeres violadas y sus hijos asesinados y descuartizados. Pueblos de intocables, pueblos enteros han sido borrados de la Tierra, y a Vinoba Bhave no se le ocurre ayunar. ¿A quién le preocupan los intocables? No son parte de la humanidad, no son seres humanos. Las vacas tienen que ser salvaguardadas, porque Manu adora a la vaca.

Puede que haya sido lo correcto en ese momento, yo no estoy en contra de Manu, estoy en contra de los estúpidos seguidores de Manu. Puede que en esos tiempos fuera lo correcto, porque la vaca era muy, muy importante, era el centro de toda la economía; particularmente de la economía india que estaba basada en la vaca. Era una sociedad agrícola y la vaca era fuente de muchas cosas: los toros, los bueyes, el estiércol, la leche; era inmensamente importante, era perfectamente correcto salvaguardarlas. Pero ahora el mundo vive de una forma muy diferente. Manu vivía en un mundo muy pequeño; ahora tenemos que pensar en toda la Tierra, no es una pequeña secta lo que está en cuestión. Pero una vez que ha sido fijado lo correcto, la gente lo sigue ciegamente; hasta ahora siempre ha sido así.

Por ejemplo, en los diez mandamientos Moisés dice: «No adoraréis a otro Dios que al Dios verdadero. No levantaréis ídolos del Dios verdadero y no adoraréis otros dioses». Era un mundo totalmente diferente; han pasado tres mil años. De hecho, en esos diez mandamientos no hay ni un sólo mandamiento que diga algo acerca de los ateos. Dice: «No adoraréis a ningún otro Dios». No dice: «No seas incrédulo de Dios», porque no había incrédulos. El ateísmo no estaba en el ambiente en absoluto.

Ahora lo fundamental sería enseñar a la gente cómo dejar de ser ateos, porque el ateísmo es muy popular. Casi la mitad de la Tierra se ha hecho comunista, es atea, y la otra mitad es sólo formalmente creyente. Ahora el mandamiento más fundamental debería ser: «No seas ateo, no seas incrédulo, no seas dubitativo». Ahora la confianza debería ser la enseñanza más fundamental que ofrecer a la gente.

Cuando cambian los tiempos cambia lo correcto y lo incorrecto. Y puedes verlo en tu propia vida; cada día las cosas son diferentes, y tú sigues aferrado a tus ideas fijas. El hombre que vive con ideas fijas vive una vida muerta. Nunca es espontáneo ni tiene una relación correcta con la situación dada. Nunca es capaz de dar una respuesta; funciona desde sus viejas conclusiones que ya no son relevantes, no ve la situación misma.

Así que en lo que a mí respecta no existe tal cosa como lo correcto y lo incorrecto. ¿Entonces qué enseño yo? Enseño consciencia; no a etiquetar ni a categorizar. Enseño consciencia. Te enseño a estar completamente consciente en cada situación, y a actuar desde tu consciencia. O, en otras palabras puedo decir: cualquier acción que ocurra a través de la consciencia será correcta; cualquier acción que ocurra a través de la inconsciencia será incorrecta.

Pero fíjate en el énfasis. El énfasis no esta en la acción en sí misma, el énfasis está en el origen; consciencia o inconsciencia. Si actúas totalmente consciente, hagas lo que hagas será correcto. Si te mueves mecánicamente y haces las cosas inconscientemente como si fueras un sonámbulo, entonces lo que sea que hagas será incorrecto.

La consciencia es lo correcto, la inconsciencia lo incorrecto. Pero si vas a los sacerdotes, te enseñarán qué es lo correcto y qué no lo es. No te darán una visión propia, te darán categorías muertas. No te darán luz, para que tú puedas ver qué hacer o qué no hacer en cada situación; quieren que dependas de ellos. No te darán una visión de las cosas, para que seas siempre dependiente. Te dan muletas pero no hacen que camines sobre tus piernas.

Evita a los sacerdotes. De hecho, cuando vas a cualquier clase de experto, todo su esfuerzo consiste en cómo hacerte dependiente de ellos.

La estrella de una exitosa obra de Broadway estaba visitando unos amigos y la conversación derivó, como de costumbre, hacia la psiquiatría. «Debo decir —dijo la anfitriona— que creo que mi analista es el mejor del mundo; no te puedes imaginar lo que ha hecho por mí. Deberías probarlo.»

«Pero yo no necesito análisis —dijo la estrella—. Yo no podría ser más normal. A mí no me pasa nada.»

«Pero él es maravilloso —insistió su amiga—. Él te encontrará algo.»

Hay gente que vive de encontrarte algo que esté mal. No pueden aceptarte como eres; te darán ideales, ideas, ideologías, y te harán sentirte culpable y harán que te sientas inútil, sucio. Te harán sentirte tan censurable a tus propios ojos, que te olvidarás totalmente de la libertad.

De hecho empezará a darte miedo la libertad, porque pensarás que eres malo, que estás equivocado; y si eres libre, harás algo mal, así que será mejor que sigas a alguien. Los sacerdotes dependen de ello, los políticos dependen de ello. Te dicen qué es correcto y qué no lo es, ideas fijas, entonces seguirás sintiéndote culpable toda la vida.

Yo os digo: no hay nada correcto y nada incorrecto. No quiero que dependáis de mí, no os doy ideas fijas. Simplemente os doy indicaciones, pistas, que tienen que ser desarrolladas por vosotros. Y la pista que os doy es la consciencia. Hazte más consciente, y ese es el milagro... Si estás enfadado, el sacerdote dirá que la ira es mala, no te enfades. ¿Qué vas a hacer? Puedes reprimir la ira, te puedes sentar sobre ella, puedes tragártela, literalmente, pero entrará en ti, dentro de tu sistema. Trágate la ira y te saldrá una úlcera de estómago. Trágate la ira y antes o después te saldrá un cáncer. Trágate la ira y de ahí te surgirán mil y un problemas, porque la ira es veneno. ¿Pero qué vas a hacer? Si la ira es mala, tendrás que tragártela.

Yo no digo que la ira sea mala, yo digo que la ira es energía, pura energía, energía hermosa. Cuando surja la ira, sé consciente de ella, y si eres consciente te sorprenderás; prepárate para una sorpresa, puede que la más grande de tu vida: que al volverte consciente, la ira desaparece. La ira se transforma, se vuelve pura energía; la ira se convierte en compasión, la ira se convierte en perdón, la ira se convierte en amor. Y no necesitarás reprimir, no te atosigará ningún veneno. Y no estarás furioso, así que no harás daño a nadie. Ambos estaréis a salvo: el otro, el objeto de tu ira, estará a salvo, y tú estarás a salvo. Antes, o sufría el objeto, o sufrías tú.

Lo que os estoy diciendo es que no hay necesidad de que nadie sufra. Simplemente sé consciente, deja que la consciencia esté presente. Si surge la ira, será consumida por la consciencia. No se puede estar furiso con consciencia, no se puede ser egoísta con consciencia y no se puede ser envidioso con consciencia. La consciencia es la llave dorada.

The book of wisdom. Discurso 24

¿Es suficiente con la consciencia para guiar nuestras acciones?

A menudo has hablado de la consciencia y la atención como si fuera todo lo que se necesita para guiar nuestras propias acciones, ¿quiere esto decir que el asesinato, la violación y el robo son solamente erróneos si se hacen sin atención y sin consciencia?

Sí; el único pecado es la falta de consciencia, y la única virtud es la consciencia. Sólo aquello que no puede hacerse sin consciencia es pecado. Aquello que solamente puede hacerse a través de la consciencia es virtud. Es imposible cometer un asesinato si eres consciente; si eres consciente, se vuelve absolutamente imposible ser violento. Es imposible violar, robar o torturar; si hay consciencia se vuelve imposible. Solamente cuando prevalece la inconsciencia, en la oscuridad de la inconsciencia, entran en ti toda clase de enemigos.

Buda dijo: «Si en una casa la luz está encendida, los ladrones la evitan; y si el vigilante está despierto, los ladrones ni lo intentarán». Y si dentro de la casa hay gente hablando y moviéndose y todavía no se han dormido, los ladrones no pueden entrar, ni siquiera pensarlo.

Exactamente igual ocurre contigo: eres una casa sin luz. El estado ordinario del hombre es de funcionamiento mecánico: *Homo mecanicus*. Lo único que tienes de hombre es el nombre; de otra forma, eres sólo una máquina muy preparada y hábil, y cualquier cosa que hagas te saldrá mal. Recuerda, no estoy diciendo cualquier cosa; ni siquiera tus virtudes serán virtudes si eres inconsciente. ¿Cómo puedes ser virtuoso cuando eres inconsciente? Detrás de tu virtud habrá un ego grande, enorme; tiene que ser así. ¡Hasta tu santidad practicada y cultivada con gran trabajo y esfuerzo será inútil! Porque no traerá consigo simplicidad, ni humildad, ni la gran experiencia de lo divino, que sólo ocurre cuando el ego desaparece. Vivirás una vida tan respetable como la de un santo, pero tan pobre como la de todo el mundo: interiormente estará podrida, interiormente será una existencia sin sentido. Esto no es vida, solamente vegetar. Tus pecados serán pecados y tus virtudes también serán pecados. Tu inmoralidad será inmoralidad y tu moralidad también será inmoralidad.

Yo no enseño moralidad, tampoco virtud; porque sé que sin consciencia sólo son apariencias, hipocresías. Te hacen falso. No te liberan, ni pueden liberarte. Por el contrario, te aprisionan.

Solamente una cosa es suficiente: la consciencia es la llave maestra. Abre todas las cerrraduras de la existencia. Consciencia significa que vives momento a momento, alerta, consciente de ti mismo, consciente de todo lo que pasa a tu alrededor, respondiendo momento a momento. Tú eres como un espejo, reflejas. Y reflejas tan totalmente, que de este reflejo cualquier acto que nazca será correcto, porque encajará, estará en armonía con la existencia. Realmente no surge en ti, tú no eres su realizador. Surge en el contexto total: la situación, tú y todo, estáis envueltos en ello. De esta totalidad nace el acto; no es tu acto. Tú no has decidido hacerlo de esta manera; no es tu decision, no es tu pensamiento, no es tu carácter. Tú no lo estás haciendo: tú solamente permites que ocurra.

Como cuando caminas por la mañana temprano, antes de que el sol haya salido y te cruzas en el camino con una serpiente; y no tienes tiempo para pensar, sólo puedes reflejar. No hay tiempo para decidir qué hacer o qué no hacer. ¡Inmediatamente saltas! Recuerda la palabra «inmediato»; ni un momento que perder. Inmediatamente te apartas. Después puedes sentarte bajo un árbol y pensar en ello; en lo que ocurrió o en cómo lo hiciste; y puedes darte palmaditas en la espalda por haberlo hecho bien. Pero en realidad tú no lo has hecho, ocurrió. Ocurrió en el contexto total. Tú, la serpiente, el peligro de muerte, el instinto de la vida por protegerse a sí misma y mil y una cosa más están envueltas en ello. La situación total causó el acto. Tú fuiste sólo un medio.

Ahora, este acto encaja. Tú no eres su realizador. En sentido religioso podríamos decir que Dios lo ha hecho a través de ti. Esto es sólo una forma religiosa de hablar, sólo eso. El todo ha actuado a través de la parte; esto es virtud. Nunca te arrepentirás de ello.

Y este es un acto realmente liberador. Una vez que ha ocurrido, queda acabado. De nuevo eres libre de actuar; no llevarás esta acción en tu cabeza. No se volverá parte de tu memoria psicológica; no te dejará ninguna herida. Ha sido tan espontaneo que no dejará ninguna señal. Este hecho nunca se volverá un *karma*. Este acto nunca dejará ni un rasguño.

El acto que se vuelve un *karma* no es realmente un acto, sino una reacción que viene del pasado, de la memoria, del pensamiento. Tú eres el que decide, el que elige. No procede de la consciencia, sino de la inconsciencia. Entonces, todo es pecado.

Para mí, la consciencia lo es todo. Yo os enseño a ser conscientes.

Fue Platón quien, tratando de enseñar el significado del proceso educativo, contó la parabola de la caverna. Encadenados en el interior de una, uno de los prisioneros que sólo había percibido las ilusorias sombras del mundo real fue desencadenado y liberado para viajar hasta la luz.

Al salir de la cueva, la brillantez del sol le cegó y por un momento deseó volver. Pero se dió cuenta de que la única vida auténtica para el hombre es la que se vive con una visión clara de las cosas tal como son.

Y aunque estaba cegado por la luz y deseando la oscuridad, decidió dejar la cueva atrás y con ella sus sombras y su mundo de ilusiones. Pero habiendo visto, habiéndose vuelto consciente, habiéndo percibido claramente, él sabía que debía volver y liberar a los otros del velo de las ilusiones que les encadenaba y aprisionaba en un mundo irreal.

El momento en que te das cuenta, no sólo se transforma tu vida: sino que además inmediatamente comienzas a funcionar de una manera nueva, empiezas a ayudar a los otros a transformarse. Porque una vez que has visto la luz de la consciencia, una vez que has salido de la cueva de la mente inconsciente, te sorprenderá que todo lo que habías conocido antes no era real, era solamente una sombra de lo real. Soñabas que era real.

Y una vez que has visto la luz, querrás compartirla. Querrás volver a la cueva y desencadenar a los otros prisioneros. Esto es lo que todos los grandes maestros han estado haciendo a través de los tiempos. Esto es lo que hizo Pitágoras. Él se liberó; salió fuera de la caverna.

Al principio te deslumbrará. Al principio, sentirás que los ojos te duelen; es el dolor del crecimiento. Por primera vez surgirá el deseo, un gran deseo de volver a la oscuridad porque ya te habías acostumbrado a ella. Era reconfortante. Pero una vez que has visto un poco de la realidad, no puedes regresar; ya has cruzado el punto sin retorno. Tendrás que vivir en la luz. Tendrás que aprender a absorber la luz, porque la realidad es muy luminosa. Y al experimentar lo real, la vida se vuelve religiosa. Desde la experiencia de lo real, no puedes actuar como lo hacías antes.

Yo sé por qué ha surgido la pregunta; porque has tratado de no enfurecerte, te lo has propuesto muchas veces, pero aún así sigue ocurriendo. Tú has tratado de no ser egoísta, pero una y otra vez caes en la trampa. Has probado toda clase de sistemas para cambiarte a ti mismo, pero nada parece ocurrir jamás. Continúas igual.

Y aquí estoy yo diciendo que hay una llave muy simple: la consciencia. Pero tú no puedes creértelo. ¿Cómo puede la consciencia, sólo la consciencia ayudar cuando nada ha servido de ayuda? Las llaves son siempre muy pequeñas; las llaves no son objetos muy grandes. Una llave pequeña puede abrir un gran candado. Y ¿por qué la consciencia funciona como una llave?

La persona que está viviendo un sueño, profundamente dormida, tiene una pesadilla, la están torturando, la van a matar. Y por supuesto lucha, se defiende, tiene mucho miedo, quiere que alguien la salve, y no encuentra forma de escapar; rodeada de enemigos con las espadas en alto. La muerte parece segura. Se despierta temblando y sudando por el dolor de la pesadilla; pero todavía su respiración no es natural, sudando y temblando, comienza a reírse. Ya no hay ningún problema... el sueño ha desaparecido. Todos esos enemigos con las espadas desenvainadas no eran reales. No necesita pedir socorro; no necesita ninguna defensa. Todo era tan sólo un mundo de sombras.

Una vez despierto todo el sueño desaparece. Y en el sueño habías tratado de todas las formas posibles de protegerte y te parecía imposible. Lo mismo ocurre contigo, y con todo el mundo.

La ira es una sombra. No puedes vencer a una sombra; la avaricia es una sombra... no son realidad. La realidad es aquello que permanece después de que la consciencia haya ocurrido. Y este es el milagro: aquellos que han conocido la consciencia no saben nada de la ira o de la avaricia. No es que las hayan abandonado; ¡simplemente no las han encontrado! Cuando la luz llega, la oscuridad desaparece.

Se cuenta que lo primero que hizo Buda al iluminarse fue sonreírse y decir: «¡Es increíble! ¿Así que, ya estaba iluminado desde el principio? ¿Y todas estas cadenas y prisiones eran sólo sueños?».

Cuando la gente le preguntaba: «¿Qué tenemos que hacer para no enfadarnos?», o «¿Qué tenemos que hacer para no ser egoístas?», o «¿Qué podemos hacer para no estar tan obsesionados con el sexo o con la comida?», su respuesta siempre era la misma: «Sé consciente. Trae consciencia a tu vida».

Su discípulo, Ananda, escuchando una y otra vez que la receta del médico siempre era la misma para toda clase de personas, con diferentes poblemas, quedaba perplejo. Dijo: «¿Qué pasa contigo? Te traen diferentes enfermedades; unos traen avaricia, otros sexo, otros gula y otros otras cosas, pero tu receta siempre es la misma».

Y Buda dijo: «Sus enfermedades son diferentes así como la gente tiene diferentes sueños».

Aquí estáis vosotros: si todos vosotros, los dos mil sannyasins, os durmiérais habría dos mil sueños. Recuerda, no puedes invitar a nadie a compartir tus sueños; son absolutamente privados, nadie puede compartirlos contigo, ni siquiera tu esposa o marido. Así que dos mil personas tendrán dos mil sueños diferentes. Pero si vienes a mí a preguntarme cómo salir de este sueño, la medicina siempre será la misma: ¡despierta! No será diferente; la receta será siempre la misma. Lo puedes llamar consciencia, lo puedes llamar atestiguar, lo puedes llamar recordar o puedes llamarlo meditación; son todos nombres diferentes para la misma medicina.

Actúa con más consciencia.

Una vez un hombre regresaba en el tren del trabajo a su casa. Al poco rato de la salida se durmió mecido por el movimiento del tren. En algún lugar entre estaciones, de repente el tren paró en una señal de emergencia.

El hombre, despertándose repentinamente, creyó que el tren había llegado a su destino y salió corriendo por la puerta, cayéndose a las vías. Tembloroso y magullado le ayudaron a subir al vagón.

Quitándose el polvo, arreglándose la corbata y limpiándose la sangre de la nariz, exclamó: «¡Qué estúpido he sido! Mira que salir por la puerta equivocada...», y entonces salió por la otra puerta cayendo a la vía por donde pasaba un expreso.

El único problema con el hombre es que está profundamente dormido; ¡con los ojos abiertos! Ni siquiera es consciente de que no es consciente. Tus ojos estan abiertos y tú estás soñando; mil y un sueños, mil y un deseos. No estás aquí y ahora, esto significa que no estás consciente. Estás en el pasado, en la memoria; eso es un sueño. O estás en el futuro, en la imaginación; que también es un sueño.

Estáte aquí, ahora. Si el pasado está ahí, no eres consciente. Si el futuro está ahí, no eres consciente. La consciencia significa presencia en el presente. Estáte aquí en este momento. Si un solo pensamiento entra en tu interior, no estarás siendo consciente. Estar en el proceso del pensamiento es estar dormido. No estar en él es estar despierto. Y en esta pureza cristalina de estar aquí, de estar ahora..., ¿cómo puedes cometer un pecado? En esta claridad, el ego desaparece, y es el ego el que trae toda clase de problemas a la vida. El ego es violento. Y si tratas de ser humilde, puedes volverte humilde, pero el ego continuará escondido detrás de tu humildad. A no ser que te hagas consciente, el ego continuará jugando nuevos juegos. Los juegos cambiarán; te puedes cambiar de una celda de la prisión a otra, eso es todo, pero no te saldrás de ella.

La única forma de salirte de la prisión es estar absolutamente alerta. En este estado de alerta te cristalizas, en este estado de alerta te centras. Y ese mismo centrarse te conduce al propio centro de la realidad y esta experiencia es tan maravillosa que no puedes seguir siendo ladrón; porque consigues todo lo que necesitas, todo lo que siempre has deseado. De hecho, nunca habías pedido tanto como te está llegando por sí solo. ¿A quién le gustaría ser ladrón? ¿Para qué?

¿A quién le gustaría ser asesino? ¿Para qué? Ya no puedes ni imaginarte asesinar porque ahora sabes que nada puede ser asesinado; ¡todo es eterno! Es un esfuerzo inútil. No se puede matar nada. Como mucho le podrás quitar los ornamentos, pero el ser interior permanece. Una vez que, a la luz de la consciencia, hayas visto tu propio ser interior, habrás visto el ser de todo. Es la eternidad. La muerte es una falsedad. La muerte ocurre solamente en sueños, no de verdad, no en la realidad

¿Cómo puedes violar cuando eres consciente? La consciencia trae un tremendo amor en su despertar, una persona amorosa no puede violar. La violación sólo es posible cuando no se conoce el amor. Y recuerda, los violadores no son los únicos que violan: tu puedes ser un buen marido, o una buena esposa, casados legalmente y todo eso, pero puede que vuestra relación no sea otra cosa que una simple violación. Si eres inconsciente no puedes hacer otra cosa; tu relación será la de un violador. Puede que estes violando de una forma legal, autorizada, aceptada por la sociedad, pero eso no lo cambia. Si tu esposa hace el amor contigo porque es su deber hacerlo con su marido, porque tú así lo quieres, es una violación. Si ella no está realmente en el acto, es violación. Ella está solamente cumpliemdo con sus deberes. Si haces el amor con tu mujer y no estás presente en ese momento, es violación. Tu esposa te estará violando; tú la estarás violando a ella.

El amor es solamente amor cuando es meditativo. El amor es solamente amor cuando hay una gran consciencia por ambos lados. Dos ahoras encontrándose, dos aquíes encontrándose; dos presencias diluyéndose, fundiéndose la una en la otra; entonces es amor, entonces tiene una cualidad espiritual.

Pero tú has aprendido cómo vivir sin consciencia. Sabes cómo moverte sin consciencia; conoces las puertas de tu casa y sus habitaciones, y te has familiarizado con toda clase de habilidades... Puedes conducir hasta la oficina y volver, sin ninguna necesidad de ser consciente. Puedes seguir haciendo todas estas cosas mecánicamente.

Todos los pecados surgen de esta mecanicidad. Tu vida se vuelve un infierno. Infierno simplemente significa no estar en el presente, y paraíso significa simplemente estar en el presente.

A un joven granjero de Arkansas le mandó su padre a Nueva York para aprender el negocio que llevaban bajo la tutela del gran Frank E. Campbell.

Meses más tarde el padre visitó a su hijo en la gran ciudad. «Dime —le dijo— ¿has aprendido mucho?»

«Sí papá, he aprendido un montón —contestó el hijo—. Y ha sido muy interesante.»

«¿Qué ha sido lo más interesante que has aprendido?» —preguntó su padre.

El hijo pensó por un momento y luego dijo: «Pues, tuvimos una tremenda experiencia que me enseñó una gran lección».

«¿Qué pasó?» —se interesó el padre.

«Un día recibimos una llamada del hotel Taft. Parece que la portera, al revisar una de las habitaciones, se encontró con un hombre y una mujer muertos y completamente desnudos» —respondió el hijo.

«¡Dios mío! ¿Y qué hizo el seño Campbell?» —exclamó el padre.

«Se puso el esmoquin y me dijo que me pusiera el mío. Entonces nos llevaron en una de sus limusinas al hotel. El director nos llevó hasta el conserje, el cual nos dió el numero de habitación. Luego subió con nosotros en el ascensor. Estabamos muy callados porque el señor Campbell es siempre partidario de hacer las cosas con gran dignidad» —dijo el hijo.

«¡Qué maravilla! ¿Y entonces que ocurrió?» —inquirió el padre.

«Pues llegamos a la habitación. El señor Campbell abrió la puerta empujándola con la empuñadura metálica de su bastón. Él, el director y yo entramos muy silenciosamente. Y por supuesto, allí estaba la pareja, tumbados desnudos boca arriba» —explicó el hijo.

«¿Entonces qué ocurrió?» —preguntó el padre.

«Bueno, el señor Campbell enseguida se dió cuenta de que había un problema. El hombre tenía una enorme erección» —dijo el hijo.

«¿Entoces qué ocurrió?» —volvió a preguntar el padre.

«Como siempre el señor Campbell estuvo a la altura de la situación. Levantó su bastón y con gran estilo le pegó un bastonazo en la polla» —respondió el hijo.

«¿Entonces qué ocurrió?» —preguntó de nuevo el padre.

«Pues padre —dijo el hijo—, ¡todo se fue al carajo. Estábamos en una habitación equivocada!»

Así es como son las cosas... estás en la habitación equivocada, siempre estás en la habitación equivocada. Esa habitación se llama inconsciencia. Y hagas lo que hagas, sea bueno o malo, respetable o irrespetable, al final todo dará igual; porque estás en la habitación equivocada, y en esa habitación no puedes hacer nada correcto. Puedes convertirte en un santo en la habitación equivocada, pero estarás en la misma habitación que el pecador. Puedes ser muy moral; puede que no seas ladrón o violador o asesino;

pero la habitación es la equivocada y seas lo que seas, no será lo correcto. El estado de tu mente tiene que ser transformado totalmente, este es el significado de la consciencia. Estás o en el pasado o en el futuro; esto sólo significa que estás en la mente. La habitación equivocada se llama mente. ¡Sal de la mente! Estáte en el presente... Cuando estás en el presente, no eres parte de la mente. Entonces cada acto posee una tremenda claridad, porque entonces eres un espejo. Y el espejo no estará cubierto de polvo porque no habrá pensamientos.

Esto es todo lo que yo enseño: cómo ser consciente; cómo ser, sin pensamientos. Y entonces la vida empieza a cambiar por sí misma. Yo no predico el pacifismo. En este país se ha predicado el pacifismo durante siglos y la gente no es en absoluto pacífica. De hecho, es difícil encontrar gente más violenta que esta en ningún otro país. Cada día, de cualquier manera, surge la violencia; cualquier excusa es buena. Queman autobuses y matan gente, la policía dispara. ¡Cada día! Ya ni siquiera es noticia: no es nada nuevo, ¿cómo va a ser noticia? Puedes estar seguro de que esto estará ocurriendo en un lugar u otro de este país.

Alguien ha preguntado: ¿por qué hay tanta violencia pública en la India? Se debe a las enseñanzas de la no-violencia. Durante cinco mil años se le ha enseñado a la gente a no ser violenta; y han aprendido el truco de aparentar. Y lo único que ha ocurrido es que han reprimido su violencia. Están sentados sobre volcanes; cualquier excusa, por pequeña que sea, desencadena la violencia. Entonces se esparce como el fuego.

Siempre que hay disturbios entre hindúes y mahometanos, puedes ver el verdadero rostro de la gente de este país: asesinos. Y hace sólo unos días, el hindú rezaba en el templo y el mahometano en la mezquita; uno leía los Vedas y el otro leía el Corán; ambos parecían tan piadosos... Espera que vengan los disturbios, y todo esa devoción simplemente se evaporará, como si nunca antes hubiera existido, todos estarán dispuestos a matar, a violar... dispuestos a cualquier cosa.

Esta violencia entra en erupción una y otra vez en este país debido a sus enseñanzas, enseñanzas erróneas basadas en la represión. Siempre que reprimes algo, volverá a brotar una y otra vez.

Yo enseño consciencia, no represión. Por eso no hablo acerca de la no violencia. Yo no digo: «No seas violento». Solamente digo: «¡Estáte alerta, sé consciente!». Lo que sea que hagas, hazlo con tal cuidado, tan meditativamente, que estés totalmente ahí, en ello, envuelto; que no solamente sean gestos vacíos. Tu presencia está aquí; y esta misma presencia conlleva un cambio alquímico. Nunca reprimirás, nunca te sentarás sobre un volcán. Y cuanto más consciente te vuelvas, más silencio alcanzará tu vida, más paz, más amor. Estas son consecuencias de la consciencia.

Philosophia perennis. Volumen 1. Discurso 7

¿Cómo puedo estar seguro de que estoy en el camino correcto?

A cada nuevo paso en lo desconocido, ¿cómo puedo estar seguro de que estoy en el camino correcto?

Las señales de que estás en el camino correcto son muy simples: tus tensiones comenzarán a desaparecer, te harás más y más sereno; te volverás más y más tranquilo, encontrarás belleza en las cosas que nunca antes habías concebido que podían ser hermosas.

Las cosas más insignificantes empezarán a tener tremendo significado, el mundo entero se volverá cada día más misterioso; dejarás de tener tantos conocimientos, y tendrás más inocencia: como un niño corriendo tras las mariposas o recogiendo conchas en la playa.

Sentirás que la vida no es un problema sino un regalo, una alegría, una bendición.

Estas señales seguirán aumentando si estás en el camino correcto. Si estás siguiendo una pista falsa, ocurrirá justo lo opuesto.

The Osho Upanishad. Discurso 40

VIII

ACERCA DE LA LIBERTAD, LA RES-PONSABILIDAD Y EL COMPROMISO

La libertad y la responsabilidad van juntas; son dos caras de una misma moneda. Si quieres libertad, tendrás que ser responsable de todo lo que hagas. Si no quieres responsabilizarte, perderás la libertad.

Todo el mundo quiere ser libre pero nadie quiere ser responsable. Nos vamos pasando la responsabilidad de uno a otro. Y al poner responsabilidad en el otro, a la vez pierdes toda posibilidad de libertad. ¡Sé responsable! Si te has enfadado, te has enfadado; no digas: «Es por los demás o por alguna otra fuerza que me ha poseído». No, nadie te posee.

Lo que sea que ocurra, será tu propia elección. Tú lo has elegido. Puede que no te des cuenta en absoluto de cómo lo has elegido, porque algunas veces tú quieres una cosa pero eliges otra; esto causa el problema. Tú crees que quieres una cosa y eliges otra. O elegiste lo que querías, pero el resultado fue diferente al que esperabas.

Por ejemplo, tratas de dominar a alguien; por tu propia elección. Quieres dominar a alguien, pero cuando le vas a dominar él también quiere hacer lo mismo contigo. Tratará de dominarte, y a ti no te gustará; producirá lucha, envidia, se creará un infierno. Y dirás: «Nunca quise que esto ocurriera». Pero tú quisiste dominar a alguien, esta fue la semilla.

Busca siempre la causa. Si hay un efecto, también habrá una causa. Si en primer lugar no hubieras elegido la causa, el efecto no podría existir, no sería posible. La gente estaría dispuesta a cambiar al efecto, pero no quiere cambiar la causa. Así es la mente ordinaria, la mente estúpida.

La mente inteligente es de una cualidad totalmente diferente. Cuando no quiere algún efecto, profundiza en la causa y la abandona; ¡y se acabó el problema!

The search. Discurso 5

El miedo a ser libre

¿Por qué tengo tanto miedo a ser libre?

Todo el mundo lo tiene. La libertad es un gran riesgo. La gente habla sobre la libertad, pero nadie realmente quiere ser libre; es pura charla. Todo el mundo quiere ser dependiente, todo el mundo quiere que algún otro se responsabilice. En libertad tú eres responsable de cada acto, de cada pensamiento, de cada movimiento. No puedes responsabilizar a los demás.

Observa a un psiquiatra freudiano, un psicoanalista: el paciente se tumba en un sofá y el psicoanalista se sienta detrás de él, para que el paciente no pueda verle. Se sienta detrás del sofá; él puede ver al paciente, pero el paciente no le puede ver a él. Algunos psicoanalistas usan hasta biombos para que el paciente sienta que no necesita guardar sus secretos.

¿Y qué ocurre, qué es lo que está ocurriendo en todas la sesiones de psicoanálisis del mundo? El paciente lo va echando todo: sobre la madre, o sobre el padre; mayormente sobre la madre. Pero no asume ninguna responsabilidad sobre sí mismo. Trata de probar que es absolutamente inocente, que todo el mundo tiene la culpa y le ha obligado a hacer lo que en principio el nunca quería hacer.

Quizás haya alguna verdad en ello, ocurre así: las madres obligan a sus hijos... las madres tratan de que sus hijas sean auténticas damas; ¡damas inglesas! Americanas no sería suficiente. De hecho, en América la figura de la dama ha desaparecido. En California sólo hay mujeres, no damas. El padre trata de hacer de su hijo un verdadero hombre, un caballero. Así que algo de verdad habrá.

Pero cuando eres adulto y contemplas toda la escena, lo que ha ocurrido, podrías simplemente dejarlo a un lado; ¡sencillamente así! Pero tú no quieres, porque entonces serías responsable. Si ahora haces algo equivocado, siempre puedes encontrar otro responsable.

Todo el mundo tiene miedo a la libertad. Por eso en todo el mundo hay tantos niveles de esclavitud en uno mismo. Todas las personas son esclavos múltiples: son esclavos de sus padres, esclavos de la religión, esclavos del estado, esclavos de sus vecinos; y toda clase de esclavitudes que no son visibles.

Cuando yo estudiaba en la universidad, tuve un compañero de habitación conmigo durante un año, y nunca creí que él tuviera ningún problema con el habla. Un día vino a verle su padre y comenzó a tartamudear. Esto me sorprendió y le pregunté: «¿Qué te pasa?, has estado tartamudeando desde que tu padre llegó, yà no hablas como hablabas antes».

«Desde mi infancia él me ha estado enseñando cómo hablar, qué decir y qué no decir, con quién y cuándo hablar —dijo él—. Me ha confundido tanto que he perdido mi propia sensibilidad y he llegado a tartamudear. Yo también me sorprendí cuando llegué a la universidad: al dejar mi casa, el tartamudeo me desapareció. Y siempre que regreso a mi casa, a mi familia y a mi pueblo, el tartamudeo empieza de nuevo.»

«¿Y cuando vas al templo y rezas al padre Dios, qué ocurre?» —le pregunté.

«Ocurre lo mismo, empiezo a tartamudear. La sola palabra "padre" es suficiente; cualquier figura paterna»—contestó él.

Una vez le llamó el subdirector de la universidad para algo y yo fui con él. «¿Por qué vienes conmigo?» —me preguntó.

«No te preocupes. Me quedaré fuera esperándote» —le dije yo.

«Pero no necesitas venir» —comentó él.

«Te lo explicaré más tarde» —dije yo.

Y en el despacho del subdirector, tartamudeaba. Tuve que entrar sin pedir permiso. Ambos se sorprendieron: él porque tartamudeaba; el subdirector también: «¿No sabes que tienes que pedir permiso? Estoy hablando con alguien».

«La situación es tal que he tenido que entrar de repente —expliqué—. He querido sorprenderle tartamudeando ante usted por dos razones: quiero dejarle bien claro que no le pasa nada. Que cualquier figura paterna, cualquier figura autoritaria causa su tartamudeo. Y usted es la autoridad más elevada en la universidad, así que también quería que usted lo supiese: por favor póngase a nivel, no haga que los estudiantes tengan que tartamudear; usted no es el gran padre de nadie. Por eso he tenido que entrar sin llamar y de repente. Y sorprenderles a ambos desprevenidos. Usted está siendo autoritario, y eso no está bien. Usted está imponiendo algo sobre este pobre estudiante, que además ya está suficientemente cargado por su padre.»

«Quizá tengas razón; le estaba gritando —dijo el subdirector—. Nunca volveré a hacerle eso a nadie; no quiero que mis estudiantes tartamudeen. Cuando empezó a tartamudear me sorprendió: "¿Qué le pasa? Quizá sea un defecto suyo".»

«No es un defecto suyo —dije yo—. Él ha vivido conmigo durante todo el año, y no ha tartamudeado ni una sola vez. Pero cuando vino su padre, inmediatamente cambiaron las cosas. Desde entonces le he estado observando: tartamudea en el templo cuando reza al padre Dios. Quería ver qué ocurriría entre usted y él. Y tartamudeó; debe ser que estaba siendo usted autoritario. No hay necesidad. Tiene usted que ser un poco más humano, más amistoso, más amable. Usted no es su padre.»

«Mi padre es el responsable» —me dijo el estudiante cuando salimos.

«No, tú eres un cobarde; cada padre trata de mejorar a su hijo, porque el hijo le sustituirá tarde o temprano —repliqué yo—. Pero esto no quiere decir que toda la humanidad tenga que tartamudear. Tú eres un débil, y evitas la responsabilidad. Acepta que has sido un cobarde; si no, ¿qué le hace a tu padre tan grande? De hecho, yo le he visto, y tú eres más alto que él. Si te pelearas con él le vencerías, porque él se está haciendo viejo y tú estás en tu apogeo, estás fuerte y sano.

»¡Y este hombre pequeño y anciano te hace tartamudear! Aun así, pones la responsabilidad en él. Eso es esclavitud, esclavitud mental. Pero a ti te alivia no ser responsable.»

¿Quién te obliga a ir a la iglesia, al templo o a la sinagoga? Sí, cuando eras un niño te llevaban, ¿pero, y ahora? Aún así tú continúas con las viejas costumbres. Y si se te pide una explicación, dirás: «Fue mi padre quien me obligaba a ir a la sinagoga. Fue mi madre judía la que me obligó a esto y aquello».

Tú no lo ves como una esclavitud, pero lo es. No has luchado contra ello. Sí, lo sé, los niños pequeños son dependientes de sus padres, y los padres abusan de esa dependencia. Ellos saben que no te puedes rebelar, que no puedes irte a ningún sitio. Ya en mi infancia deduje lo que les hace tan autoritarios: «Quizás crean que no me puedo revelar. Quizá piensen que no podré conseguir comida si no estoy con ellos, que estaré perdido en este vasto mundo sin su protección». Así que tuve que hacer todas esas cosas; sólo entonces entendieron que la autoridad no iba a funcionar conmigo. Desde el principio se lo dejé bien claro a mi padre: «Una cosa es cierta: si quieres que haga algo, por favor no me lo ordenes autoritariamente».

«¿Entonces cómo te lo tengo que decir?» —preguntó él.

«Me lo tienes que pedir: "¿Por favor podrías hacer esto?"» —contesté yo.

«Eso me parece excesivo. Tenerle que pedir a mi propio hijo "si por favor puede hacer esto"» —replicó él.

«Tendrás que hacerlo así —le aseguré—. Si me dices: "¡Haz esto!", seré la última persona en hacerlo. Preferiré morirme de hambre antes que hacerlo. Pero si me preguntas: "¿Por favor podrías hacerlo?", hasta escalaría el Everest; sin ningún problema. Lo haría si no se me fuerza a hacerlo. No quiero vivir mi vida como un esclavo.»

Un día mi padre no estaba en casa. Y mi tío me dijo: «Últimamente he estado observando que llegas a cualquier hora de la noche. Tienes que estar de vuelta antes de las nueve en punto». En la India las nueve es ya muy tarde; no es de día; el sol se pone a las seis y todo se queda muy oscuro.

«Tú no sabes que mi padre y yo tenemos un contrato. Y puedes estar seguro de que no volveré a casa hasta después de las nueve» —dije yo.

Él no tenía hijos, estaba recién casado y se puso muy gallito (de hecho la palabra india para tío es *kaka*); trataba de aparentar ser el hombre de la casa delante de su mujer. Dijo: «Te lo vuelvo a repetir. Si no vuelves antes de las nueve, no te abriré la puerta».

«De acuerdo —le dije—. Me quedaré fuera toda la noche, pero no voy a aceptar ninguna autoridad de ningún modo.» Y así ocurrió; él pensaba que en una o dos horas abandonaría la idea de quedarme fuera, al frío de la noche.

De hecho se empezó a preocupar. Mi padre no estaba en el pueblo, y si me ponía enfermo o me ocurría algo... La noche era realmente fría y se iba poniendo más y más fría. Y él tampoco podía dormir esperando que yo llamara a la puerta. Finalmente, alrededor de las doce, abrió la puerta y dijo: «Perdóname, y entra. No me causes problemas».

«Yo no le estoy causando problemas a nadie. Simplemente estoy manteniéndome al margen de los problemas» —contesté yo.

En el colegio y en la universidad, siempre disfruté de ser travieso. Los estudiantes que no eran un poco traviesos me parecían sosos, sin vida. Así que yo hacía cualquier cosa... Estando en clase simplemente podría empezar a hacer lo mismo que vosotros hacéis en *darshan* o *satsang*; podía comenzar a hacer «Om-m-m» con la boca cerrada. «Om» es una palabra religiosa, sagrada para los hindúes, así que nadie puede decir que está mal; pero en clase cuando el profesor está enseñando, y de espaldas, escribiendo en la pizarra...

Se daba la vuelta de repente mirando en todas las direcciones (todo el mundo estaba en silencio) y preguntaba:«¿Quién está haciendo ese sonido?».

Yo siempre me levantaba y decía: «He sido yo. Es un sonido sagrado».

«Ya lo se, pero aquí cuando estoy dando clase...» —replicaba él.

«¡No puede enseñar nada más elevado que el "Om"! —objetaba yo—. Y además, ¿por qué se enfada tanto? Hubiera podido continuar con su trabajo. El sonido podría haber quedado de fondo: no tendría porque ser un problema.»

Él me llevaba al director; era casi un ritual diario. El director decía: «Ya estás otra vez aquí. ¿No puedes dejar tranquilos a los profesores ni por un solo día?».

«Hoy estaba haciendo una cosa muy espiritual —explicaba yo—. Y hubiera podido permanecer en silencio cuando él preguntó quién lo había hecho. Sé perfectamente bien que nadie en mi clase me delataría, porque todos saben que les causaría problemas, son perfectamente conscientes de ello, así que él no hubiera podido descubrirlo. Me levanté por mí mismo. De hecho, él debería haber sido más respetuoso conmigo: "Yo lo hice y lo admití".»

Muchos profesores me preguntaban: «¿Por qué...? Tú eres un muchacho estupendo en todos los sentidos, no se podría encontrar un estudiante mejor. ¿Pero qué ocurre? De vez en cuando empiezas a hacer cosas que nadie se espera».

«No son inesperadas, al menos en lo que a mí respecta —respondía yo—. Son absolutamente premeditadas.»

«¿Pero por qué lo haces?» —solían preguntarme.

«Por la sencilla razón, de que yo no quiero llegar a ser un esclavo de ningún modo— contestaba yo—. Quiero mantener mi libertad intacta, a cualquier precio. Si quiero cantar "Om" lo hago sin importarme lo que me pueda ocurrir. ¡Lo canto, y con ello no hago daño a nadie, simplemente defiendo mi libertad y asumo la responsabilidad de haberlo hecho!»

En el colegio, hasta el director dejó de preguntarme para qué me traían, se había convertido en una cosa diaria; algunos días, me llevaban al director hasta dos veces. Al principio solía preguntar: «¿Qué ha hecho? ¿Qué ha ocurrido?»; esto y aquello. Después de un tiempo dejó de preguntar, me castigaba directamente.

«Date siete vueltas al edificio» —me decía.

«Está bien, me daré nueve vueltas; ni una menos» —le respondía.

«¿Estás loco? ¡Esto es un castigo, no un premio!» —replicaba él.

«Esta es mi forma de cambiar la calidad del castigo —explicaba yo—. Lo disfruto; el viento es fresco, los árboles hermosos. ¿Por qué siete? Así no aceptaré su orden. Me daré nueve vueltas; ¡de esta forma seré libre de su autoridad, lo hago por mí mismo, y lo disfruto! Y debería recordar que ser autoritario esta muy feo; tiene que entender por qué lo hice. Usted no se preocupa de entender. Sólo escucha al profesor, ni siquiera me da una oportunidad para explicarme.»

«Está bien ¿qué tienes que decir? —dijo él, ese día— Estabas poniendo la mano en el hombro de otro muchacho. En clase hay que mantener cierta disciplina, y tú lo sabes. La clase no es un lugar de recreo; como un parque o un cine. Allí puedes poner las manos sobre los hombros de quien quieras, pero en clase no.»

«Caminé en la clase con la mano sobre el hombro de otro estudiante sólo para sacar de quicio al profesor —respondí yo—; porque en clase dice continuamente que fumar es malo, y yo le he sorprendido fumando, con las manos en la masa. Así que él debería pedir perdón a toda la clase, porque ha estado mintiendo cuando decía: "No fumar", y él mismo fuma. Él dice a los estudiantes: "No vayáis al cine", y un día cuando yo entraba al cine a la segunda sesión, él salía de la primera.

»Cuando le pregunté: "¿Qué hace usted aquí?", él me dijo: "El profesor soy yo, no tú. No tienes ningún derecho a preguntarme qué hago aquí". ¿Es esta una manera educada de responder? Me niego a aceptar cualquier clase de respuesta autoritaria. Y aún así él continúa diciéndole a los estudiantes: "No vayáis al cine, no desperdiciéis vuestro tiempo. Se os estropearán los ojos"; esto y aquello. Y él es un visitante asiduo al cine.

»El cine pertenecía al padre de uno de mis amigos, así que le dije a mi amigo: "Manténme informado acerca de la frecuencia con que viene al cine". Él resultó ser un cliente muy asiduo, y fuera de clase, un fumador empedernido.

»He tenido que hacer algo para que me trajera ante usted, y así poder exponer su realidad. ¿Ahora qué me dice? ¿Doy yo las nueve vueltas al colegio, o las da él? Por lo que a mí respecta, podemos ir los dos, estoy totalmente de acuerdo.»

Desde ese día este director dejó de castigarme. Siempre preguntaba: «¿Por qué? ¿Cuál ha sido el motivo?». Y siempre se quedaba satisfecho con la explicación. De hecho, los profesores dejaron de mandarme al director, porque allí se les encontraba a ellos siempre culpables de algo. Y poco a poco, dejaron de prohibirme hacer cualquier cosa, porque si hacía algo, quería decir que tenía que haber algo más; ¿Qué podía hacer un profesor?

La escuela cambió de director, llego uno nuevo. Ya el primer día me llevaron ante él, el tomó su vara y me dijo: «Soy un hombre estricto y desde el primer día voy a hacer que todo el colegio se entere de que te voy a dar una buena tunda».

«Si usted quiere, puede hacerlo —repuse yo—; pero como ve desde aquí, al otro lado de la calle hay una comisaría. Los castigos físicos son ilegales; ¡usted pégueme y acabará tras las rejas! El juzgado no está muy lejos, y el mejor abogado del pueblo es un viejo amigo mío. Yo ya le he advertido que esto podría ocurrir, le he dicho: "He oído que este hombre pega a los estudiantes". Y él me contestó: "En cuanto lo haga, vienes inmediatamente y le ponemos una denuncia". Así que ya le he manifestado mi posición claramente. Ahora puede comenzar a pegarme.»

Se le cayó la vara de las manos. Y dijo: «¿Eres un estudiante o un agente del Gobierno?».

«Soy un simple estudiante —dije yo—, pero no quiero tener ninguna autoridad sobre mí. Si hago algo mal, estoy dispuesto a recibir el castigo que merezca. Pero castigarme solamente para mostrar su autoridad, eso no estoy dispuesto a aceptarlo.

»Además yo no he hecho nada malo, el profesor me ha traído ante usted... sólo por venganza, porque el otro director había dejado de castigarme. Es más, había comenzado a decir a los profesores: "No está bien que lo hagáis". Y hoy yo no había hecho nada. Justo cuando el profesor me llamó, estaba sentado con las piernas cruzadas sobre la mesa. Y no creo que esto sea un crimen; simplemente me relajaba. De hecho a los niños se les debería proveer con sillas cómodas, con reposapiés para que puedan descansarlos.»

Cuando te relajas puedes entender las cosas más fácilmente. Pero en las escuelas indias los bancos son duros; son solo una copia de los bancos británicos; en las escuelas británicas los bancos son duros. Tienes que sentarte en esos duros bancos durante seis horas y el cuerpo comienza a doler.

«Hay algo raro en ustedes. No nos enseñan, sino que nos torturan, y bajo tortura ninguna enseñanza es posible. Así que quiero saber qué es lo que he hecho mal. ¿Me ha hecho alguna pregunta que no he sabido contestar? No, tan sólo tenía los pies sobre la mesa. Eran mis pies. Si le hubiera cogido los suyos y se los hubiera puesto encima de la mesa, me podría castigar. Pero si usted cree que esto es un crimen, castígueme, ya nos veremos en el juzgado.»

Tienes que entender una cosa: ¿qué te puede ocurrir? Como máximo te puede ocurrir la muerte. Recuerda este sencillo proverbio: espera lo mejor y estáte preparado para lo peor. Entonces nadie en esta vida podrá desilusionarte. Nadie podrá esclavizarte, ni física ni psicológicamente.

Un hindú es un esclavo, un cristiano es un esclavo, un mahometano también lo es; todas estas religiones son esclavitudes psicológicas porque te dan el consuelo de que si las sigues, si crees, si tienes fe, no te ocurrirá nada. Te dan toda clase de estrategias para seguir siendo dependiente. Te enseñan a rezar; rezar es simplemente mendigar.

Yo no enseño oración alguna. ¿A quién ibas a rezar? Ni siquiera se lo has preguntado a la gente que te ha enseñado a rezar. Al arrodillarte en el suelo de la iglesia, te estás humillando a ti mismo. Yo no estoy a favor de ninguna afirmación egoísta, pero tampoco de que ninguna humillación sea aceptada como humildad. Quiero que seáis sencillos, sin ningún ego y sin ninguna falsa humildad; claro y directo.

Y la libertad es un valor enorme, quizá el más elevado de la vida. No puede perderse por nada. Aunque la muerte sea la consecuencia; preferiría aceptar la muerte que aceptar nada que vaya en contra de mi libertad.

La India estuvo bajo el imperio británico durante casi trescientos años.

Toda mi familia estuvo envuelta en la lucha por la libertad; todos estuvieron en la cárcel. Yo era muy joven, pero aún así continuamente discutía con mi padre y con mis tíos: «No echéis la culpa de vuestra esclavitud a los ingleses. Un país tan enorme, casi un continente, no debería ser esclavo de un país tan pequeño como Gran Bretaña. En el fondo tenéis miedo de ser libres, en el fondo estáis dispuestos a aceptar la esclavitud. Y aún así seguís poniendo la responsabilidad sobre Gran Bretaña. Pero ya antes érais esclavos». La India ha estado bajo esclavitud durante dos mil años. Los amos han ido cambiando pero la esclavitud ha permanecido.

«Es muy fácil darse cuenta de que si alguien quería esclavizaros, os volvíais esclavos, como si estuviérais esperando que os invadieran, que alguien llegase y os esclavizara.»

Yo le dije a mi familia: «No acepto la idea de Mahatma Gandhi, de que Inglaterra es responsable de la esclavitud de la India. La India misma es responsable de su propia esclavitud; de otro modo, sólo en una hora, se podría arrojar a todos los ingleses al océano. ¿Cuántos británicos puede haber? No muchos. La India tiene tan sólo que entender que la libertad es nuestro derecho innato».

¿Son los demás responsables de tu esclavitud mental? No. Tú no quieres ser responsable de tus propios actos, tú no quieres ser responsable de tu forma de vivir; por eso tienes miedo a ser libre. Abandona ese miedo. Ese miedo es peor que cualquier otra cosa que te pueda ocurrir.

Yo enseño responsabilidad. Pero recuerda, no me entiendas mal, porque a vuestro alrededor toda la gente usa la palabra «responsabilidad» con un significado absolutamente diferente; de hecho, el significado que yo entiendo de la palabra responsabilidad es diametralmente opuesto.

Dicen: «Sé responsable con tus padres». Eso no es responsabilidad, eso es esclavitud. Dicen: «Sé responsable con tu Iglesia, con tu religión, con tu fe». Eso no es responsabilidad, eso es esclavitud. Dicen: «Sé responsable con tu nación». Eso no es responsabilidad. Estas son hermosas palabras para cubrir un hecho horrible: la esclavitud.

Cuando yo uso la palabra «responsabilidad», lo hago de la forma que debería usarse. Responsabilidad significa que cualquier cosa que hagas, será tu respuesta. Si te pregunto: «¿Existe Dios?». Y me contestas: «Sí, porque está escrito en la Biblia», tu respuesta no es responsable. Procede de tu esclavitud cristiana.

Pero si dices: «No sé. Yo todavía no me he cruzado con él», esta respuesta será tuya. No estarás repitiendo ningún catecismo; hindú, mahometano, budista, cristiano o judío; no. Estarás afrontando la pregunta directamente y respondiendo. Responder por ti mismo es el significado de responsabilidad.

La libertad trae la responsabilidad. La responsabilidad te ayuda a hacerte cada vez más libre. Y solamente una persona que conoce el sabor de la libertad, que conoce la belleza de la responsabilidad, merece llamarse a sí mismo ser humano; de otra forma, seréis sólo camellos y nada más.

From the false to the truth. Discurso 21

Compromiso y responsabilidad

Llevar un negocio exige constancia, compromiso, responsabilidad, y otras cualidades innecesarias que son bastante contrarias a «estar en el momento», a la libertad y a la espontaneidad, las cuales anhela el corazón. Por favor di algo acerca de la forma en que estos dos espacios pueden convivir juntos en paz.

Si quieres cabalgar en dos caballos al mismo tiempo, te será muy difícil. Tendrás que entender una cosa: si tienes un anhelo de libertad, espontaneidad y estar en el momento, tendrás que dejar de tener una actitud de negociante. Puedes continuar con el negocio pero tendrás que transformar tu actitud, tu enfoque hacia él. No te puedes comprometer con ambos, no puedes sintetizarlos. Tienes que sacrificar uno en favor del otro.

Recuerdo a mi abuelo. Mi padre y mis tíos no querían al viejo en la tienda. Le solían decir: «Descansa o, vete a dar un paseo». Pero había clientes que preguntaban por él, y decían: «Ya volveremos cuando él esté aquí». El problema radicaba en que él no era un negociante.

Él simplemente diría: «Esto nos cuesta diez rupias y yo no voy a sacarle más de un beneficio del diez por ciento. Esto quiere decir que te costará once rupias, ¿te parece demasiado? ¿Entonces cómo vamos a vivir, cómo vamos a sobrevivir?». Y la gente inmediatamente cerraba el trato con él.

Pero a los ojos de mi padre y de mis tíos eso era una pérdida, porque ellos lo hubieran ofrecido por veinte rupias en principio; para luego regatear... y si el cliente se las arreglaba de alguna forma para bajar el precio a quince rupias se sentiría feliz por haberlo rebajado cinco rupias. Pero de hecho ellos ganarían cuatro rupias más. Así que, naturalmente, echaban a mi abuelo. «Vete, vete al río, tómate un buen baño. Vete al parque, descansa. Tú ya eres viejo, no necesitas trabajar.»

Pero él solía decir: «Hay clientes que me conocen y que os conocen. Saben que no soy un negociante. Y que vosotros sois gente de negocios. Y le he dicho a mis clientes que si no estoy, que me esperen, que pronto estaré de vuelta. Les he estado diciendo: "Recordad una cosa: caiga la sandía en el cuchillo o el cuchillo en la sandía, es siempre la sandía la que se parte en dos trozos, nunca el cuchillo. Así que cuidado con la gente de negocios"». Él tenía sus propios clientes, que ni siquiera decían a lo que venían; se sentaban y decían: «Esperaremos a que venga el viejo».

Los negocios también se pueden hacer con honestidad, con autenticidad, con lealtad; no requieren que seas necesariamente pícaro, explotador, tramposo. Así que no preguntes por ninguna síntesis entre «llevar un negocio, continuidad, compromiso y responsabilidad», y «estar en el momento, libertad y espontaneidad, las cuales anhela el corazón». Escucha al corazón, porque el corazón es en definitiva el que va decidir el calibre de tu ser, el mismísimo crecimiento de tu consciencia, y finalmente la transcendencia que os conducirá a ti y a tu consciencia más allá de la muerte. Cualquier otra cosa sería simplemente mundana. ¿En qué consiste tu constancia?; en que debido a que tu padre y tus antepasados hayan estado llevando un negocio, tú también tienes que hacerlo, de la misma manera que ellos lo han estado haciendo. ¿Estás acaso tú aquí para repetir el pasado?

¿No tienes el valor de introducir lo nuevo y dejar el pasado, y con él lo viejo y lo podrido, de traer una brisa fresca a tu vida y a la de aquellos que te rodean? ¿Para qué la constancia? Esa no es la cuestión... De hecho tienes que ser inconstante a cada momento, no solamente con el pasado de los demás (tus padres y antepasados) tienes que ser inconstante hasta con tu propio pasado a cada momento. El momento que se va, se va. No tienes ninguna obligación de continuarlo y cargar con el cadáver de un momento muerto.

El compromiso siempre procede de la inconsciencia. Por ejemplo, tú amas a una mujer y quieres que se case contigo, pero ella quiere que te comprometas. Y tú eres tan inconsciente...; comprometes muy fácilmente el futuro, que no está en tus manos. ¿Cómo puedes asegurar algo para mañana? El mañana no es de tu propiedad. Puede que estés aquí, y puede que no. ¿Y quién sabe qué pasará mañana? El amor que tan de repente te ha poseído puede desaparecer.

Pero casi todo hombre se compromete con su mujer: «Te amaré toda la vida». Y la mujer también se compromete: «No solamente te amaré en esta vida sino que rezaré a Dios para que vuelvas a ser mi marido en todas las vidas».

Pero nadie es consciente de que ni un solo momento del futuro está en sus manos. Todos los compromisos crearan problemas. Mañana, de repente, puede acabar tu vida de la misma manera que ha aparecido. Fue algo que ocurrió, no fue un acto tuyo, no lo hiciste tú. Mañana, cuando el amor haya desaparecido y encuentres tu corazón completamente marchito, ¿qué harás? La única salida que la sociedad te deja es volverte falso, ser hipócrita. Aunque ya no haya amor, sigue aparentándolo, sigue al menos diciendo: «Te amo». Tú sabes que tus palabras no llevan ningún significado y la mujer también se da cuenta, porque tus palabras no suenan sinceras. Y en lo que al amor se refiere, no se puede engañar a una mujer; ella tiene una tremenda sensibilidad. De hecho, cuando hay amor no hay necesidad de repetirlo. Tú lo sabes y ella lo sabe. La repetición surge solamente cuando el corazón ya no irradia amor, y lo tienes que sustituir con palabras.

Pero las palabras son muy pobres. Tus acciones estarán mostrando algo, tu rostro estará mostrando algo, tus ojos estarán mostrando algo, y tus palabras tratarán de probar justo lo opuesto. Pero el problema ha surgido porque no has sido lo suficientemente consciente para decirle a la mujer: «¿Cómo puedo yo comprometerme? Soy un frágil ser humano, no soy absolutamente consciente. La mayor parte de mi ser está en una profunda oscuridad, que yo ni siquiera conozco. No soy consciente de los deseos que tendré mañana, tampoco tu lo eres.

»Así que por favor no te comprometas a nada conmigo y yo no me comprometeré a nada contigo. Nos amaremos el uno al otro mientras el amor siga siendo auténtico y verdadero, pero en el momento en que sintamos que ha llegado el tiempo de aparentar, no aparentaremos; eso sería feo e inhumano. Simplemente aceptaremos que el amor que solía haber ya no existe y es tiempo de partir. Recordaremos todos los días y momentos hermosos que hemos pasado juntos. Permanecerán siempre frescos en nuestra memoria. Y no quiero destruirlos aparentando; tampoco quiero que tu te conviertas en una hipócrita.»

En lo que a mi gente se refiere, nunca forméis ningún compromiso. Poned bien claro que los compromisos crearán situaciones difíciles. Y pronto descubriréis que no podéis cumplirlos. Y la responsabilidad... Se os ha cargado con la idea de la responsabilidad, que sois responsables para con vuestros padres, que sois responsables para con vuestra esposa o esposo, que sois responsables de vuestros niños, responsables para con vuestros vecinos, de que eres responsable para con la sociedad, que eres responsable para con la nación. Parece ser que solamente estás aquí para ser responsable para con todo el mundo; excepto contigo mismo. Es una situación extraña.

Una mujer le estaba enseñando a su hijo: «Lo más importante de nuestra religión es servir a los demás».

«Comprendo, sólo hay una cosa que no puedo entender: ¿entonces qué harán los demás?» —dijo el joven.

«Servirán a otros, por supuesto» —dijo la madre.

«Esto es muy extraño —respondió el joven—. Si todo el mundo sirve a todo el mundo, ¿por qué no nos servimos a nosotros mismos? ¿Por qué toda esta complejidad, por qué convertirlo en una carga; por qué yo debería servir a los demás y esperar que los demás me sirvan a mí?»

En su inocencia el muchacho está diciendo la verdad que todas las religiones han olvidado. De hecho, el mismo significado de responsabilidad ha cambiado en manos de religiosos, políticos, o los que llaman bienhechores: los profesores y los padres. Ellos han cambiado el significado de la palabra responsabilidad. La han hecho equivalente a deber: es tu deber. Y os quiero dejar bien claro que deber es una palabra sucia.

Nunca deberías hacer nada por deber. Haz algo porque lo amas, o no lo hagas. Entiende claramente que tu vida tiene que ser una vida de amor; y responder desde este amor es a lo que yo llamo responsabilidad. Divide la palabra en dos partes: *respuesta-habilidad*,* no la unas. Juntar estas dos palabras ha creado una enorme confusión en el mundo. No es responsabilidad, es *respuesta-habilidad*. Y el amor tiene la habilidad de responder. No hay ninguna otra fuerza en el mundo que tenga mayor capacidad

---

* Response-ability; Osho divide de esta forma la palabra inglesa *responsibility* en dos con significado propio. (*N. de los T.*)

para responder. Si amas, serás capaz de responder; no es una carga. El deber es una carga.

De nuevo recuerdo a mi abuelo. Él era un aldeano sencillo, sin educación, pero tenía la misma cualidad de inocencia que posee un niño. A él le encantaba que alguien le masajeara los pies antes de irse a dormir, pero todo el mundo se escapaba. Cuando empezaba a hacerse la cama, todo el mundo se iba lo más lejos posible, para que no le escogiera; pero yo solía acercarme a él sobre esa hora.

«Qué extraño —comentó él—, siempre que empiezo a hacer la cama, todo el mundo desaparece. Hace sólo un momento todo el mundo estaba aquí, y una vez que me he ido a dormir, aunque puede que todavía esté despierto, con los ojos cerrados, todos vuelven.»

«Nadie quiere darte el masaje en los pies —respondí yo—. En lo que a mí concierne, no es mi deber. Ellos piensan que es su deber, que una vez que se lo pides, es su deber hacerte el masaje. Pero yo no lo considero mi deber. Si yo no quiero darte el masaje, te lo diré.» Y se lo puse bien claro: «Te masajearé sólo mientras me apetezca».

Yo creé con él un lenguaje simbólico, codificado. Cuando empezaba a sentir que era tiempo de parar, yo decía: «Coma».

«¿Qué?, ¡es muy pronto!» —solía decir él.

«Te he dado el primer aviso —le decía yo—; pronto vendrá el punto y coma y después el punto y aparte.» Y cuando decía punto y aparte, se acababa. Yo le masajeaba por amor no por deber.

Toda la gente que pensaba que era su deber, desaparecía. Y él lo entendió, y me dijo: «Me lo has hecho ver muy claro. Nunca había visto tan claramente que hay una enorme diferencia entre el deber y el amor».

Había una vez un santo hindú en África. Vino a la India en peregrinaje; a los Himalayas, particularmente a los sagrados templos hindúes de Badrinath y Kedarnath. Estos son lugares muy difíciles de alcanzar; y en aquellos tiempos mucho más. Mucha gente simplemente no volvía; se llegaba a través de pequeños senderos al borde de precipicios de 3.000 m. de profundidad, con nieves perpetuas. Tan sólo un pequeño resbalón y todo habría acabado. Ahora las cosas están mejor, pero en el tiempo del que estoy hablando era muy difícil. El sannyasin hindú iba cansado, aun llevando muy poco equipaje (porque llevar mucho equipaje a esas alturas se hace imposible); según el aire se va volviendo más fino, se hace más difícil respirar.

Delante de él, vio a una niña que no tendría más de diez años, cargando a un niño, muy gordito, sobre sus hombros. Ella iba sudando, respirando pesadamente, y cuando el sannyasin pasó a su lado le dijo: «Hija mía, debes de estar muy cansada. Llevas mucho peso sobre ti».

La niña se enfadó y le dijo: «*Tú* eres el que lleva peso. Esto no es un peso, esto es mi hermanito».

Yo estaba leyendo la autobiografía de este hombre y él recuerda el evento: le impresionó. Era verdad que había una diferencia. En la escala de peso desde luego no habría diferencia; si pones a tu hermanito o si pones una maleta no importa, la balanza mostrará su peso. Pero el corazón es otra cosa, el corazón no es una balanza. La niña tenía razón: «Tú eres el que lleva el peso, no yo. Este es mi hermanito y yo le amo».

El amor puede cancelar la gravedad, el amor puede anular cualquier peso. Cualquier respuesta que surja del amor será hermosa. Sin amor, la responsabilidad es fea y simplemente muestra que tienes mente de esclavo.

Así que en lo que a mí concierne, si de verdad anhelas libertad, espontaneidad, estar en el momento, no es cuestión de hacer una síntesis. Tendrás que cambiar tu actitud respecto al negocio: tu negocio tendrá que volverse tu meditación, tu sinceridad, tu verdad; tendrá que dejar de ser explotación. Tu constancia simplemente desaparece; tú traes algo nuevo a la existencia. El compromiso es absolutamente absurdo. Tú no te puedes comprometer a ti mismo porque el tiempo no está en tus manos; ni la vida está en tus manos, ni el amor está en tus manos. ¿Entonces sobre qué bases te vas a comprometer?

Tu condición es casi como la de aquellos dos hombres de los que a menudo os he hablado. Ambos eran adictos al opio. En una noche de luna llena los dos estaban tumbados bajo un árbol disfrutando de la luna, y uno de ellos dijo: «La luna es tan hermosa que me gustaría comprarla». El segundo le dijo: «¡Olvídate del asunto, yo no la pienso vender. Ni lo pienses!».

Ninguno de los dos poseía la luna, pero en su inconsciencia uno creía que la poseía y al otro le gustaría comprársela. Y el otro dice: «No te enfades. Si no quieres vendérmela estará bien. Pero estoy dispuesto a pagar cualquier precio por ella, pide lo que quieras. Y además no está bien, somos viejos amigos». Pero el segundo le dice: «¡Olvídate de ello. Amigos o no, no la venderé a ningún precio!». Y ambos hablaban muy en serio.

Esta es la situación con vuestros compromisos. Un hombre le dice a una mujer: «Te amaré para siempre», y justo al día siguiente se enamora de otra mujer. Él es una víctima de las ciegas fuerzas biológicas. No es que cuando él decía: «Te amaré para siempre», estuviera mintiendo; no es eso, él era absolutamente honesto. El hombre que estaba dispuesto a comprar la luna no mentía, estaba sinceramente interesado en comprarla. Y el que no quería venderla tampoco mentía. Estaba siendo absolutamente honesto al no querer venderla a ningún precio.

Cuando el hombre dijo: «Te amaré para siempre», estaba diciendo absolutamente la verdad; pero no era consciente de que el mañana no estaba bajo su control. Solamente puede hablar acerca de este momento: «Te amo ahora. En cuanto a mañana, ya veremos lo que ocurre. Ni yo estoy ligado ni tú estás ligada a mí. Si mañana de nuevo sentimos que estamos enamorados, será una gran sorpresa».

¿Por qué cerrar tu vida con compromisos? ¿Por qué no dejarla abierta a la sorpresa?, ¿por qué no dejarla abierta a las aventuras? ¿Por qué encerrarse en una tumba? Sufres, porque empiezas a pensar: «He prometido, me he comprometido. Ya no importa si quiero cumplir la promesa o el compromiso. Mi integridad está en juego. Puedo aparentar, pero no puedo aceptar que fui un imbécil por comprometerme».

No es cuestión de hacer una síntesis con la fidelidad y la infidelidad, con lo autentico y lo falso. Tendrás que dejar lo falso y escuchar a tu corazón y seguirle a cualquier precio; siempre será barato. Cualquier cosa que tengas que perder, piérdela; pero si escuchas al corazón, al final tú serás el vencedor, tuya será la victoria.

The new dawn. Discurso 27

El miedo a la libertad me está paralizando

Cuando te oigo hablar, siento surgir dentro de mí un gran anhelo de libertad. Siento mi potencial para la expansión, el éxtasis y el amor. Y a la vez, siento que todavía tengo miedo y me contengo. De alguna manera necesito, o creo que necesito, seguridad, estar a salvo. Este miedo, esta falta de valor para saltar, para bucear profundamente en la vida y dejarme llevar totalmente, me está paralizando.

Las alturas son siempre a la vez estimulantes y temibles. Te crean un anhelo por alcanzar las estrellas, pero la gravedad de la Tierra produce toda clase de miedos relacionados con la seguridad. Eso es absolutamente natural y humano; no es un problema que tenga que resolverse sino simplemente entenderse.

Cuando el miedo te rodee, recuerda que en la vida hay solamente una cosa segura, y esta es la muerte. De ahí, que aquellos que lo entiendan abandonen el miedo. Porque, ¿qué puede ser más inseguro que la vida? Estar vivo significa que la muerte puede llegar en cualquier momento. Solamente en la tumba, la seguridad es posible, nunca se ha oído que alguien haya muerto en la tumba. Allí todo está a salvo y seguro.

Una vez a Confucio uno de sus discípulos le hizo la misma pregunta; por supuesto, de una forma un poco diferente, con palabras diferentes: «Maestro, dinos algo acerca del miedo a la inseguridad».

Y Confucio le contestó: «No te preocupes por eso, la muerte hará que todo sea muy seguro. Mientras estés vivo, disfruta de la inseguridad».

La inseguridad es sinónimo de estar vivo. Cuanto más vivo, más inseguro estás. Cuanto menos vivo, menos inseguro estas. ¿Quieres la seguridad de la muerte? En ella es absoluta.

Una historia sufí: «Un gran rey tenía mucho miedo a morir. Había invadido muchas tierras, creado muchos enemigos, y esto le ocasionaba muchísimas pesadillas en las que le iban a asesinar, a matar; y no podía confiar en nadie. Estaba rodeado de espías enemigos tratando de recuperar sus reinos. Finalmente, no pudo soportarlo más. Ordenó que se construyera un hermoso edificio, con instrucciones especiales: no debería tener ninguna ventana, ninguna puerta excepto aquella por la que él pudiera entrar y salir. Sólo para estar seguro, de que nadie pudiera asesinarle... como protección.

Delante de esta única puerta, puso siete filas de guardias. Porque no podía confiar en una sola fila: ¿quién sabe?, puede que conspiraran y estaría totalmente perdido. Entonces ni siquiera podría obtener ayuda del exterior. Un guardia simplemente podría entrar y matarle.

Una segunda fila de guardias para mantener vigilada a la primera. Luego una tercera para vigilar a la segunda. Pero uno tiene que detenerse en alguna parte, sino ¿dónde acabará todo esto? A esto en lógica se le llama: «Regresión infinita».

Él pensó que siete filas serían suficientes. Sería imposible que todos los guardias estuvieran de acuerdo. Se las compuso para formar aquellas siete filas con guardias que eran antagonistas entre ellos. Por ejemplo una fila de guardias era de musulmanes, otra de cristianos, otra de hindúes, y así sucesivamente.

El rey vecino (amigo de este rey, y su vez un gran emperador) se enteró de que había construido ese edificio. Él también sufría la misma paranoia. Vino a visitarle y a ver su nuevo palacio. Y se quedó asombrado ante la forma en que había dispuesto la seguridad.

Y cuando se marchaba... el mismo rey salió a despedirle; eran viejos amigos. El rey vecino le dijo: «Nunca he visto tanta seguridad como la que tú has conseguido. Yo también me haré una casa como esta sin ventanas ni puertas, sin ninguna posibilidad de que alguien entre. Con el mismo sistema de guardias».

En ese momento un mendigo que estaba sentado en la calle, empezó a reírse. Ambos se sintieron molestos, y le preguntaron: «¿Qué pasa, estás loco o qué?».

El mendigo respondió: «No estoy loco. He estado observando cómo construían este palacio tan seguro. Y me preocupaba que quizás no fueras consciente de que para la muerte, basta con una puerta. Y ni siquiera todos estos guardias serán capaces de pararla. Siempre he querido verte para sugerirte que sería más seguro que entrarás dentro y les ordenaras a los guardias que cerraran la puerta. Hasta una sola puerta es peligrosa. Sería una grieta en tu sistema de seguridad».

Ambos reyes le escucharon con asombro. Lo que estaba diciendo tenía sentido. Pero el rey del palacio dijo: «Tu lógica no tiene ni un error y serás recompensado por ello. Pero tú no entiendes que si yo entro y también cierro esta puerta, ya no será un palacio, se convertirá en una tumba».

Y el hombre dijo: «Eso es exactamente lo que quiero decir. Solamente en la tumba podrás estar completamente seguro. Una vez yo también fui rey. También traté de encontrar seguridad. Y así es como la he encontrado: renuncié al mundo y me hice un mendigo. Ahora nadie quiere asesinarme. Nadie siquiera se interesa por mí.

»La gente camina por las calles a mi alrededor, y yo duermo sin ningún miedo en la oscura noche, porque ahora, ya no tengo ni amigos ni enemigos. He descubierto la seguridad bajo las estrellas en el cielo abierto. Y con la seguridad he descubierto que vivir es una tremenda emoción.

»De acuerdo a tu propia lógica, si cierras una puerta más, esto se convertirá en una tumba. Ya se ha convertido en una tumba en el noventa y nueve por ciento, sólo queda el uno por ciento. Cuantas más puertas y ventanas cierras por el miedo, más mueres. ¿Por qué no acabar de una vez con el miedo entonces?»

El rey nunca volvió a vivir en esa casa. Se dio cuenta que era absolutamente cierto que cuanto más seguro estuviera, más muerto tendría que estar. Y viceversa también es verdad; tú quieres vivir en las alturas, en los picos luminosos, no tienes nada que perder. Un día la muerte se lo llevará todo. Eso es absolutamente cierto, sin ninguna probabilidad. Y no hay forma de protegerse de ella. Esa misma comprensión dejará a un lado la paranoia. ¿Entonces por qué preocuparse?

Mientras estés vivo, vive tan total e intensamente como te sea posible. De hecho, la muerte debería ser un incentivo de la vida. Si no hubiera muerte, podrías posponer la vida. Es debido a la muerte, que no es posible posponer. Tienes que vivir este momento porque no puedes estar seguro acerca del próximo. Es absolutamente impredecible si volverás a respirar; no está en tus manos.

Lo que tú dices es: «Cuando te oigo hablar, siento surgir dentro de mí un profundo anhelo de libertad». ¿Entonces a qué esperas? ¿Estás sólo satisfecho con que surja ese profundo anhelo de libertad? ¿Sobre qué base lo pospones? ¿Estás seguro acerca del mañana?; ¿todavía no has oído que el mañana nunca llega? Deja que tu anhelo se convierta en tu realidad. El anhelo es siempre en el fondo un aplazamiento, significa: mañana... «despertaré, me elevaré a las alturas, pero mañana. En este momento estoy disfrutando de mi anhelo». Pero tales anhelos son impotentes. Y ante la evidencia de la inseguridad de si mañana estarás aquí o no, todos los anhelos, todos los deseos son peligrosos, arriesgados.

No anheles la libertad, sé libre.

¿Quién te lo impide sino tú mismo?

Es un fenómeno extraño que el hombre se haya mutilado a sí mismo. Él mismo se encadena, se convierte en una prisión para sí mismo. Y entonces comienza a anhelar la libertad, comienza a soñar con la libertad...

Tú dices: «Siento mi potencial para la expansión».

¿Durante cuánto tiempo lo has estado sintiendo, y durante cuánto más lo sentirás? No pierdas más tiempo innecesariamente en ejercicios·insignificantes de la mente. El crecimiento y la expansión de tu potencial tienen que ocurrir en el mismo momento en que sientes que esa dimensión se abre, en el momento en que estás claro. Entonces no hay nada que temer; no tienes nada que perder.

¿Qué tienes que perder? ¿Qué es tu vida? Es la cosa más preciosa que tienes, pero reducida a sus elementos, ¿qué es?: un corazón latiendo (esto lo podría hacer cualquier corazón de plástico), unos pulmones respirando (los pulmones mecánicos lo podrían hacer mucho mejor, más eficientemente).

Por un momento, deja que la mente se pare y deja que el tiempo se pare. Y simplemente observa el hecho: ¿qué es tú vida? Un corazón que late, la sangre que circula, la respiración entrando y saliendo. ¿Algo más? Si eso es todo, yo no veo por qué deberías tener miedo. Si la sangre no circula y el corazón no continúa, cliccloc, o si la respiración se para, ¿entonces qué? Estarás descansando, habrás ido al descanso eterno. ¿Pero qué has perdido? No vivías, sólo vegetabas.

Deja de vegetar. Es el tiempo del éxtasis, del amor, de la expansión de la consciencia. Ya has esperado suficiente, has desperdiciado muchas cosas. Nos desperdicies más. Pero tú dices: «De alguna manera necesito, o creo necesitar, seguridad». ¿Para qué? ¿Quieres seguir siendo un vegetal toda la vida; a salvo, seguro, congelado?

Hay algunos idiotas en América (diez de ellos son bien conocidos) que han dejado de respirar y sus corazones han dejado de latir. Pero eran suficientemente ricos y, por supuesto, tenían miedo a morir. Así que dispusieron que sus cuerpos se congelaran. Cuesta millones de dólares al año mantener un solo cuerpo y allí están ellos, esperando en esos frigoríficos el momento en que la ciencia descubra cómo revivir a los muertos. Los científicos piensan que en unos diez años como mucho, serán capaces de revivir cualquier cuerpo muerto; porque entonces se podrá reemplazar los órganos.

Los hospitales se volverán, más o menos, talleres donde simplemente irás a cambiar tu corazón, porque ya no funciona bien. Así que simplemente habrá que cambiar algunos tornillos, o habrá que cambiar el corazón por uno nuevo, por uno de plástico que será mejor, que durará eternamente.

Cuando tu energía vital se esté acabando, simplemente tendrás que ir a ese taller (quiero decir, ese hospital del futuro) y enchufarte para que te recarguen. O quizás, si así lo prefieres, podrás ponerte baterías; lo cual será un servicio inmediato. Sería un mundo realmente gracioso. Alguien te estará diciendo «te amo», y entonces comenzará a hacer «ghrrr, ghrrr»... porque la batería estará comenzando a fallar.

Irá corriendo al taller, cambiará la batería y continuará repitiendo la misma grabación: «Te amo»; es sólo una grabación. La gente tendrá que estar atenta a cuando alguien empiece con el «ghrrr, ghrrr» para llamar enseguida a la ambulancia, porque la batería del hombre, o el fusible, se estará gastando.

No esperes esos días. La vida será muy segura pero absolutamente vegetal. La propia inseguridad hace de la vida una emoción porque no puedes concebir posponer; el mismo peligro de que mañana puede que no estés aquí te hace vivir el hoy lo más intensamente posible, amar lo más totalmente posible.

Ya basta de pensar: «Este miedo, esta falta de valor para saltar, bucear profundamente en la vida y dejarme llevar totalmente, me está paralizando...». Entonces simplemente, salta; no tienes nada que perder y todo que ganar.

Al final del Manifiesto Comunista de Karl Marx hay una cita muy hermosa. Con un pequeño cambio, podría ser aplicable a ti. La cita es: «Proletarios del mundo, uníos; porque no tenéis nada que perder excepto vuestras cadenas». Sólo hay que hacer un pequeño cambio: pensadores del mundo, uníos, no tenéis nada que perder excepto vuestras cadenas, y toda la existencia que ganar.

Tú puedes continuar anhelando cosas grandes y hermosas. La gente se vuelve adicta a los sueños; los sueños son más adictivos que cualquier droga. De hecho, la gente se hace adicta a las drogas porque le da hermosos sueños. Los sueños son la raíz que causa la adicción, también son drogas. Ten valor, no eres un paralítico. Y sólo se necesita un momento para saltar.

En Raipur, donde yo solía dar clase en la universidad, conocí, vi con mis propios ojos, a una mujer que llevaba diez años tumbada, pues estaba paralítica. Todos los esfuerzos por curarla habían fracasado, los doctores habían declarado unánimemente que no había ninguna posibilidad de curación. Ella permanecería paralizada el resto de su vida. Era una mujer rica; vivía justo en frente de mi casa.

Un día su casa se incendió. Fui corriendo, toda la vecindad se reunió allí; y la gran sorpresa no fue ver que la casa se estaba quemando, sino ver a la mujer paralítica saliendo de la casa. No se había movido de su cama en diez años. Nadie se lo podía creer, era un milagro. Pero alguien la recordó: «¡Qué haces, tu estás paralítica!».

Y la mujer mirando alrededor dijo: «Es verdad», e inmediatamente cayó al suelo, paralizada. ¿Qué te parece esta parálisis? Sólo estaba en la mente, no en el cuerpo. Debido al fuego, cuando todo el mundo salió corriendo, ella se olvidó por un momento de su parálisis. Y en el momento que volvió a recordarlo, su estado de mente anterior regresó: «¡Dios mío, qué he hecho! Soy paralítica y estoy corriendo».

Todas vuestras parálisis están en vuestra mente; la cual no quiere vivir, la cual no es realmente capaz de vivir y crea toda clase de miedos.

Hay una vieja historia jaina que yo siempre he amado: un príncipe fue con su esposa a escuchar a Mahavira, el profeta jain.

Cuando volvieron a casa, como era tradición en aquellos tiempos en la India, particularmente en las casas ricas, el marido estaba tomando un baño y la mujer le echaba el agua, agua de rosas; comenzaron a hablar de lo que habían oído decir a Mahavira. La mujer dijo: «Mi hermano está pensando en hacerse sannyasin de Mahavira».

«¿Y cuánto tiempo lleva pensándoselo?» —preguntó el marido.

«¿Cuánto tiempo? Yo creo que debe de llevar cinco años» —dijo la mujer.

Entonces el marido se rió y dijo: «Seguirá pensándoselo toda su vida. Esa no es la manera de hacerse sannyasin».

La esposa se sintió herida; algo se había dicho en contra de su hermano.

«¿Tú crees que podrías hacerlo mejor? —repuso ella.

Él estaba sentado desnudo tomando su baño. No respondió, se levantó, abrió la puerta y salió.

«¿Dónde vas desnudo?» —le preguntó ella.

«Los sannyasins de Mahavira viven desnudos —contestó él—. Me voy a que mi maestro me inicie.»

«¿Estás de broma?» —preguntó ella.

«En absoluto —dijo el hombre—. Cuando uno quiere hacer algo, lo hace. No lo pensaré durante cinco años.»

«Perdona que te lo haya preguntado» —contestó ella.

«Ahora es demasiado tarde» —dijo él. Se fue, se hizo sannyasin y nunca miró atrás.

Aquellos que realmente quieren vivir, abandonan todos los miedos, todos los pensamientos, toda seguridad. Arriesgan todo, porque la vida es tan preciosa y tan fugaz, tan momentánea que no pueden seguir posponiéndose. Y pensar es una forma de posponer, sentir es una forma de posponer, desear es una forma de posponer.

Deja de posponer.

El pequeño Hymie estaba jugando con su balón dentro de la casa y rompió un valioso jarrón. «¡Dios mío —gritó su madre—, mira lo que has hecho. Ya estoy harta de que te vayas con otras mujeres!»

Sé espontáneo, haz algo. Si el anhelo surge en ti, abre tus alas, acepta la apuesta. La religión no es para negociantes, es sólo para jugadores; para aquellos que pueden apostar todo por algo desconocido. Se necesita valor y agallas.

The rebel. Discurso 33

IX

ACERCA DE LA CREATIVIDAD

La creatividad nunca puede ser indiferente. La creatividad es atenta porque es amor. La creatividad es la función del amor y el afecto, no puede ser indiferente. Si eres indiferente, poco a poco toda tu creatividad desaparecerá. La creatividad necesita pasión, vitalidad, energía. La creatividad necesita que fluyas, que vivas en un intenso y apasionado fluir.

Si miras a una flor con indiferencia, la flor no puede ser hermosa. A través de la indiferencia todo se vuelve ordinario. Entonces se vive fríamente, contraído en uno mismo. Esta fue la calamidad que ocurrió en Oriente, porque la religión tomó un camino equivocado y la gente empezó a pensar que había que volverse indiferente a la vida.

Una vez vino a verme un sannyasin hindú. Cuando él llegó, yo estaba trabajando en el jardín, donde crecían muchas flores. Después de echarle una mirada me preguntó: «¿Te interesas por las flores y la jardinería?». En su rostro se podía ver una mirada de condena. Y continuó: «Pues yo creía que no deberían importarte estas cosas».

Me importan, no me son indiferentes. La indiferencia es negativa, es suicida, es escapista. Desde luego, si te vuelves indiferente; vivirás rodeado de tu indiferencia; muchas cosas no te molestarán, no te distraerán; pero no se trata de eso. Nunca estarás rebosante de felicidad.

En Oriente, mucha gente cree que ser indiferente es ser religioso. Se alejan de la vida, se escapan de ella. No crean nada; simplemente vegetan y creen que así han conseguido algo. Así no se consigue nada.

Lograr algo es siempre positivo y siempre creativo. Dios es creatividad; ¿cómo puedes llegar a Dios si eres indiferente? Dios no lo es; él cuida hasta de las pequeñas hojas de hierba, hasta ellas

le importan. Pone tanto cuidado en pintar una mariposa como en
crear un Buda.
El todo es amoroso. Si quieres volverte uno con el todo,
tendrás que amar. La indiferencia es un suicidio lento. Vive en tan
profundo amor, que desaparezcas completamente en él, que te
conviertas en pura energía creativa. Solamente entonces partici-
pas de Dios, amando mano a mano con él.
Para mí la creatividad es la única plegaria, la creatividad es
meditación, la creatividad es vida.

The search. Discurso 2

¿Cómo descubrir mi creatividad?

*Siempre he creído que no soy creativo. ¿Qué otra cosa puede ser
creativa además de bailar o pintar? ¿Cómo descubrir mi propia
creatividad?*

La creatividad no tiene nada que ver con alguna actividad en
particular; ni con pintar ni con escribir ni con bailar ni con cantar.
No tiene nada que ver con algo en particular.
Cualquier cosa puede ser creativa; eres tú quien le pone la cualidad a la actividad. La actividad en sí misma no tiene que ser
necesariamente creativa. Se puede pintar, se puede cantar de una
manera que no sea creativa. Y se puede limpiar el suelo de una
forma que sí lo sea. Se puede cocinar creativamente.
La creatividad es la cualidad que tú pones en la actividad que
estás haciendo. Es una actitud, una aproximación interior: es tu
forma de mirar las cosas.
Así que lo primero que tienes que tener en cuenta es no reducir la creatividad a algo en particular. El hombre es creativo; y si
lo es, haga lo que haga, aún cuando camina, en su forma de caminar se puede ver la creatividad. Hasta sentarse en silencio y sin
hacer nada será un acto creativo. Buda sentado bajo el árbol sin
hacer nada es el mayor creador que el mundo ha conocido.
Una vez que entiendes que la creatividad está en ti, el problema desaparece.

No todo el mundo puede ser pintor, y tampoco hay necesidad. Sería espantoso, si todo el mundo lo fuera; sería difícil vivir. No todo el mundo puede ser bailarín, y además no hay necesidad. Pero sí, todo el mundo puede ser creativo.

Lo que sea que hagas, si lo haces gozosamente, si lo haces con amor, si el hecho de hacerlo no es puramente económico, será creativo. Si al hacerlo algo en ti crece, si te hace crecer, es espiritual, es creativo, es divino.

Te vas volviendo más divino a medida que te vas haciendo más creativo. Todas las religiones del mundo han dicho: Dios es el creador. Yo no sé si será el creador o no, pero una cosa sí sé: que cuanto más creativo te vuelvas, más divino serás. Cuando tu creatividad llega a su clímax, cuando toda tu vida se vuelve creativa, vives en Dios. Así que debe de ser verdad que es el creador, porque todo aquel que ha sido creativo se ha acercado a él.

Ama lo que haces. Sé meditativo mientras lo hagas; ¡cualquier cosa que hagas! No importa lo que sea.

¿Habéis visto a Paras limpiar el suelo del auditorio Chuang Tzu? Entonces os habréis dado cuenta de que limpiar simplemente, puede ser algo creativo. ¡Con qué amor! Lo hace casi cantando y bailando por dentro. Si barres el suelo con tal amor, estarás pintando un cuadro invisible. Vives ese momento con tal delicia que te da un crecimiento interior. Después de un acto creativo ya no eres el mismo.

Creatividad significa amar lo que hagas; ¡gozarlo, celebrarlo como un regalo de Dios! Quizá nadie llegue a darse cuenta. ¿Quién elogiaría a Paras por limpiar el suelo? Es algo que la historia no recordará; su nombre y foto no saldrá en los periódicos; ¿pero a quién le importa? Ella lo ha disfrutado. El gozo está en el propio acto.

Así que, si lo que buscas es fama y piensas que así serás creativo, que si te haces famoso como Picasso serás creativo, te equivocas. De hecho entonces, no lo serás en absoluto: serás un político, ambicioso. Si la fama viene, bien; si no viene, también. Ese no es el criterio. Lo que hay que considerar es si gozas lo que estás haciendo. Si es un acto de amor.

Si lo que haces es para ti un idilio, entonces se vuelve creativo. Las pequeñas cosas se hacen enormes al contacto con amor y el gozo.

Dices: «Siempre he creído que no soy creativo». Si así lo crees, así será; porque las creencias no son sólo creencias. Abren y cierran puertas. Si tienes una creencia errónea te rondará y será como una puerta cerrada. Si crees que no eres creativo, no lo serás; porque la creencia te obstruirá, te negará continuamente toda posibilidad de fluir. No le permitirá a tu energía fluir porque continuamente te dirás: «No soy creativo».

Esto es lo que se le enseña a todo el mundo. Muy poca gente es aceptada como creativa: unos pocos pintores, algunos poetas; uno entre un millón. ¡Esto es estúpido! Cada ser humano nace siendo creativo. Observa a los niños: todos son creativos. Poco a poco destruimos su creatividad. Poco a poco les imponemos creencias erróneas. Poco a poco los distraemos. Poco a poco los volvemos más y más económicos, políticos, ambiciosos.

Cuando aparece la ambición, la creatividad desaparece; porque un hombre ambicioso no puede ser creativo, un hombre ambicioso no puede amar ninguna actividad en sí misma. Mientras pinta está mirando más allá; pensando: «¿Cuándo conseguiré el premio Nobel?». Cuando escribe una novela, busca reconocimiento, siempre está en el futuro; y una persona creativa está siempre en el presente.

Destruimos la creatividad. Nadie nace sin capacidad creativa, pero hacemos que el noventa y nueve por ciento de la gente la pierda.

Simplemente poner la responsabilidad en la sociedad no va a servir de nada; tienes que tomar tu vida en tus manos. Tienes que abandonar esos erróneos condicionamientos. Tienes que abandonar esas falsas e hipnóticas autosugestiones que te han inculcado en la infancia. ¡Déjalas! Purifícate de todo condicionamiento... y enseguida verás que sí eres creativo.

Existir y ser creativo son sinónimos. Es imposible existir, y no ser creativo. Pero este imposible ha ocurrido, debido a que se han bloqueado y destruido todas vuestras fuentes de creatividad y a que toda vuestra energía ha sido encauzada en alguna actividad que la sociedad piensa que debe ser remunerada.

Nuestra actitud en la vida está siempre orientada monetariamente. Y el dinero es una de las cosas menos creativas en las que uno se pueda interesar. Nuestra actitud está totalmente orientada hacia el poder, y el poder es destructivo, no es en absoluto creativo. Un hombre que persigue el dinero se volverá destructivo, porque para tenerlo tendrá que explotar, robar, quitárselo a mucha gente, sólo así podrá tenerlo. Ser poderoso simplemente significa que te tienes que imponer a mucha gente, que tienes que destruirlos; sólo entonces serás poderoso, sólo así.

Recuerda, esos son actos destructivos. Un acto creativo realza la belleza del mundo; le da algo al mundo, nunca le quita nada. Cuando una persona creativa viene al mundo, realza su belleza; pone una canción aquí, un cuadro allá. Hace que el mundo baile mejor, disfrute mejor, ame mejor, medite mejor. Cuando se va, deja tras de sí un mundo mejor. Puede que nadie le conozca o puede que sí; esa no es la cuestión. Pero él deja un mundo en mejor estado, tremendamente satisfecho porque su vida ha tenido algún valor en sí misma.

El dinero, el poder y el prestigio no son creativos; y no sólo eso, además son actividades destructivas. ¡Cuidado con ellos! Si tienes cuidado con ellos puedes volverte creativo muy fácilmente. No digo que tu creatividad te vaya a dar poder, prestigio o dinero. No, no te prometo ningún jardín de rosas. Por el contrario puede causarte problemas. Puede que tengas que vivir la vida de un hombre pobre. Lo único que te puedo asegurar es que en lo más profundo de ti serás el hombre más rico que se pueda ser (en tu interior te sentirás satisfecho); entonces en lo profundo de tu ser rebosarás gozo y celebración. Y continuamente recibirás más y más bendiciones de Dios. Tu vida estará llena de bendiciones.

Pero es posible que no seas famoso, puede que ni tengas dinero, puede que no triunfes en el llamado mundo. Pero triunfar en ese mundo es fracasar rotundamente, es fracasar en el mundo interior. ¿Qué vas a hacer con el mundo entero a tus pies si has perdido tu propio ser? ¿Qué vas a hacer si posees el mundo entero y no te posees a ti mismo? Una persona creativa posee su propio ser, es un maestro.

Por eso, en Oriente a los sannyasins se les ha llamado swamis. Swami significa maestro. A los mendigos también se les ha llamado swamis; maestros. Hemos tenido emperadores, pero al final, en la conclusión de sus vidas probaron que sólo eran mendigos. El hombre que persigue el dinero, el poder y el prestigio, es un mendigo, porque solamente pide. No tiene nada que ofrecer al mundo.

Da. Comparte lo que puedas y recuerda: no estoy haciendo distinciones entre cosas pequeñas y grandes. Si puedes sonreír con todo tu corazón, cogerle a alguien de la mano y sonreír, será un acto creativo, un gran acto. Tan sólo con abrazar a alguien con todo tu corazón eres creativo. Tan sólo con mirarle con ojos amorosos... sólo una mirada amorosa puede cambiar el mundo de una persona.

Sé creativo. No te preocupes por lo que haces; uno tiene que hacer muchas cosas, pero todo creativamente, con devoción. Entonces tu trabajo se volverá un acto de reverencia. Entonces cualquier cosa que hagas será una oración, una ofrenda en el altar.

Abandona la creencia de que no eres creativo. Yo sé cómo se ha creado esa creencia: puede que tú no hayas conseguido ninguna medalla de oro en la universidad, puede que no hayas sido el primero de tu clase, que tus dibujos no hayan sido apreciados, que cuando toques la flauta los vecinos llamen a la policía. Quizá; pero sólo por esas cosas, no caigas en la creencia errónea de que no eres creativo. Puede que sea porque imitas a otros.

La gente tiene una idea muy limitada de lo que significa ser creativo: tocar la guitarra o la flauta o escribir poesía, y así va la gente escribiendo porquerías en nombre de la poesía. Tienes que descubrir lo que puedes y lo que no puedes hacer. ¡No todo el mundo puede hacerlo todo! Tú tienes que buscar y descubrir tu destino. Tienes que ir a tientas en la oscuridad, lo sé. Tu destino no es una cosa definida; pero así es como es la vida. Y es bueno que uno tenga que buscarlo; en esa misma búsqueda, algo crece.

Si Dios te diera un mapa de tu vida al entrar al mundo (esta será tu vida: serás guitarrista) entonces tu vida sería mecánica. Serías solamente una máquina, no un hombre. El hombre es impredecible. El hombre es siempre una apertura...; la potencialidad de mil y una cosas. A cada paso se abren muchas puertas y se presentan infinidad de alternativas; y tú tienes que elegir, tienes que sentir. Pero si amas tu vida serás capaz de hacerlo.

Si no amas tu vida y amas en cambio otras cosas, habrá un problema. No puedes adorar el dinero y ser creativo. La misma ambición destruirá tu creatividad. Si lo que quieres es fama, entonces olvídate de la creatividad. La fama llega más fácil si eres destructivo. La fama le llega antes a un Adolf Hitler, a un Henry Ford. Conseguir la fama te será más fácil si eres competitivo, violentamente competitivo. Si puedes matar y destruir a la gente, podrás conseguirla más fácilmente.

Toda la historia no es otra cosa que la historia de los asesinos. Si te conviertes en un asesino, la fama te llega fácilmente. Puedes llegar a ser primer ministro o presidente; pero todo eso sólo son máscaras. Detrás de ellas encontrarás gente muy violenta (escondiéndose y sonriendo), gente terriblemente violenta. Esas sonrisas son políticas, diplomáticas. Si la máscara se les cayera, siempre verías ocultándose detrás un Genghis Khan, un Tamerlane, un Nadir Shah, un Napoleón, un Alejandro, un Hitler.

Si lo que buscas es fama, no hables de creatividad. No quiero decir que la fama nunca le llegue a una persona creativa, pero ocurre muy raramente, es muy raro. Es más como un accidente y además puede tardar mucho. Casi siempre cuando la fama alcanza a una persona creativa, ya se ha ido; es siempre póstuma: muy retrasada.

Jesús no fue muy famoso en su época. Si no existieran los Evangelios, no se hubiera sabido nada de él. El reconocimiento procede de sus cuatro discípulos ya que jamás le mencionó nadie más, ni siquiera si existió o no; no fue famoso. No tuvo éxito. ¿Puedes imaginar un fracaso mayor que el de Jesús? Pero, poco a poco, se fue volviendo más y más significativo, poco a poco, la gente le fue reconociendo. Lleva su tiempo.

Cuanto más grande es una persona, más tiempo le lleva a la gente reconocerla; porque cuando nace una gran persona, no hay criterio con que juzgarla, no hay mapas para encontrarla. Tiene que crear sus propios valores; y cuando se han creado, él ya se ha ido. Requiere miles de años reconocer a un gran individuo, y además no siempre ocurre. Ha habido grandes hombres que nunca han sido reconocidos. El éxito es algo accidental para una persona creativa. Es más seguro en cambio para una persona que no sea creativa, que sea destructiva.

Así que, si estás buscando alguna otra cosa en el nombre de la creatividad, instantáneamente abandona la idea de ser creativo. Al menos conscientemente, deliberadamente, haz lo que quieras hacer. Nunca te escondas tras las máscaras. Si de verdad quieres ser creativo, olvídate del dinero, el triunfo, el prestigio y la respetabilidad. Simplemente goza de tu actividad; cada acto tiene su valor intrínseco. Bailas porque te gusta bailar, porque lo gozas. Si alguien lo aprecia, bien, siéntete agradecido. Si nadie lo aprecia, no tienes por qué preocuparte. Has bailado, has disfrutado; estás satisfecho.

Pero esta creencia de que uno no es creativo puede ser peligrosa; ¡abandónala! Todo el mundo es creativo; hasta los árboles y las rocas. Los que han conocido y amado a los árboles, saben que cada árbol crea su propio espacio, que cada roca crea su propio espacio, que no es como ningún otro. Si a través de la empatía te vuelves sensible, si llegas a ser capaz de entender, te beneficiarás tremendamente. Verás que a su manera cada árbol es creativo, ningún otro árbol es como él; cada árbol es único; cada árbol, cada roca, tiene su individualidad. Los árboles no son simplemente árboles; son personas. Las rocas no son simplemente rocas; son personas. Ve y siéntate al lado de una roca; obsérvala amorosamente, tócala, siéntela con amor.

Se dice acerca de un maestro zen que era capaz de levantar grandes piedras, de mover rocas enormes; sin embargo él era un hombre frágil. ¡Viendo su constitución, parecía casi imposible! Hombres mucho más fuertes, eran incapaces de mover aquellas rocas, y él las levantaba fácilmente.

Se le preguntó cuál era su truco. Y él dijo: «No hay truco; yo amo a la roca y ella me ayuda. Primero la digo: "Ahora mi prestigio está en tus manos, y toda esta gente ha venido a verlo. Así que ayúdame, coopera". Entonces simplemente abrazo la piedra con cariño... y espero el momento. Cuando ella me da la señal; siento un escalofrío, toda mi espina dorsal comienza a vibrar, sólo levanto la roca cuando ella me da la señal de que está lista. Vosotros en cambio os movéis en contra de la roca; por eso necesitáis tanta energía. Yo me muevo con la roca, fluyo con ella. De hecho decir que la levanto no sería correcto; yo simplemente estoy ahí. La roca se mueve por sí misma».

Otro gran maestro zen era carpintero, y todo lo que hacía: mesas, sillas, lo que fuera, todo tenía una inefable cualidad, un tremendo magnetismo. Le preguntaron: «¿Cómo lo haces?». Y contestó: «Yo no lo hago. Sólo voy al bosque: lo básico es preguntarle al bosque, a los árboles, cuál de ellos está dispuesto a convertirse en una silla».

Ahora estas cosas nos parecen absurdas, porque no sabemos, no conocemos ese lenguaje. Durante tres días se quedaba en el bosque. Se sentaba bajo un árbol, bajo otro y luego otro, y hablaba con ellos; ¡era un loco! Pero a un árbol hay que juzgarlo por sus frutos, y a este maestro también hay que juzgarle por sus creaciones. Todavía sobreviven algunas de sus sillas en China, y siguen teniendo magnetismo, te atraen; no sabes por qué te atraen, pero te atraen. ¡Después de mil años todavía perdura su belleza!

Dijo: «Voy y les digo que estoy buscando un árbol que quiera convertirse en una silla. Les pregunto si están dispuestos; no solamente si están dispuestos, además les pregunto si quieren cooperar, si están de acuerdo en venirse conmigo; sólo si es así. Algunas veces se da el caso de que ninguno está dispuesto a convertirse en una silla; entonces me vuelvo con las manos vacías».

Una vez el emperador de China le pidió que le hiciera una estantería para sus libros, fue al bosque y después de tres días dijo: «Tendrá que esperar, porque ningún árbol está listo para ir a palacio».

Al cabo de los tres meses el emperador volvió a preguntar. El carpintero dijo: «He estado yendo al bosque continuamente. Trato de persuadirles. Tenga paciencia; un árbol parece estar inclinándose un poco».

Por fin persuadió a uno, y dijo: «¡Este es el arte!; cuando el árbol viene por sí mismo, simplemente pide la ayuda del carpintero».

... Si eres amoroso te darás cuenta de que toda la existencia tiene individualidad. No arranques ni fuerces las cosas. Observa, comunícate, acepta su ayuda, y ahorrarás mucha energía.

Hasta los árboles son creativos, hasta las rocas. Y tú eres un hombre: la culminación de esta existencia. Estás en su cima; eres consciente. Nunca pienses con creencias erróneas, nunca te aferres a la creencia de que no eres creativo. Quizá tu padre o tus compañeros te hayan dicho que no eres creativo. Quizá has estado buscando en los sitios inadecuados, en lugares en donde no lo eres, pero tiene que haber un lugar, una dirección en que seas creativo. Busca, permanece abierto y continúa buscando; hasta que encuentres la creatividad.

Cada hombre viene a este mundo con un destino específico; tiene algo que realizar, algún mensaje que recibir, algún trabajo que completar. No estás aquí accidentalmente; estás aquí por algún motivo. Hay un propósito detrás de todo esto. El todo intenta hacer algo a través de ti.

A sudden clash of thunder. Discurso 4

¿Es posible pintar un cuadro que te satisfaga plenamente?

¿Es posible alguna vez pintar un cuadro que te satisfaga plenamente?

Mientras lo pintas, cada momento puede ser una satisfacción plena. Pero una vez que lo hayas completado nunca será del todo satisfactorio, porque si lo fuera el pintor tendría que suicidarse. Ya no tendría necesidad de vivir.

Por eso digo que la vida es un anhelo, un puro anhelo; el anhelo por alcanzar cimas cada vez más elevadas, el anhelo por profundizar cada vez más hondo en la existencia. Pero cada momento puede ser profundamente satisfactorio; hay que recordar esa diferencia. Cuando pintas, cada pincelada, cada toque de color en el lienzo, cada momento, es totalmente satisfactorio. No hay necesidad de nada más. Si eres un creador, estarás plenamente absorto, poseído.

Si eres sólo un técnico, no será así. El técnico no se disuelve en el cuadro mientras pinta, permanece separado de la pintura. Sólo usa sus conocimientos; simplemente conoce la técnica de la pintura, eso es todo. No hay nada en su corazón que pintar; ninguna visión, ninguna poesía, ninguna canción. No tiene nada que crear, sólo conoce la técnica. Es un técnico, no un artista. Puede pintar; pero pintar no es para él una meditación, una relación amorosa. Él lo hace, es un hacedor, separado. Pero el creador no está separado mientras crea, es uno con su obra; se abandona, se disuelve profundamente, se olvida de sí mismo. Por eso, cuando los pintores pintan se olvidan de comer, de beber y hasta de dormir. Se olvidan tanto del cuerpo que pueden estar pintando durante dieciocho horas seguidas sin ni siquiera notar el cansancio. Cada momento es absolutamente satisfactorio.

Pero una vez que el cuadro está completo, una gran tristeza desciende sobre el verdadero pintor. Tienes que apreciar estas diferencias. Cuando el cuadro está completo, el técnico se siente muy bien: un buen trabajo hecho, acabado. Se siente cansado; ha sido un proceso agotador, sin alegría en el camino. Sólo esperando el resultado, orientado hacia el resultado. Quería acabarlo como fuera, y ya lo ha hecho. Le produce un gran alivio. Solamente es feliz al acabarlo, no mientras lo pinta.

Justo lo contrario le ocurre al creador. Él es feliz mientras pinta; una vez que ha completado el cuadro, le embarga una gran tristeza. «¿Se ha acabado ya?» «¿Esta cima, este clímax, esta experiencia orgásmica ha concluido ya?» «Esta emoción, esta aventura, este viajar en lo desconocido, ¿se ha ido ya?» Es como la tristeza que los amantes sienten después de un profundo orgasmo: una tristeza sutil, hermosa en sí misma, de un valor infinito; mucho más valiosa que la felicidad del técnico, porque de esta tristeza surgirá otra pintura, de esta tristeza surgirá el anhelo de elevarse aún más alto, la aspiración de llegar más allá, otra búsqueda, otro peregrinaje, otro embarazo. El pintor pronto se quedará preñado de nuevo, se sentirá pleno, tan pleno que otra vez tendrá que compartir.

Se dice que cuando Gibbon, el gran historiador, concluyó su gran obra sobre la historia del mundo... Treinta tres años le llevó concluirla, y fue tan feliz durante aquellos treinta y tres años que se dice que no envejecía. Permanecía exactamente igual, como si el tiempo no pasara, como si se hubiera parado.

Pero el día que la acabó, lloró. Su mujer no podía dar crédito a sus ojos. Le dijo: «¿Estás llorando? ¡Pero si tendrías que estar feliz, bailando de alegría! Has completado tu trabajo».

Gibbon dijo: «El trabajo está completo. ¿Ahora qué me queda? Mi vida se ha completado». Y en cinco años envejeció tanto... y al séptimo murió.

Se dice que Vincent Van Gogh, el gran pintor holandés, se suicidó cuando sintió que había pintado el cuadro perfecto. Es posible. Si el pintor siente que lo perfecto ha ocurrido, entonces ya no le queda nada por vivir. El creador vive para crear. El cantante vive para cantar, el bailarín para bailar, el amante para amar y el árbol para florecer; si florece y brotan las flores perfectas, ¿entonces para qué prolongar una existencia inútil y sin sentido? Tu pregunta es muy significativa. Preguntas: «¿Es posible pintar un cuadro que te satisfaga plenamente?».

Sí y no. Sí, te satisface plenamente mientras lo pintas. Y no, una vez que lo has acabado. Sentirás una enorme tristeza. Pero esta tristeza también es creativa, porque sólo desde la tristeza empezarás a moverte de nuevo hacia los picos soleados.

Y en esta vida realmente nada es o puede ser jamás perfecto. Te sorprenderá saber que yo creo en un Dios imperfecto. Te chocará. Porque todas las religiones están de acuerdo al menos en una cosa, que Dios es perfecto. Yo no, porque si Dios fuera perfecto entonces Friederich Nietzsche tendría razón al decir que Dios está muerto. Dios es perfectamente imperfecto; eso sí que lo puedo afirmar. De ahí que haya crecimiento, evolución; de ahí que haya movimiento. Siempre, siempre acercándose a la perfección, pero sin llegar nunca a ella y nunca llegará.

Jamás nada es perfecto. De hecho la imperfección tiene belleza en sí misma, porque la imperfección tiene vida. Siempre que algo es perfecto; sólo piensa en ello, fíjate bien; siempre que algo es realmente perfecto, su vida desaparece.

La vida puede existir solamente si todavía hay algo imperfecto que tiene que perfeccionarse. La vida es el esfuerzo por perfeccionar lo imperfecto. La vida es la ambición de hacer de lo feo algo hermoso. Un poco de imperfección es una necesidad para que la vida exista, para que la vida continúe creciendo y fluyendo.

Jamás nada es perfecto. Y si en algún momento algo se vuelve perfecto, en Oriente tenemos la visión adecuada de esto: decimos que siempre que una persona se vuelve perfecta, esta es su última vida. La explicación de las escrituras es diferente a la mía. Yo digo: cuando Buda sea perfecto no regresará porque la perfección significa que la vida ya no es posible; desaparecerá en el cosmos.

Rabrindanath, un gran poeta y místico indio, rezó su última oración a Dios: «Regresaré a la vida. Recuerda, yo no soy perfecto. Mándame de vuelta. Tu mundo ha sido muy hermoso, me has dado una vida preciosa. No quiero desaparecer todavía: todavía me quedan muchas canciones por cantar, muchos cuadros por pintar, aún queda mucho en mi corazón que necesita florecer. ¡Mándame de vuelta, no soy perfecto! Devuélveme a la vida».

Esta fue su última plegaria; murió rezando eso. Es una de las oraciones más hermosas y una de las formas más bellas de morir. ¿Cómo puede uno demostrar mayor agradecimiento a Dios que así?: «Tu mundo era hermoso, amo tu mundo; yo no lo merecía pero no obstante tú me has creado. No merezco que me mandes de vuelta, pero aún así, tu compasión es infinita. Devuélveme al menos una vez más».

La vida sigue creciendo. Jamás nada es perfecto; siempre que algo se perfecciona desaparece, se aniquila. La palabra budista para esto es Nirvana. Nirvana significa aniquilación, Nirvana significa cesación. Nirvana significa literalmente «apagar la vela». Como cuando soplas una vela y de repente la luz se va, se va para siempre, desaparece en la nada; eso es Nirvana. Todos los Budas dicen que todo aquel que se hace perfecto va al Nirvana, se aniquila.

No aspires a una pintura perfecta, si es así el pintor morirá. Y tú todavía tienes muchas canciones que cantar.

Y el cuadro no puede ser perfecto, ni la canción, ni la danza, por unas cuantas razones más. Una, es que cuando lo visualizas en lo profundo de tu corazón, es una cosa totalmente diferente. Cuando empiezas a pintarlo, lo estás trasladando desde lo sutil a lo material. En esta misma transformación, en esta misma traducción, se pierde mucho.

De ahí que ningún pintor se sienta satisfecho cuando acaba su obra. No es la que él quería haber pintado; es parecida, pero no la misma. Tiene una visión con qué compararla, pero no lo ha conseguido. De ahí que vuelva a pintar.

Tenemos que recordar de nuevo a Rabrindanath. Él escribió seis mil canciones; parece ser que ha sido el mayor poeta que el mundo jamás haya tenido, y cada una de sus canciones es hermosa. Pero mientras moría lloraba, diciéndole a Dios: «La canción que quería cantar, no la he cantado aún». Un viejo amigo suyo que estaba junto a él en el momento de la muerte, le dijo: «¿Que estás diciendo? ¿Te has vuelto loco? Has cantado seis mil canciones. En Europa, a Shelley se le considera uno de los más grandes poetas. Él cantó solamente dos mil canciones. Tú lo has triplicado. ¡Tendrías que estar satisfecho! Rabrindanath abrió sus ojos llenos de lagrimas y le contestó: «No lo estoy. Sí, he cantado seis mil canciones, pero no te das cuenta de lo que pasa. ¡La cuestión es que yo quería cantar sólo una canción! Pero nunca me fue posible... lo intentaba una y otra vez pero siempre fracasaba. He fracasado seis mil veces. Todas ellas son esfuerzos, y no estoy satisfecho con ninguna. La que quería cantar aún no la he cantado».

De hecho nadie lo puede cantar.

Buda solía advertir en cada pueblo por el que pasaba: «Por favor no preguntéis ninguna de estas once preguntas». En esas once preguntas, todas las cosas importantes estaban incluidas: Dios, el alma, la muerte, la vida, la verdad, todo lo que era importante estaba incluido. ¿Por qué? Él solía decir: «Porque no tienen respuesta. No porque no las entienda, sino porque ponerlas en palabras es imposible».

Al final de una aldea se levantaba una antigua y misteriosa muralla, en la que siempre que alguien se subía para mirar al otro lado, en vez de volver, se sonreía y saltaba hacia allí, y nunca regresaba. La curiosidad de los habitantes acerca de qué podría ser lo que atraía a todos aquellos seres al otro lado de la muralla iba creciendo. Después de todo, su aldea carecía de lo necesario para vivir una vida confortable.

Y llegaron al acuerdo de atar a una persona por los pies, para que cuando mirara al otro lado y fuera a saltar, la pudieran traer de vuelta.

La siguiente vez que alguien quiso escalar la muralla para ver qué había al otro lado, le ataron los pies para que no pudiera escapar. Miró al otro lado y maravillado por lo que estaba viendo, se sonrió. Los que estaban abajo, cada vez más impacientes por la curiosidad, tiraron de la cuerda y lo trajeron de vuelta. Para su gran decepción, se había quedado mudo.

Los que lo han visto no pueden hablar. Lo que han visto no puede pintarse, no puede reducirse a palabras. Pero aún así cada uno tiene que tratar de hacerlo. Debido a todos esos esfuerzos, el mundo se va haciendo más y más hermoso. El mundo es hermoso por todos esos esfuerzos. El mundo es hermoso debido a las seis mil canciones en las que Rabrindanath lo ha intentado, aunque haya fracasado en cantar la canción que él quería. Esos seis mil fracasos han hecho el mundo mucho más hermoso de lo que era antes. Ya no será nunca el mismo, esas seis mil canciones resonarán para siempre.

Así que sigue pintando, sigue creando. Y aún así, de nuevo te repito que nunca estarás satisfecho. Te bendigo por no estarlo, deja que cada momento de tu creatividad se convierta en una gran alegría. Pero cuando algo se haya acabado, muévete hacia adelante. Tienes infinitas capacidades para crear; no tienes límite, tu potencial no tiene límites. ¡No eres consciente de lo que puedes hacer, y a menos que lo hagas no lo serás!

De ahí que los mayores creadores se hayan dado cuenta de cuán pobre ha sido su creación, porque cada vez se dan más cuenta de cuánto más es posible.

La persona ordinaria que nunca ha creado nada no es consciente de lo que puede hacer. Y no hay forma de saber de lo que eres capaz a no ser que lo hagas. Y mientras lo haces puedes ver que lo que querías hacer, lo que estaba tan claro en tu mundo interior, se ha vuelto muy borroso y ordinario al llevarlo al exterior.

Lo intentarás de nuevo. Cada esfuerzo se volverá mejor y mejor y cada vez mejor; más y más perfecto, pero nunca totalmente perfecto.

The book of wisdom. Discurso 20

X

ACERCA DE LA RISA Y LA CELEBRACIÓN

En toda la existencia solamente el hombre puede reírse. La risa es parte de la consciencia elevada que el hombre ha alcanzado. El sol se levanta, pero no se ríe; los pájaros cantan, pero no se ríen. Están muy por debajo en lo que a la consciencia se refiere. Vuestros santos tampoco se ríen; en vuestras iglesias tampoco hay risa. No es un progreso para la consciencia, sino un retroceso, un descenso.

La seriedad es una enfermedad.

Sólo una mente enferma es seria.

La juventud, los jóvenes ríen, danzan, cantan. Pero con una mente seria, el hombre pierde esa maravillosa espuma que aparece en las olas del océano. Que aunque sólo sea espuma; sin ella las olas parecerían desnudas. Esa espuma las corona. La espuma blanca de las olas de la marea arribando a la costa, le evocan a uno los picos del Himalaya, donde la nieve nunca se derrite; nieves eternas. Y la blancura de la espuma le da belleza, le da vida, le da cierta danza a la ola.

Yo estoy en contra de todas las religiones que os hacen serios; y casi todas lo hacen. Destruyen toda posibilidad de risa: al parecer la risa es algo mundano. Pero yo afirmo: la risa es el fenómeno más sagrado de toda la Tierra; porque es la cima más elevada de la consciencia.

Y no sólo las religiones, sino casi toda clase de gente seria (sea religiosa o no), es seria porque la sociedad respeta la seriedad.

Si te encuentras a Jesús cargando con la cruz... verás una cara larga, estilo inglés (a veces me pregunto por qué nacería en Judea: Inglaterra hubiera sido un lugar más apropiado), parece completamente británico. Él nunca se rió. Y encima esa cruz tan seria... y no sólo la tiene que llevar él, sino que además les dice a sus discípulos que todo el mundo tiene que llevar su propia cruz. ¿Por qué todo le mundo tiene que cargar con una cruz? ¿Por qué no una guitarra? Mi gente llevará guitarras. Pero durante miles de años la seriedad ha sido tan respetada que algunos países se han olvidado completamente de reír. Se dice que cuando le cuentas un chiste a un inglés, se ríe dos veces: la primera para que nadie se dé cuenta de que no lo ha entendido, y la segunda, a mitad de la noche, cuando lo coge.

Si le cuentas el mismo chiste a un alemán, se ríe sólo una vez; por pura educación: porque los demás se ríen, tiene que hacer un esfuerzo. En el fondo no sabe de lo que se está riendo. Pero nunca lo coge, así que la segunda vez no viene al caso. Si le cuentas el mismo chiste a un judío, en vez de reírse dirá: «¡Un momento, no pierdas el tiempo! Es un chiste muy viejo, y además, lo estás contando mal».

La gente se comporta de diferentes maneras, porque ha sido condicionada diferentemente. Yo he estado buscando durante mucho tiempo un chiste que fuera puramente indio, pero no he sido capaz de encontrar ninguno; aquí todos los chistes son importados. Y menos mal que no hay que pagar tasas por los chistes importados; de ser así, en la India no existirían los chistes.

Los indios han tenido una actitud muy seria respecto a todo, respecto a Dios, respecto a lo supremo. No se puede concebir a un Gautama Buda o a un Shankaracharya o a un Mahavira riéndose; es imposible. Es algo que siempre me ha intrigado... porque las estatuas de Gautama Buda fueron de las primeras que se hicieron en el mundo; son de las más antiguas.

¿Por qué habrán elegido el frío mármol para hacer sus estatuas? Buda es frío. La risa trae cálidez; la seriedad poco a poco se va volviendo fría; inhumanamente fría. Y el mármol blanco representa exactamente su rostro, porque Buda nunca mostró ninguna emoción en su semblante, nadie vio lágrimas en sus ojos, ni una sonrisa en sus labios. Hasta en vida, fue una estatua de mármol.

La India ha sido seria durante siglos, y esa es una de las causas de su degradación. El silencio es hermoso, pero silencio no significa seriedad. El silencio puede estar lleno de sonrisas; de hecho, sólo el auténtico silencio está lleno de sonrisas, de alegría. Que alguien haya experimentado el éxtasis y no haya estallado de risa, eso va en contra de mi propia experiencia y en contra de la ley de la existencia.

La primera cosa que le ocurre a una persona que se ilumina es una risa a carcajadas; por la pura estupidez de que ha estado buscando algo que está dentro de él. Lo ha estado llevando durante siglos dentro de él mismo pero nunca ha buscado allí; buscaba alrededor de todo el mundo el tesoro que hubiera podido encontrar en un minuto dentro de él mismo.

Solamente cierra tus ojos... quédate en silencio... y está ahí.

No me puedo imaginar a nadie que al encontrarlo dentro de sí no se eche a reír, pero en todas las historias de cientos de iluminados ni se menciona. Quizá se rieron, pero no exteriorizaron la risa; la controlaron.

Tan sólo porque toda la tradición dice que cuanto más te elevas en la consciencia, más serio te vuelves... Pero yo sé por experiencia propia (y es una analogía relevante) que si estás buscando las gafas por todos los lados y de repente te das cuenta de que están sobre tus narices, es imposible no reírte, o al menos sonreír.

La experiencia espiritual no es muy diferente a esto. Está sobre tus narices; y tú la buscas por todo el mundo. Simplemente siéntate, olvídate del mundo, y ahí está. ¿Quién es el que la busca?...

El buscador es lo buscado.

El cazador, lo cazado.

El observador, lo observado.

Pero como tú nunca miras hacia dentro... y no puedes encontrarlo fuera en ningún lugar (ni siquiera en los picos del Himalaya o en la luna), naturalmente, fracaso tras fracaso, te vuelves serio, triste, como si no fueras suficientemente apto, como si no estuvieras bastante capacitado para encontrarlo. La verdad es: que no lo encuentras porque no está fuera de ti.

Así que todos los caminos son falsos. Dondequiera que vayas encontrarás fracaso, y nada más. Deja ese ir, deja de buscar: estáte tranquilo, relájate. Primero uno debería mirar dentro de sí mismo. Si no lo encuentras ahí, entonces lo lógico sería que fueras a buscarlo a otro lugar. Pero siempre que uno ha mirado dentro de sí mismo lo ha encontrado ahí.

Y en este encuentro te reirás de ti mismo, porque la existencia te ha gastado una gran broma.

Hay una vieja historia:
Cuando Dios creó el mundo solía vivir en él, en el mismísimo centro de la ciudad. Pero su vida se estaba convirtiendo en un infierno, porque la gente le llegaba continuamente con quejas: la esposa de alguien estaba enferma, el niño de alguien había muerto, algún otro no conseguía trabajo; toda clase de quejas y quejas. Y a la gente ni siquiera le importaba si era de día o de noche: tenía que escuchar quejas las veinticuatro horas del día, así que naturalmente, acaba perdiendo los estribos.

Al final preguntó a sus consejeros. Le dijeron: «Sólo hay una cosa que puedas hacer. Para empezar, no deberías haber creado el mundo; y en segundo lugar, tampoco tenías que haberte venido a vivir a él. Será mejor que escapes; si no, toda esa gente te acabará destruyendo».

«¿Pero dónde voy a ir?» —objetó él.

«¡Vete al Everest!» —le sugirió alguien.

«Tú no conoces el futuro —contestó él—. Yo conozco el pasado, el presente, y el futuro: y sé que un día, un hombre: Edmund Hillary, llegará hasta allí. Y una vez que me vea, otra vez el mismo jaleo volverá a empezar: por todas las partes habrá autobuses, carreteras, aeropuertos, restaurantes... la gente vendrá a quejarse de todos sus problemas. Y todo empezará de nuevo.»

«Entonces vete a la luna» —le sugirió algun otro.

«Tú no lo comprendes —respondió—: no hay ni un sólo lugar en todo el mundo donde no vaya a llegar el hombre un día u otro.»

Un consejero muy viejo que raramente hablaba, le susurró al oído: «Yo sé un lugar donde nunca llegará el hombre: dentro de él. Te buscará por todos los sitios, pero nunca mirará allí». Y Dios dijo: «Eso tiene sentido». Y desde entonces ha estado viviendo dentro de ti.

Ya te he contado el secreto, ahora depende de ti: si quieres encontrarle, ¡ve dentro de ti! Pero si no, no te quejes. De hecho, él se alegrará mucho de verte, porque no ha visto a casi nadie durante miles de años; muy de tarde en tarde.

Y los que le han encontrado, lo han hecho quedándose en silencio, atentos, conscientes. Y cuando le encuentran no se quejan, se ríen. Yo os digo: Dios se echa a reír con vosotros.

Pero esto tiene que ser una experiencia; de otra forma sólo será una creencia y yo no quiero crear ningún sistema de creencias. Lo que os estoy dando es sólo mi propia experiencia; vosotros podéis tener la vuestra. Estáis en la cima de la consciencia, podéis celebrarlo, lo *estáis* celebrando. ¿Pero cómo puede una persona ordinaria unirse contigo en celebración? Nadie es ordinario. ¿Quién os ha dicho que lo seáis? ¿De dónde habéis sacado esa idea? ¡Todo el mundo es extraordinario! Las cosas son como son. Dios nunca crea gente ordinaria. ¿Cómo va a hacer eso Dios? Todo el mundo es especial, extraordinario. Pero acuérdate de no alimentar tu ego con ello. Ser extraordinario no viene de tu parte sino de la parte de Dios. Tú procedes de la totalidad, sigues enraizado en la totalidad, vuelves a disolverte en la totalidad; y la totalidad es extraordinaria, incomparable.

Tú también lo eres, pero todas las religiones, las mal llamadas religiones, han tratado de hacerte sentir ordinario. Esto es sólo un truco para provocar a tu ego. Trata de entenderlo: en el momento que alguien dice de ti que eres ordinario, instantáneamente se crea en ti el deseo de hacerte extraordinario, porque te empiezas a sentir inferior.

Precisamente el otro día estuvo aquí un hombre que me preguntó: «¿Cuál es el propósito de la vida? A menos que tenga algún propósito especial para mí, ¿para qué voy a vivir? Si hay un propósito especial, entonces la vida tiene significado. Si no hay ningún propósito especial, entonces no lo tiene». Preguntaba: «¿Para qué propósito especial me ha creado Dios? ¿Para qué he venido al mundo?». El ego es el que lo pregunta. Se siente ordinario; nada especial. «¿Entonces para qué va uno a vivir?» Tenéis que ser alguien especial sólo entonces la vida parece tener sentido.

¡La vida tiene sentido, y no tiene ningún propósito!, es un sentido sin propósito, como una canción, una danza; como una flor, que florece sin ningún propósito, para nadie en especial. Aunque nadie pase a su lado, la flor florecerá y esparcirá su fragancia a los cuatro vientos. Aunque nadie jamás llegue a olerla, no importa. El propio florecer es su sentido, sin ningún propósito.

Pero se os ha dicho que sois ordinarios: «Llegad a ser grandes poetas, grandes pintores, grandes líderes de la humanidad, grandes políticos, grandes santos». Tal como sois, habéis sido condenados por todas las religiones: «No sois nada, gusanos en la tierra. ¡Llegad a ser alguien! Demostrad ante Dios que sois alguien»; como para probar de que estáis hechos. Pero yo digo que esto es absolutamente absurdo. Todas estas religiones han estado comportándose irreligiosamente. No tenéis ninguna necesidad de probar nada. El mismísimo fenómeno de que Dios os haya creado es suficiente; se os acepta. Dios te ha dado la vida, eso es suficiente. ¿Qué más hay que probar? No necesitáis ser ni grandes pintores, ni grandes líderes, ni grandes santos. No hay ninguna necesidad de ser grandes, porque ya lo sois.

Yo pongo el énfasis en que: ya eres aquello que deberías ser. Puede que tú no te hayas dado cuenta, eso lo sé. Puede que aún no hayas encontrado tu propia realidad, lo sé. Puede que no hayas mirado en tu interior y no hayas visto el emperador que llevas dentro de ti, lo sé. Puede que pienses que eres un mendigo y trates de ser un emperador. Pero tal como yo te veo, tú ya eres un emperador.

No hay necesidad de posponer la celebración. Inmediatamente, en este momento, puedes celebrar. No necesitas nada más. Para celebrar se necesita la vida, y la vida ya la tienes. Para celebrar se necesita ser y ya eres. Para celebrar, se necesitan los árboles, los pájaros y las estrellas, y ya están ahí. ¿Qué más necesitas? Si te coronan y te aprisionan en un palacio dorado, ¿celebrarías? De hecho, entonces es cuando será imposible. ¿Has visto alguna vez a un emperador bailando, cantando y riendo en la calle? No, está apresado, encarcelado: en las formas, en el protocolo...

En algún lugar, Bertrand Russell escribió que cuando por primera vez visitó una comunidad primitiva de aborígenes, que vivía en lo profundo de una selva, se sintió celoso, muy celoso. Sintió que la forma en la que bailaban... era como si cada uno fuera un emperador. No tenían coronas, pero las habían hecho con plumas y flores. Cada mujer era una reina. No tenían diamantes, pero lo que tenían era mucho, les era suficiente. Danzaron durante toda la noche, luego durmieron, allí mismo, en el sitio donde habían bailado. Y por la mañana estaban listos para volver al trabajo. Trabajaron durante todo el día, y de nuevo al anochecer estaban listos para celebrar, para bailar. Russell dice: «Ese día, me sentí realmente celoso. Yo no podía hacer eso». Algo ha ido mal. Algo se frustra en ti; no puedes bailar, no puedes cantar, algo te retiene. Vives una vida mutilada. Nunca se ha pretendido de ti que seas un paralítico, pero vives una vida tullida, una vida paralizada. Y sigues pensando, ¿cómo vas a celebrar siendo ordinario? No hay nada especial en ti. ¿Pero quién te ha dicho que para celebrar se necesita ser especial? De hecho, cuanto más persigues ser especial, más y más difícil te será danzar.

Sé ordinario. No hay nada malo en lo ordinario, porque en el mismo ser ordinario está lo extraordinario. No te preocupes acerca de los requisitos que se requieren para decidir cuándo hay que celebrar. Si te preocupas en cumplir ciertos requisitos, ¿crees que entonces podrás celebrar? Nunca lo harás, morirás como un mendigo. ¿Por qué no hacerlo ahora mismo? ¿Qué te falta?

Mi observación es que: si empiezas ahora mismo, de repente la energía fluye. Y cuanto más bailas, más fluye y más capaz de celebrar te haces. Quien necesita condiciones que cumplir es el ego, no la vida. Los pájaros pueden cantar y bailar; simples pájaros, pájaros ordinarios. ¿Has visto alguna vez pájaros extraordinarios bailando y cantando? ¿Tienen acaso primero que ser un Ravi Sankar o un Yehudi Menuhin? ¿Tienen que ser antes grandes cantantes e ir a colegios a aprender música, para luego poder cantar? Simplemente cantan y bailan; no necesitan ninguna formación. El hombre nace con la capacidad de celebrar. Cuando hasta los pájaros pueden celebrar, ¿por qué tú no puedes? Porque tú creas barreras innecesarias, creas una carrera de obstáculos. No los hay. Los pones tú y luego dices: «A menos que los saltemos y los crucemos, ¿cómo podremos bailar?». Tú te pones contra ti mismo, te divides a ti mismo, eres tu propio enemigo. Todos los predicadores del mundo dicen que eres ordinario, ¿así que cómo te atreves a celebrar? Tienes que esperar. Primero sé un Buda, primero sé un Jesús, un Mahoma, y entonces podrás.

Pero el caso es justo lo opuesto: si puedes bailar, ya eres un Buda; si puedes celebrar, ya eres un Mahoma; si puedes sentirte bendito, eres Jesús. Lo contrario no es verdad; lo contrario es una lógica falsa. Dicen: primero sé un Buda, luego podrás celebrar. ¿Pero cómo vas a ser un Buda sin celebrar? Yo te digo: «¡Celebra, olvídate de todos los Budas!» En tu propia celebración descubrirás que tú mismo te has vuelto un Buda. Los místicos zen dicen: «Buda es un obstáculo; ¡olvídate de él!». Bodhidharma solía decir a sus discípulos: «Siempre que digas el nombre de Buda, inmediatamente lávate la boca. Es sucio, la misma palabra es sucia». Y Bodhidharma era un discípulo de Buda. Tenía razón porque sabía que de cada palabra «Buda» podríais crear ídolos, ideales. Y entonces esperaríais durante vidas y vidas para llegar a ser un Buda primero, y celebrar después. Eso jamás ocurrirá.

Un monje zen, Lin Chi, solía decir a sus discípulos: «¡Cuando entréis en meditación, recordad siempre que si os encontráis al Buda en el camino, inmediatamente partidle en dos! No le permitáis que permanezca ni un solo momento, de otra manera os enganchará y se convertirá en un obstáculo». Un discípulo preguntó: «Pero cuando estoy meditando y Buda llega (Buda le llega a los budistas, como Jesús a los cristianos; no el verdadero Buda, a él no se le encuentra en ningún lugar), ¿cómo le voy a partir en dos? ¿De dónde voy a sacar la espada?».

El maestro respondió: «De donde sacaste al Buda; de tu imaginación. Saca la espada del mismo lugar, pártele en dos y sigue adelante».

Recuerda esto, todas las enseñanzas de los iluminados, de todos aquellos que han despertado, se pueden resumir en una sola frase, la cual es: ya eres aquello que puedes ser. Puede que darte cuenta de esto te lleve muchas vidas, eso lo decides tú. Pero si estás atento, no pierdas ni un momento. «Tú eres eso» (*Tat twan asi, suetketu*); tú ya eres eso, no hay necesidad de llegar a ser. Llegar a ser, el mismísimo esfuerzo por llegar a ser algo, es ilusorio.

Eres, no tienes que llegar a ser. Pero los predicadores te dicen que eres ordinario y crean en ti un deseo de volverte extraordinario. Te hacen sentir inferior y crean en ti un deseo de hacerte superior. Primero crean en ti un complejo de inferioridad, y luego te agarran. Entonces te enseñan cómo volverte superior. Primero te condenan, crean un sentimiento de culpa en ti, y luego te enseñan la forma de ser virtuoso.

Conmigo te vas a encontrar en verdaderas dificultades porque a tu mente le gustaría eso mismo, porque eso te da tiempo. Pero yo no te doy tiempo. Yo te digo que tú ya eres eso. Que todo está ya completo. ¡Comienza la fiesta, celébralo! Tu mente dice: «Pero no estoy preparado, necesito algo de tiempo». Ese es el posponer por donde entran los predicadores. A través de esta brecha entran en tu ser y te destruyen. Te dicen: «Sí, se necesita tiempo, ¿cómo vas a ponerte a celebrar ahora mismo? Prepárate, disciplínate. Hay que purificar muchas cosas en ti y muchas otras han de ser mejoradas. Necesitas una larga disciplina. Puede que te lleve multitud de vidas y una gran disciplina. Te llevará muchas vidas, y sólo entonces estarás listo para poder celebrar. ¿Ahora cómo vas a celebrar?

Te atraen porque entonces te puedes relajar y decir: «Está bien, si es cuestión de mucho tiempo, ahora mismo no hay problema. Podemos continuar haciendo lo que estabamos haciendo». Algún día en el futuro, algún mañana dorado... Cuando lo consigas, bailarás.

Mientras tanto puedes ser desgraciado; mientras tanto puedes gozar torturándote; tú decides. Si te decides por el sufrimiento, no habrá necesidad de crear mucha filosofía a su alrededor. Puedes decir simplemente: «Disfruto con mi sufrimiento». Es realmente sorprendente que nadie pregunte: «¿Cómo puedo ser desgraciado? Se necesita cierta disciplina, toda una formación. Iré a Patanjalis y a grandes maestros, y aprenderé cómo ser desgraciado». Parece ser, que ser desgraciado no requiere ninguna formación, naces para serlo. ¿Pero entonces por qué debería necesitarse para ser feliz? Ambas son dos caras de la misma moneda; si se puede ser infeliz sin ninguna disciplina, también se puede ser feliz. Sé natural, relajado, y simplemente siente las cosas. Y no esperes; ¡comienza! Aunque sientas que no conoces los pasos, comienza a danzar.

No te digo que bailar vaya a ser tu arte. Para el arte, puede que quizá se necesite una cierta formación. Estoy diciendo que danzar es sólo una actitud. Aún sin conocer los pasos correctos, puedes danzar. ¡Y si puedes bailar ¿a quién le importan los pasos correctos?!; bailar es suficiente en sí mismo. Es fruto de la abundancia de tu energía. Si se convierte en un arte por sí solo, está bien; si no, también. Es suficiente en sí mismo, más que suficiente. No se necesita nada más.

Así que no me digas: «Tú estás en la cima de la consciencia». ¿Y dónde estás tú? ¿Dónde te crees que estás? Tu valle está en tus sueños. Tu oscuridad se debe a que sigues con los ojos cerrados; de otro modo estás donde yo estoy. No es que tú estés en el valle y yo en la cima. Yo estoy en la cima, y tú también, pero tú sueñas con el valle. Yo vivo en Puna, y tu también. Pero cuando duermes, empiezas a soñar que estás en Londres o en Nueva York o en Calcuta, visitas miles de lugares. Yo no voy a ningún sitio; hasta cuando duermo, estoy en Puna. Pero tú sigues viajando por ahí. Tú estás en la misma cima en la que yo, sólo que tú tienes los ojos cerrados.

Tú dices: «Está muy oscuro». Yo hablo de luz y tú dices: «Tú debes de estar en algún otro lugar en una cima elevada. Nosotros somos gente normal viviendo en la oscuridad». Pero yo puedo ver que estáis sentados en la misma cima sólo que con los ojos cerrados. Hay que sacudirte para despertarte. Y entonces podrás ver que el valle nunca ha existido. No había oscuridad; tus ojos estaban cerrados.

Los maestros zen hacen bien. Llevan una vara y sacuden a sus discípulos con ella. Muchas veces, cuando el palo está descendiendo sobre la cabeza del discípulo, de repente abre sus ojos y se echa a reír. Él nunca se había dado cuenta de que estaba en la misma cima. Lo que veía era un sueño.

Estáte alerta. Y si decides estarlo, la celebración te será de gran ayuda. Cuando digo que celebres, ¿qué quiero decir? Lo que quiero decir es que lo que sea que hagas, no lo hagas como un deber, hazlo desde tu amor; no lo hagas como si fuera una carga, hazlo como si fuera una celebración. Puedes comer como si fuera una obligación: a disgusto, sin disfrutar, aburrido, insensible. Puedes tragarte la comida sin ni siquiera saborearla, sin ningún sentimiento por ella. Es vida; vives a través de ella. No seas tan insensible con ella. Los indios han dicho: *Annam Brahman*; la comida es Brahman. Eso es celebración: estás comiendo Brahman, estás alimentándote de Dios a través de la comida, porque todo lo que existe es Dios. Cuando te das una ducha, es Dios duchándose porque sólo Dios existe. Cuando sales a dar un paseo por la mañana, es Dios yendo de paseo. Y la brisa y los árboles también son Dios; todo es divino. ¿Cómo puedes sentirte a disgusto, aburrido e insensible y andar por la vida como si fuera una carga? Cuando te digo que celebres, quiero decir sensibilízate más y más con todo. La danza no debería estar separada de la vida. De hecho, toda la vida debería convertirse en una danza; tendría que ser una danza. Puedes ir de paseo e ir bailando.

Permite que la vida entre en ti, vuélvete más abierto y sé más vulnerable, siente más, vuélvete más sensual. Estás rodeado de pequeñas cosas maravillosas. Observa un niño pequeño; déjale en el jardín y sólo obsérvalo. Tú también deberías ser así; tan maravillado, tan lleno de asombro: corriendo a coger esa mariposa, corriendo a por esa flor, jugando con el barro, revolcándose en la arena. Lo divino rodea al niño por todas partes.

Si puedes vivir en asombro serás capaz de celebrar. No vivas en el conocimiento, vive en el asombro. No sabes nada. La vida es sorprendente; por todos lados, es una sorpresa continua. Vívela como si fuera una sorpresa, un fenómeno impredecible: cada momento es nuevo. ¡Sólo prueba, inténtalo! No perderás nada por probar, y puede que lo ganes todo. Pero te has hecho adicto al sufrimiento. Te agarras a tu sufrimiento como si fuera algo precioso. Date cuenta de esta atadura.

Como ya he dicho, hay dos tipos de gente: los sádicos y los masoquistas. Los sádicos hacen daño a los demás, y los masoquistas se hacen daño a sí mismos. Alguien me ha preguntado: «¿Por qué?, ¿por qué las persona son así? Hacen daño a los demás o se lo hacen a sí mismas. ¿Por qué hay tanta agresividad y tanta violencia en la vida?».

Es un estado negativo. Haces daño porque no puedes gozar. Al no poder amar, te vuelves violento, haces daño. Al no saber cómo ser compasivo, te vuelves cruel; es un estado negativo. La misma energía de la crueldad se convertirá en compasión: con una mente atenta la misma energía se vuelve compasión; con una mente dormida la misma energía se vuelve dañina, o contigo o con los demás. Cuando estás despierto la misma energía se vuelve amor, para ti mismo y para los demás. La vida te da una oportunidad pero hay miles de causas para que algo vaya mal.

¿Has observado alguna vez que si alguien se siente desgraciado le muestras simpatía, sientes amor hacia él? Ese amor no es lo más adecuado, pero te causa simpatía. Si alguien está feliz, contento, celebrando; sientes celos, te sientes mal. Es difícil simpatizar con un hombre feliz. Es muy difícil sentirse bien con un hombre feliz: sin embargo, cuando alguien es infeliz, te sientes bien. Al menos puedes pensar que tú no eres tan infeliz y te hace sentirte superior; entonces muestras simpatía.

El niño comienza a aprender cosas desde que nace. Tarde o temprano se da cuenta de que siempre que es infeliz, atrae la atención de toda la familia. Se vuelve el centro y todo el mundo siente simpatía por él, todo el mundo le quiere. Mientras todo va bien, está feliz y saludable; nadie se preocupa por él. Por el contrario, parece molestarle a todo el mundo. Cuando un niño salta y juega, le molesta a toda la familia; y cuando está en la cama enfermo con fiebre, toda la familia le presta su atención y simpatía. El niño termina por aprender que de alguna forma, estar enfermo, ser desgraciado, es bueno; estar muy vivo, feliz y saltando, es algo que está mal. Así es como él aprende y así es como tú has aprendido.

Para mí, cuando un niño está feliz y saltando, toda la familia debería estar feliz y saltando con él. Y cuando un niño está enfermo, habría que cuidarle pero no habría que demostrarle simpatía alguna. Cuidarle está bien; pero la simpatía, no. La indiferencia, negarle el amor, sería muy duro en apariencia: el niño está enfermo y tú no le das importancia. Cuídale, dale las medicinas, pero no le prestes atención, porque por debajo está ocurriendo un fenómeno más sutil. Si sientes simpatía, compasión, amor y se lo muestras al niño, le estás destruyendo para siempre. Desde ahora se aferrará al sufrimiento, convertirá el sufrimiento en algo valioso. Siempre que salta, grita, corre por toda la casa molesta a todo el mundo. En esos momentos celebra, estáte con él; y el mundo entero será diferente.

Pero hasta ahora la sociedad ha existido basándose en conceptos erróneos, que todavía persisten. Por eso te agarras al sufrimiento. Me preguntas: «¿Cómo es posible para seres ordinarios como nosotros celebrar ahora mismo, aquí y ahora?». No, no lo es. Nunca nadie os ha permitido celebrar. Vuestros padres continúan en vuestras mentes. Vuestros padres y vuestras madres os persiguen hasta el mismo momento de vuestra muerte. Están continuamente detrás de vosotros, aunque hayan muerto. Los padres pueden ser muy, pero que muy destructivos; hasta ahora lo han sido. No digo que vuestros padres sean los responsables, porque esa no es la cuestión: sus padres les hicieron lo mismo a ellos. Toda la estructura social es errónea, psicológicamente errónea; además también los padres tienen sus razones y por eso esta destructividad continúa y no puede pararse. Parece imposible.

Por supuesto, siempre hay razones. El padre tiene sus razones: puede que esté leyendo el periódico y el niño salte y grite y se ría, pero un padre debería ser más comprensivo. Un periódico no tiene ningún valor. Aunque pudieras leerlo tranquilamente, ¿qué vas a ganar con ello? ¡Tíralo! Pero el padre está envuelto en la política, en los negocios, tiene qué saber qué está pasando en el mundo. Es ambicioso y leer el periódico forma parte de su ambición. Si uno tiene que alcanzar algunas metas, conseguir alguna ambición, tiene que conocer el mundo. El niño resulta ser una molestia.

La madre está cocinando, el niño la acosa a preguntas mientras salta, y ella se irrita. Ya sé que es difícil; la madre tiene que hacer la comida. Pero el niño debería ser lo primero, porque el niño va a ser un mundo entero, el niño va a ser el mañana, el niño va a ser la humanidad venidera. Él debería ser lo primero, debería tener prioridad. Los periódicos se pueden leer más tarde, y aunque no se lean, no se pierde nada. Es el mismo absurdo cada día: los lugares y los hombres cambian, pero la estupidez es siempre la misma. Vuestros periódicos son una locura. La comida puéde retrasarse un poco, pero la curiosidad del niño no, no debería, no tendría que posponerse, porque en este momento él está con ese humor y puede que nunca vuelva a estarlo. En este momento esta interesado y se puede hacer algo.

¿Pero ves acaso a las madres bailando, saltando, tirándose por el suelo con sus hijos? No. Las madres son serias, los padres son muy serios; cargan con el mundo sobre sus hombros. El niño vive en un mundo totalmente diferente. Tú le fuerzas a entrar en tu triste y miserable actitud hacia la vida. Podría haber crecido siendo un niño, podría haber mantenido esa cualidad, la cualidad del asombro, de la sorpresa, y la cualidad de estar aquí y ahora, en el momento.

Yo defino esto como la única revolución verdadera. Ninguna otra revolución va a ayudar al hombre: ni la revolución francesa, ni la rusa, ni la china; ninguna ha ayudado ni ayudará. Básicamente continúa el mismo patrón entre el padre y el hijo, y existe un motivo. Puedes crear un mundo comunista, pero no será muy diferente del capitalista. Los nombres se diferencian sólo superficialmente. Podéis crear un mundo socialista, podéis crear un mundo gandhiano, pero no será diferente, porque la revolución básica es la de la madre, el padre, y el niño. En algún lugar entre los padres y el niño está el vínculo; y si no se cambia ese vínculo, el mundo seguirá moviéndose en la misma dirección.

Esto no quiere decir que te esté dando una excusa para tu miseria. Estoy simplemente dándote la explicación para que te hagas consciente de lo que ocurre. Así que no trates de decirte en tu mente: «¿Qué le voy a hacer? Ya tengo cuarenta, o cincuenta o sesenta años, mis padres ya están muertos y aunque estuvieran vivos, no podría deshacer el pasado. Ya ha ocurrido, y tengo que vivir como soy». No, si entiendes que puedes simplemente salirte de todo ello. No hay necesidad de seguir aferrándose a ello. Puedes volverte un niño de nuevo.

Jesús tiene razón cuando dice: «Sólo aquellos que sean como niños podrán entrar en el reino de Dios»; ¡tiene toda la razón! Sólo aquellos que sean como niños...

Esa es la revolución: volverse todo el mundo como niños pequeños. El cuerpo puede crecer pero la cualidad de la consciencia debería permanecer inocente, virgen, como la de un niño.

Tú ya estás donde necesitas estar, tú ya estás en ese espacio que buscas. Sólo haz un pequeño esfuerzo para zafarte de tu atadura con el sufrimiento. No inviertas en sufrimiento; invierte en celebración. Si das un paso en dirección a la vida, la vida da mil pasos hacia ti. Sólo da un paso fuera de tu atadura con el sufrimiento. La mente continuará tirando hacia atrás. Sé indiferente a ella y dile: «Espera, he vivido durante suficiente tiempo contigo, ahora déjame vivir sin ti».

Eso es lo que significa ser un niño: vivir sin mente, o, vivir en la no-mente.

Yoga: the Alpha and the Omega. Volumen 4. Discurso 2

Tú estás en contra de la seriedad...

Tú estás en contra de la seriedad. Te has reído de todo, incluso de los dioses, de los seres divinos y de las escrituras. ¿Cómo puedes pensar que la gente va a tomarte a ti y tus enseñanzas en serio?

¿Y quién te ha dicho que espero que la gente me tome a mí y mis enseñanzas en serio? Quiero ser comprendido con alegría, no seriamente. Quiero que se me tome en broma, no seriamente; no con caras largas, sino con una maravillosa carcajada.

Vuestra risa, vuestra alegría demuestra que me habéis comprendido. Vuestra seriedad muestra que me habéis entendido mal, que no os habéis enterado; porque la seriedad no es otra cosa que una enfermedad. Es otro nombre para la tristeza; es una sombra de la muerte, yo estoy totalmente a favor de la vida.

Si para poder reír, para poder danzar, es necesario rechazarme, entonces rechazadme; pero no reneguéis de la danza ni de la canción ni de la vida, porque esa es mi enseñanza.

¿Por qué tendríais que tomarme en serio?

Y por eso yo no tomo en serio a nadie. Quizá todavía tú no lo entiendes: no me tomo a nadie en serio simplemente para dejar bien claro que no quiero que tú tampoco me trates a mí seriamente. Ríete de mí, diviértete conmigo, regocíjate en mí; pero por el amor de Dios, ¡no te pongas serio!

La seriedad ha matado a la humanidad. Ha demostrado ser el cáncer del alma.

Mi única contribución a la evolución humana es el sentido del humor. Ninguna otra religión, ninguna otra filosofía ha tratado de que el humor fuera algo religioso; parece como si para ellos fuera algo profano.

Parar mí, el humor es la experiencia más sagrada de la vida.

Y hay suficiente material para demostrarlo: ningún animal en toda la existencia tiene sentido del humor, excepto el hombre.

¿Puedes pedirle a un búfalo que se ría? ¿Puedes pedirle a un burro que tenga sentido del humor? En el momento que vuestros santos se vuelven serios, caen en la misma categoría de los búfalos y los burros; dejan de ser humanos, porque esa es la única cualidad específicamente humana. Muestra que sólo en cierto punto de la evolución se manifiesta el humor.

Y cuanto más te eleves, más divertida será tu actitud hacia la vida y sus problemas. Resolverlos no supondrá una carga, será un gozo. La vida no será un pecado; eso pertenece a la gente seria que ha hecho de la vida un pecado; la vida será un premio, un regalo.

Y aquellos que malgastan la vida siendo serios están siendo desagradecidos con la existencia.

Aprende a reír con las flores y las estrellas, sentirás una extraña ligereza elevando tu ser... como si te hubieran crecido alas y pudieras volar.

The Osho Upanishad. Discurso 39

XI

ACERCA DE ORIENTE Y OCCIDENTE

Occidente representa la mente masculina, el intelecto agresivo. Oriente representa la mente femenina, la intuición receptiva. Oriente y Occidente no son solamente términos arbitrarios; la división es muy, muy profunda y significativa. Y no se debería olvidar lo que dijo Rudyard Kipling, pues lo que dijo es significativo. Él dijo que Oriente y Occidente nunca se deberían encontrar. Hay un fragmento de verdad en ello, porque el encuentro parece imposible; sus maneras de funcionar son diametralmente opuestas.

Occidente es agresivo, científico, dispuesto a conquistar la naturaleza. Oriente no es agresivo, es receptivo, dispuesto a ser conquistado por la naturaleza. Occidente está ansioso por saber, Oriente es paciente. Occidente toma cada iniciativa posible para llegar a descubrir los misterios de la vida y de la existencia; trata de abrir las puertas. Y Oriente simplemente espera en profunda confianza: «Cuando sea digno de ella, la verdad se me revelará».

Occidente es la concentración de la mente; Oriente es no pensar. Occidente es mente; Oriente es no-mente. Y lógicamente Kipling parece tener la razón al decir, que parece imposible que Oriente y Occidente puedan llegar a encontrarse.

«Oriente» y «Occidente» no solamente representan la división de la Tierra en dos hemisferios; representan también tu mente, tu cerebro. Tu cerebro también está dividido en dos hemisferios, como la Tierra. En tu cerebro hay un Oriente y un Occidente. El hemisferio izquierdo de tu cerebro es Occidente; conectado con la mano derecha. Y el hemisferio derecho de tu cerebro es Oriente; conectado con la mano izquierda. ¡Occidente es de derechas, Oriente de izquierdas! Y el proceso de ambos es muy diferente...

El hemisferio izquierdo de tu cerebro calcula, piensa, es lógico; produce la ciencia. Y el hemisferio derecho de tu cerebro es un poeta, es un místico; intuye, siente, es ambiguo, nublado, brumoso. No hay nada claro, todo está en cierto caos. Pero este caos tiene su belleza; este caos tiene una gran poesía, una gran canción; es muy fructífero.

La mente calculadora es como un fenómeno desértico, y la mente no calculadora es más como un jardín. En ella los pájaros cantan y las flores brotan... es un mundo totalmente diferente...

Yo estoy tratando de aportar una gran síntesis de Oriente y Occidente, de la ciencia y la religión, del intelecto y la intuición, de la mente masculina y de la femenina, de la cabeza y el corazón, de la derecha y de la izquierda. Estoy tratando de cualquier forma posible de crear una gran armonía, porque solamente esta armonía... puede darte un nuevo nacimiento.

Philosophia perennis. Volumen 1. Discurso 1

Silencio, celebración y vida

En Occidente, la celebración se asocia con la idea americana de la diversión, la cual es sinónimo de ruido, música alta, ir al cine, fumar, sexo y liberación de energía sin más, mientras que al silencio y a la serenidad se les asocia automáticamente con el aburrimiento y con una excesiva acumulación de energía cuyo resultado es la tensión y la ansiedad. ¿Podrías decir algo acerca del silencio, la celebración y la vida?

La pregunta que has formulado implica muchas cosas. No es una pregunta sencilla; consta de muchas preguntas, cada una de ellas de importancia. Quisiera entrar en cada una de las dimensiones de la pregunta; sólo así serás capaz de encontrar la respuesta.

La primera cosa que hay que recordar es que el hombre consta de dos mundos, uno conduce afuera y el otro te lleva adentro. El hombre es una dualidad: es un cuerpo y un alma. Y debido a esta tremenda dualidad, han ocurrido todos los problemas del mundo. Esta no es una dualidad simple. Es lo que yo he llamado la «dualidad gestalt». En la dualidad gestalt tú nunca puedes ver ambos mundos al mismo tiempo: si eliges ver uno tienes que olvidarte del otro. Como ejemplo os he hablado acerca de un pequeño libro para niños que tiene un retrato hecho simplemente con líneas, pero en esas líneas hay dos posibilidades: si fijas los ojos en el dibujo, una de dos: o ves una mujer vieja o ves una hermosa joven. Puedes ver cada una por separado. Si te quedas mirando fijamente a la mujer vieja, de repente encontrarás un extraño cambio: la mujer vieja desaparece y una hermosa joven aparece frente a ti.

Si todavía persistes en mirar fijamente... porque los ojos no están hechos para mirar así; naturalmente ellos se están moviendo constantemente. El movimiento es intrínseco a los ojos. Ellos se cansan de fijarse en algo, siempre están pendientes de algo nuevo. Por eso pronto descubrirás que la joven desaparece y que la vieja la vuelve a reemplazar. Ambas están hechas con las mismas líneas, sólo que con diferentes combinaciones, pero tú no puedes verlas al mismo tiempo. Eso es imposible. Porque si ves a la joven, ¿dónde encontrarás las líneas que dibujan a la vieja? Si ves a la mujer vieja, no te quedan líneas para crear a la joven. Puedes ver a cada una por separado, pero nunca a las dos juntas. Así es la dualidad gestalt, y así es la realidad del hombre.

Oriente ha visto al hombre sólo como un alma, como una consciencia, como un ser introvertido. Pero debido a que ha elegido una gestalt, ha tenido que negar la otra. Por eso en Oriente los místicos durante siglos han estado negando constantemente la realidad del mundo. Dicen que sólo es un sueño, *maya*, una ilusión; hecho de la misma sustancia de la que están hechos los sueños. Realmente no existe, es sólo un espejismo, sólo una apariencia. Oriente ha negado el exterior; tenía que hacerlo debido a la necesidad intrínseca de la dualidad gestalt.

Occidente ha elegido el mundo exterior y ha tenido que negar el interior. El hombre es solamente un cuerpo. Fisiología, biología, química, pero no una consciencia, un alma; el alma es solamente un fenómeno periférico. Y debido a que considera solamente real el exterior, ha sido posible que la ciencia se desarrollara en Occidente. La tecnología, miles de aparatos; la posibilidad de aterrizar en la luna, y el vasto universo que te rodea. Pero a pesar de conocer todo esto, ha habido un profundo vacío en la mente occidental: carece de algo.

Es difícil para la lógica occidental indicar de lo que carece, pero es absolutamente seguro que carece de algo. La casa está llena de invitados pero el anfitrión no está presente. Tienes todas las cosas del mundo, pero tú no estás. Y el resultado es un tremendo sufrimiento. Tienes todos los placeres, todo el dinero, todo lo que el hombre siempre ha soñado, y después de siglos de esfuerzo de repente descubres que tú no estás. Tu interior está vacío, no hay nadie.

Oriente también ha afrontado su propia desgracia. Pensando que el exterior es irreal, no ha tenido ninguna posibilidad de progreso científico. La ciencia tiene que ser objetiva; pero si los objetos son sólo apariencias, ilusiones, no tiene sentido diseccionar las ilusiones y tratar de descubrir los secretos de la naturaleza. De ahí que Oriente haya permanecido pobre, que haya tenido que seguir hambriento durante siglos bajo toda clase de esclavitudes.

Estos dos mil años de esclavitud no son sólo un accidente. Oriente se había preparado para ello; lo había aceptado. ¿Qué importa en un sueño si eres el amo o el esclavo? ¿Qué importa en un sueño si te sirven comida deliciosa o pasas hambre? En el momento que despiertas, ambos sueños probarán ser ilusorios. Oriente ha consentido permanecer desnutrido, hambriento, esclavizado, y la razón es que ha elegido una gestalt diferente: que lo real es lo interior.

Oriente ha aprendido las formas de estar en silencio, de estar en paz, de gozar del éxtasis que surge cuando te adentras en tu interioridad. Pero no puedes compartirlo con nadie; es algo absolutamente individual. Como mucho puedes hablar sobre ello. Así que todo Oriente durante miles de años ha estado hablando sobre la espiritualidad, la consciencia, la meditación, la iluminación, y en su exterior ha permanecido siendo un mendigo; hambriento, enfermo, esclavizado.

¿Quién va a escuchar a esos esclavos y sus grandes filosofías? Occidente simplemente se ha reído; pero no ha sido el único. Oriente también se ha reído al ver que la gente acumulaba cosas y se perdían a sí mismos. Durante miles de años hemos vivido de una forma muy extraña, en un estado mental esquizofrénico.

Tú dices: «En Occidente, la celebración se asocia con la idea americana de la diversión». Esto conlleva otra implicación.

Solamente un hombre desgraciado necesita divertirse. Igual que un hombre enfermo necesita su medicina, un hombre desgraciado necesita divertirse; es una estrategia muy astuta para evitar el sufrimiento.

No evitas el sufrimiento; solamente te olvidas por un momento de que eres desgraciado. Bajo la influencia de las drogas, del sexo o de lo que llamáis diversión, ¿qué estáis haciendo realmente? Os escapáis de vuestro vacío interior. Os implicáis en cualquier cosa. De lo único que tienes miedo es de ti mismo.

Esto ha creado cierta locura, pero debido a que todo el mundo en Occidente está en el mismo barco, se ha vuelto muy difícil reconocerlo. Millones de personas ven el fútbol; ¿te parecen inteligentes? ¿Entonces quiénes serían los atrasados mentales? Y esta gente no solamente está implicada en juegos como el fútbol, sino que además saltan, gritan y se pelean; y debido a que no hay estadios suficientemente grandes para acomodar a todo el país, todo el mundo se pega a su sillón en frente del televisor. Haciendo las mismas estupideces; sentados en sus sillones chillando...

Conozco un hombre que, porque su equipo iba perdiendo, ¡se enfadó tanto que destruyó su televisor! Yo estaba con aquel hombre y le pregunté: «¿Es que quieres ingresar en un manicomio? Para empezar, el fútbol debería ser una cosa para niños. Tú ya has pasado la edad hace bastante tiempo, pero mentalmente no tienes más de doce o trece años. Y lo que has hecho con el televisor me hace sospechar que no solamente eres atrasado mental, sino que además estás loco».

Precisamente el año pasado en California; la universidad hizo un estudio, una encuesta anual sobre combates de boxeo. Cada vez que hay combates de boxeo (lo cual es algo feo, inhumano, animal) el nivel de criminalidad en todo el estado de California se eleva en un trece o un catorce por ciento. Y este aumento continúa aún después de que los combates se hayan acabado; se prolonga al menos durante una semana. Y después poco a poco vuelve la normalidad.

La gente se mata, se suicida, viola; de repente, aumentan toda clase de crímenes. Aún así, en ningún país se condena al boxeo como un juego criminal que habría que parar inmediatamente. Si por casualidad cualquier gobierno tratara de hacerlo, todo el país se levantaría en protesta, porque el boxeo es una «gran diversión». Dos idiotas haciendo cosas por ti. A ti también te hubiera gustado hacer lo mismo, pero te controlas. Es «divertido» porque lo hacen otros, pero tus propias energías reprimidas se expresan. Hay algo que entender: ¿por qué deberían interesarte dos personas comportándose bárbaramente, dañándose el uno al otro? Porque en realidad tú también tienes los mismos deseos. Quizá simplemente no tienes el valor, las entrañas...

Pero es algo mucho más complejo que todo esto: todo Occidente se ha vuelto poco a poco un observador. Alguien hace el amor en el cine, y otro lucha en un combate de boxeo, otro juega al fútbol; y tú, en el fondo te identificas con esa gente. Está bien que en los cines se mantenga la oscuridad, porque he visto a gente llorar durante la película, sabiendo perfectamente bien que es una pantalla vacía y el film esta simplemente siendo proyectado. He visto a gente reírse, los he visto levantarse estremecidos, y siempre me ha sorprendido... parece que el hombre le ha dejado todo a los profesionales y él se ha vuelto sólo un observador.

Obviamente el profesional puede hacer las cosas mucho mejor que tú. Pero recuerda las cosas no se van a quedar así. En una novela existencialista, el escritor tiene una visión muy clara acerca del futuro, en el cual pronto solamente los sirvientes harán. el amor. ¿Por qué molestarte si puedes pagar a un sirviente? ¿Pero por qué tendría que molestarse también tu mujer? Ella también puede pagar a otro sirviente.

Me acuerdo de un hombre muy rico que molestaba y torturaba a su psicoanalista. El psicoanalista en Occidente es uno de los profesionales mejor pagados... cientos de dólares a la hora. Muy poca gente puede permitirse el lujo de volverse loca. Pero este hombre solía hablar durante dos o tres horas... El paciente habla en el diván y el psicoanalista escucha, pero hasta escuchar tiene un límite. Este hombre estaba volviendo loco al psicoanalista; cada día la misma historia. Y no le podía parar porque le pagaba mucho; era su mejor cliente.

Finalmente pensó un plan y le dijo al hombre: «Debido a la cantidad de tiempo que le dedico a usted, no puedo atender a mis otros pacientes, pero ahora no tendré mas remedio que hacerlo. Encontraremos una solución: le dejaré mi grabadora. Usted le habla a mi grabadora el tiempo que quiera, y por la noche cuando yo vuelva escucharé todo lo que ha dicho aún más atento que en mi consulta, ya que ahora estoy preocupado por los otros pacientes que me esperan». El hombre rico asintió inmediatamente.

El psicoanalista no pensaba que fuera a estar de acuerdo tan fácilmente. Al día siguiente mientras el psicoanalista entraba en la consulta, el hombre rico salía. Le pregunto: «¿Qué pasa? ¿Dónde va? ¿Qué tal ha ido la sesión?».

Le contestó: «He acabado la sesión, porque yo también he tenido una idea: durante la noche, en silencio, sin ninguna molestia por su presencia, le hablé a la grabadora; la he traído y esta hablándole a la suya. ¿Para qué perder el tiempo?».

La gente se ha vuelto tan para afuera que no puede ni por un sólo momento sentarse en silencio; eso es lo más difícil del mundo. La gente se inquieta. ¿De qué tiene miedo? El miedo es encontrar tu vacío y que, una vez que lo encuentres, tu vida pierda todo interés todo sabor, todo su significado.

Todo el mundo está huyendo de sí mismo. Y a ese huir la gente lo llama «Diversión».

La vida del hombre occidental puede dividirse en dos partes; y yo me he movido alrededor de la Tierra y he visto toda clase de idiotas. Estas son las dos partes: la primera, divertirse y la segunda, la resaca. Cuando la resaca se acaba vuelve la diversión. Es un círculo vicioso, se mantienen entre estas dos cosas, gastando sus vidas sin llegar a nada.

Llegar a la tumba no puede decirse que sea llegar a algo. Simplemente quiere decir que ahora la rueda está tan cansada y aburrida de divertirse y de tener resacas que quiere descansar en la tumba. La gente solamente descansa en la tumba. Fuera de la tumba, no tienen tiempo para descansar.

En Oriente, hemos elegido la gestalt opuesta. Hemos encontrado tesoros, misterios y secretos, pero el problema con el interior es que no se puede materializar. No puedes probarlo en ningún juicio; ni siquiera tener un testigo. Excepto a ti, no puede permitir la entrada a nadie a tu mundo interior. Naturalmente, Oriente poco a poco creó individuos aislados; a esos individuos les molestaba la masa, el bullicio. Ellos querían su silencio interior, su serenidad interior, su calma. Así que la conclusión fue:

renuncia al mundo, vete a los Himalayas o a lo más profundo del bosque donde puedas ser tú mismo totalmente.

Pero ambas alternativas eligen la mitad del hombre. Y en el momento que elijas la mitad caerás en alguna clase de sufrimiento. Pueden ser diferentes clases de sufrimiento, pero el sufrimiento está absolutamente garantizado. Oriente sufre debido a sus Gautama Budas, Mahaviras, Bodhidharmas, Kabires. Es desgraciado debido a sus grandes exploradores en lo interior. Y Occidente es desgraciado debido a Galileo, Copérnico, Colón, Albert Einstein, Bertrand Russell. Estos son los personajes más grandes de Oriente y de Occidente, y todos ellos han elegido la mitad del hombre. Elegir la mitad del hombre ha sido la causa de la desgracia humana hasta el presente.

Yo enseño el hombre completo. El interior es real, tan real como el exterior. Y el exterior es tan significativo como lo espiritual. Tienes que alcanzar cierto equilibrio, un equilibrio en el cual no predomine ni el interior ni el exterior sino que ambos sean igualmente complementarios entre sí. Eso no ha ocurrido todavía. Pero a no ser que ocurra, no hay ninguna posibilidad de que exista humanidad alguna en el mundo.

Occidente está muriendo por su propio éxito. Oriente hace tiempo que murió a causa del suyo propio. Es extraño que la gente muera debido a sus victorias. Elegir la mitad es peligroso; pero elegir la totalidad requiere valor, intuición y una gran comprensión. Y movilidad... debería ser tan sencillo entrar y salir de tu ser como entrar y salir de tu casa.

Siempre que se te necesite en el mundo, deberías estar en el mundo con totalidad. El mundo no puede destruir tu alma. Y cualquiera que haya predicado que se renuncie al mundo, ha ido en contra de la humanidad. Tampoco entrar al interior, estar en un silencio meditativo, le quita nada al mundo exterior. No tienes por qué condenarlo, ni por qué declararlo ilusorio. Debería haber sido tan sencillo de ver, que me asombra que hayan pasado miles de años y aún no sea un hecho reconocido en todo el mundo.

Recuerdo un gran místico indio, Adi Shankara. Él fue uno de los precursores de la filosofía de que el mundo es absolutamente ilusorio. Una mañana él salía del Ganges, después de tomar su baño matinal antes de rezar; aún no se había levantado el sol; estaba oscuro. Subía por las escaleras de piedra de Benarés y un hombre le tocó. Esto no debería haber sido ningún problema, pero el hombre dijo: «Perdone, no debería haberme acercado a usted. Yo soy *sudra*, intocable. Hasta mi sombra es maligna». Shankara se enfadó y dijo: «Tendré que tomar otro baño para purificarme». Pero no se daba cuenta de quién era ese hombre.

El hombre dijo: «Antes de que vuelvas a tomar otro baño, tendrás que responderme algunas preguntas. Una es: si el exterior es irreal, ¿crees entonces que yo soy real? Porque ciertamente yo estoy fuera de ti. Y si el exterior es irreal, entonces donde está la realidad de la pureza del río Ganges para los hindúes? También está fuera. ¿Y qué piensas de tu piel? ¿Está dentro o fuera? Me quedaré aquí hasta que me lo expliques. Podrás bañarte las veces que quieras; pero cuando salgas te volveré a tocar una y otra vez».

A los hindúes no les gusta hablar sobre este incidente. Y Shankara no demuestra ser un hombre honesto, porque después de este incidente siguió predicando que el exterior es ilusorio. Cada día necesitas el alimento del exterior y cada día necesitas su agua, ¿y todavía te parece ilusorio el exterior? Es tan absurdo que ya es hora de condenar a todos aquellos que han renunciado al mundo y que han enseñado que el exterior no es nada más que un sueño.

No lo puedo creer; si el interior es irreal, ¿a quién le enseñas? Si el exterior es irreal, ¿entonces a qué renuncias? ¿A dónde vas? ¿A los Himalayas? ¡Los Himalayas son tan parte del exterior como el mercado central de la ciudad!

La misma clase de estupidez ha dominado la mente occidental. El científico es perfectamente racional cuando trabaja en su laboratorio con objetos, pero en el momento que le preguntas acerca de él mismo, te contestará que no hay nadie dentro. No puede ver lo irracional de la conclusión a la que ha llegado: si no hay nadie dentro, ¿quién trabaja en el laboratorio? Si no hay nadie dentro, ¿entonces quién observa, quién calcula, quién llega a las conclusiones? La ciencia es real y el científico dice que él mismo no es real.

Estas dos estúpidas ideologías han destruido toda la humanidad; su paz, su amor, su grandeza, su dignidad. Tienen que restaurarse. Yo niego a Adi Shankara y al mismo tiempo niego a Karl

Marx; estoy en contra de los ateos y de los creyentes porque ambos tratan de dividir la realidad, la cual es indivisible. El exterior no puede existir sin el interior. Tampoco el interior puede vivir sin el exterior. Ambos son caras de la misma moneda. Pero aunque resulte difícil de creer, no hay ni una sola declaración en toda la historia que afirme que el hombre es uno, que el exterior y el interior no son contradictorios sino complementarios, que no pueden existir separados, que se mantienen el uno al otro y que deben utilizarse juntos. Solamente entonces el hombre podrá elevarse a las alturas y llegar a su supremo florecimiento.

Preguntas: «... Asociada con la idea americana de la diversión, lo cual es sinónimo de ruido, música alta, ir al cine, fumar, sexo y liberación de energía sin más».

Eso es la mitad; la gente que ha elegido ser extrovertida ya ha olvidado su propio centro interior. Pero se está hartando de eso. Ahora los grandes filósofos en Occidente como Soren Kierkegaard, Martin Heidegger, Karl Jaspers, Marcel, Jean Paul Sartre, están todos absolutamente de acuerdo en que la vida carece de significado, que no es otra cosa que aburrimiento. Y la única conclusión de todas estas filosofías es muy sencilla: no queda otro camino que el suicidio. Pero es asombroso que de todos los grandes filósofos que he mencionado, ninguno se suicidó.

Esto me recuerda al gran filosofo griego, Zenón, quien enseñaba lo mismo hace dos mil años. Él vivió una vida muy larga (murió a los noventa años) y tenía una personalidad tan convincente e impresionante que miles de personas se suicidaron porque no pudieron descubrir cuál era el significado de la vida. Si no tiene significado, entonces eres simplemente un cobarde arrastrándose... ¡Reúne valor y suicídate! Mientras estaba muriendo un hombre le preguntó: «Zenón; siguiéndote, miles de jóvenes se han suicidado. Una pregunta me surge: ¿por qué tú no seguiste tu propia filosofía?».

Pero los filósofos son básicamente gente muy lista. Zenón dijo: «He tenido que sufrir la vida sólo para enseñar a la gente la verdad». ¡Él fue mártir, por vivir hasta los noventa años! Aparentemente habría que venerarle, porque vivió para que los demás pudieran suicidarse.

Estos cinco grandes filósofos de Occidente (y son los más grandes) no estaban interesados en suicidarse, sólo les interesaba escribir sobre el aburrimiento, el absurdo, la angustia, *angts*. Todos ellos llegaron a la conclusión de que el suicidio parece ser la única salida, pero ninguno escogió esa salida. Occidente ha alcanzado, por su propio éxito, el fracaso total. Y este fracaso es muy peligroso, porque Occidente tiene bajo su control un enorme poder destructivo: las armas nucleares. Pueden destruir todo el planeta y no sólo una vez, sino tantas como quieran. Normalmente, excepto Jesucristo, cada ser humano muere sólo una vez. Pero los políticos y los científicos en Occidente han hecho posible que todo el mundo pueda morir setenta veces. No creo que nadie vaya a tener setenta resurrecciones. Con una vez valdrá; quizás de vez en cuando, en algún lugar, algún Jesucristo...

... Pero los políticos están preparados para destruir todo el planeta setenta veces. Ese es el resultado de la actitud de Occidente de considerar el exterior del hombre como su única realidad. Y lo que ha ocurrido en Oriente no ha sido mejor. Casi el cincuenta por ciento de la gente en Oriente pasa hambre, está malnutrida. Y al final de este siglo por lo menos quinientos millones de personas morirán de hambre, solamente en este país; no estoy contando la gente que morirá en China, ni en Taiwan, ni en Corea, ni en Japón. Sólo en este país quinientos millones de personas van a morir en los siguientes diez años. La Tierra no puede soportar por más tiempo esta enorme humanidad que sigue creciendo, a no ser que nosotros también seamos un poco científicos, un poco tecnológicos.

La ciencia ahora es capaz de mantener a una humanidad siete veces mayor que la actual. Ahora mismo, en el mundo hay cinco mil millones de personas. La ciencia tiene ahora la capacidad de que un número de personas siete veces mayor pueda vivir cómodamente; pero la ciencia no puede hacerlo por sí sola. Necesita mentes científicas, necesita gente que sea tecnológicamente experta.

Mi propia comprensión sobre Oriente es que aunque venga gente de Occidente, bien formada en ciencia y tecnología, la población mantendrá sus viejas estupideces. He visto licenciados adorando al dios mono, Hanuman. ¡No me lo podía creer! Algunas veces creo que sería mejor estar ciego. Toda esa gente que adora a dioses monos, a dioses elefantes no puede tener una mente científica. Puede que haya recibido una educación científica, pero eso es algo totalmente diferente. Saber sobre ciencia es una cosa y ser creativamente científico es otra. Saber acerca de meditación es una cosa y meditar, otra totalmente diferente. Occidente necesita una mente más meditativa, y Oriente necesita una mente más científica. Entonces seremos capaces de crear una humanidad que pueda vivir sin pobreza y sin hambre; una vida más sana y más larga, que aún no puedes ni imaginarte.

Se estima científicamente que el cuerpo que tenemos en el presente es capaz de vivir al menos trescientos años; sólo se necesita el alimento correcto, el cuidado médico correcto, el medio ambiente correcto, y todo el mundo podría vivir hasta trescientos años. No puedo ni concebir qué tesoros se habrían descubierto si Gautama Buda, Albert Einstein o Bertrand Russell hubieran podido vivir trescientos años.

Hasta ahora hemos vivido sin aprovechar todos nuestros recursos.

A los setenta años, cuando la gente está preparada, educada e instruida, envejece y muere. Y los nuevos visitantes que van viniendo de los vientres son absolutamente ignorantes, sin ninguna preparación. Esta no es una forma muy científica de disponer el mundo: a la gente que ya sabe hay que obligarla a retirarse, y hay que emplear a gente que no sabe nada.

La vida de los hombres debería ser más larga, el control de natalidad debería ser más estricto. Un niño debería nacer solamente cuando estemos preparados para permitir que un Bertrand Russell deje el mundo. Y ahora se puede fácilmente encontrar un reemplazo, porque podemos leer todo el programa en los genes, todas las posibilidades que una persona va a desarrollar; si va a ser un pintor de la calidad de Picasso o si va a ser un poeta del genio de Rabindranath Tagore; cuánto va a vivir, y si va a estar sano o enfermo. Y no solamente podemos leer el programa genético, también podemos cambiarlo. Podemos hacer desde que una persona enferma viva una vida más saludable, hasta evitar los idiotas y los deficientes psíquicos.

La existencia te da todo en tal abundancia que, si no eliges, tu vida se convertirá un caos. Cada hombre, si no ha sido corrompido por las religiones, tendrá por lo menos cuatro mil oportunidades para ser padre. Y cada vez se liberan un millón de espermatozoides. ¡Esto quiere decir que cada ser humano varón tiene la capacidad de crear toda la población de la India! Tal abundancia simplemente significa que tienes que ser muy selectivo. Naturalmente, en esta multitud no se pueden encontrar muchos Rabindranaths. El mismo Rabindranath era el hijo decimotercero de su familia; antes de él sus padres habían tenido otros doce hijos sin valor alguno. Se podrían haber evitado. Rabindranath podría haber sido su primer hijo. ¿Y quién sabe cuántos otros Rabindranaths nunca llegarán al mundo? Necesitamos una actitud muy científica acerca del exterior y una actitud muy meditativa acerca de el interior.

Tú dices: «... Mientras que al silencio y a la serenidad se les asocia automáticamente con el aburrimiento y la excesiva acumulación de energía, cuyo resultado es la tensión y la ansiedad». Si las cosas continúan siendo así eso será verdad. Si tú no usas tu energía... al alimentarte, al respirar continuamente, al beber agua, estás generando energía. Tiene que usarse; de otro modo se convertirá en tensión, y a la postre en ansiedad. Pero si se entiende mi idea... y lo que estoy diciendo es que tú eres mitad exterior, mitad interior.

Usa tu energía en el mundo exterior en actividades creativas, no en el fútbol. Hay tanto que crear, tanto que descubrir, un universo tan basto que nos desafía a explorarlo. Usa tus energías para hacer el mundo más hermoso, más poético, más saludable.

Y cuando sientas que estás agotado, cansado, muévete hacia tu interior. Descansa. Tu descanso se convertirá en tu meditación, porque la meditación no necesita ningún gasto de energía; por el contrario, la conserva, la preserva y te convierte en una gran reserva de energía. Cuando sientas que tu serenidad, tu silencio y tu alegría interior quieren exteriorizarse: canta, danza, crea. Y si tu creatividad viene del silencio de tu corazón, tendrá una cualidad diferente, un sabor diferente.

Es solamente cuestión de un poco de inteligencia y equilibrio. En el interior está el origen de tus energías; en el exterior está el mundo para dejar que esta energía cree. Sé un creador. Pero no puedes ser creador a menos que seas meditador. Mi sannyas tiene una nueva definición. En la vieja definición, sannyas significaba renunciar al mundo. Mi sannyas significa disfrutar en el mundo. Pero antes de que puedas disfrutar tendrás que acumular tanta energía que reboses amor, sensibilidad, creatividad, poesía, música, danza...

Y ciertamente todas estas cosas tendrán la cualidad de la compasión. No serán violentas. No me puedo imaginar a un meditador jugando al fútbol. No puedo concebir a un Gautama Buda en un combate de boxeo. Pero un Gautama Buda puede crear un hermoso jardín de rosas. Un Gautama Buda puede pintar. Y sus pinturas serán superiores a las de Picasso, porque Picasso está casi loco.

Si te fijas en las pinturas de Picasso sentirás una cierta náusea. Sólo con que pongas un cuadro de Picasso en tu habitación, tendrás pesadillas; porque esos cuadros han surgido de las pesadillas de Picasso (pesadillas con aire acondicionado).

Ha habido meditadores que han creado. Puedes ver el Taj Mahal... fue creado por místicos sufíes. Al observarlo en una noche de luna llena, de repente puedes entrar en un profundo silencio dentro de ti que nunca antes habías sentido. Si puedes sentarte en silencio al lado del Taj Mahal, en lo profundo de la noche, su belleza irá cambiando algo en tu interior. El Taj Mahal no solamente estará en el exterior, se hará parte de tu propio ser.

Yo he vivido en Jabalpur durante veinte años. Tenía un profesor a quien quise mucho. Era un hombre anciano y me había dado clases de doctorado; yo le había pedido que viniera a Jabalpur, porque Jabalpur tiene algo único que no se puede encontrar en ningún otro lugar de la Tierra.

Pero el viejo profesor era testarudo, él había estado alrededor de todo el mundo, y pensaba que ya lo había visto todo... es cierto que él había sido profesor en muchos países, y no podía creer que le quedara algo por conocer que pudiera sorprenderle. Pero yo también soy muy testarudo. Le convencí: «Recuerde, le voy a llevar a mi lugar. ¿Usted cree que es testarudo? Pues yo le voy a demostrar que aunque usted sea testarudo, yo lo soy más».

Y un día, mientras yo le llevaba a su casa, cambié de dirección... Comenzó a gritarme: «¿Dónde vas?».

«Voy al lugar del que le he estado hablando estos dos últimos años» —dije yo.

«¡Esto es muy extraño —exclamó él—. El coche es mío, así que para!»

«Nadie va a parar este coche —repliqué yo—. Usted siéntese en silencio; si no pondré el automóvil a toda velocidad.»

Él tenía mucho miedo a la velocidad y cuando vio que yo iba a cien por hora, cerró los ojos y se quedó en silencio; porque el automóvil podía llegar a alcanzar hasta ciento sesenta.

Yo le llevé a las famosas montañas de mármol de Jabalpur. Están a unos veinte kilómetros de Jabalpur, y aún cuando has llegado al lugar, te das cuenta de que en sólo dos minutos estás entrando en otro mundo. Un hermoso río, el Narmada, fluye sin cesar a lo largo de más de tres kilómetros entre dos montañas de mármol blanco. En las noches de luna llena, si hay algo que pueda superar al Taj Mahal son las rocas de mármol de Jabalpur. El río refleja continuamente las rocas de mármol blanco durante más de tres kilómetros. Y prevalece un absoluto silencio; ni el sonido de un pájaro. Le llevé a un pequeño barco sin motor, porque el motor hace ruido; y cuando se subió, me miró; no se lo podía creer...

«¡Dios mío! —dijo—. Si hubiera muerto sin conocer este lugar, mi vida no hubiera tenido el mismo significado. Pero por favor acércame a las rocas; quiero tocarlas, para sentir que realmente existen, todo parece un sueño.»

Tuve que acercar el bote a las rocas. Él las tocó, las sintió, y dijo: «Ahora estoy convencido de que tú no me has hipnotizado, no me has dado ninguna droga, que estoy en mis cabales». Y aún así se golpeaba para ver si estaba despierto.

Hay templos en China, en Japón, en la India, creados por meditadores. Con sólo sentarte allí, descubrirás que dejar de pensar, que te resultaba tan difícil, ocurre por sí mismo. Toda la atmósfera del templo, su fragancia, el incienso, las estatuas... todo ello crea un espacio dentro de ti.

Una vez que la humanidad aprenda que la meditación y la actitud científica acerca del mundo van juntas; entraremos en una nueva fase, absolutamente nueva, discontinua del pasado insano, repulsivo y enfermo.

Om mani padme hum. Discurso 13

¿Es la India un campo búdico natural?

En la India, la meditación parece ocurrir de una forma natural, y sin ningún esfuerzo. ¿Hay aquí un campo búdico natural o algo por el estilo?

La India no es solamente un lugar geográfico o histórico. No es solamente una nación, un país o un mera porción de tierra. Es algo más: es una metáfora, poesía; algo invisible pero muy tangible. Un cierto campo de energía vibrante que no hay en ningún otro país .

Durante casi dos mil años, miles de personas han alcanzado la explosión suprema de la consciencia. Su vibración está todavía viva, su impacto está en el aire; tu sólo necesitas cierta perceptividad, cierta capacidad para recibir lo invisible que rodea esta extraña tierra.

Es extraña porque ha renunciado a todo a cambio de una sola búsqueda, la búsqueda de la verdad. Te sorprenderá saber que no ha producido grandes filósofos como Platón, o como Aristóteles, Tomás de Aquino, Kant, Hegel, Bradley o Bertrand Russell. En toda su historia, la India no ha producido ni un solo filosofo; ¡y en cambio ha estado buscando la verdad!

Verdaderamente su búsqueda ha sido muy diferente a la búsqueda que se ha hecho en otros países. En otros países la gente ha pensado acerca de la verdad... en la India la gente no pensaba acerca de la verdad, porque ¿cómo se puede pensar acerca de la verdad? O la conoces, o no la conoces; pensar es imposible, la filosofía es imposible. Es un ejercicio absolutamente absurdo e inútil. Exactamente igual que un ciego pensando en la luz; ¿qué va a pensar? Puede ser un gran genio, un gran lógico, pero eso no le servirá de nada. No se necesita ni genio ni lógica; lo único que se necesita son ojos para ver.

La luz se puede ver pero no se puede pensar. La verdad se puede ver, pero no se puede pensar; por eso en la India no tenemos una palabra paralela para «filosofía». A la búsqueda de la verdad la llamamos *darshan*, y *darshan* significa ver.

Filosofía significa pensar, y pensar es algo circular; alrededor y alrededor, nunca alcanza el punto de la experiencia.

Extrañamente, la India es la única tierra en todo el mundo que ha dedicado todo su talento en un esfuerzo concentrado para ver y ser la verdad.

No se puede encontrar ningún gran científico en toda la historia de la India. No se debe a que no hubiera genios, gente con talento. En la India ha habido matemáticos, pero no ha producido un Albert Einstein. Todo el país, de alguna forma milagrosa, no ha estado interesado en ninguna búsqueda objetiva. Conocer al otro no ha sido aquí la meta, sino conocerse a uno mismo. Durante miles de años, millones de personas, con gran persistencia, han estado haciendo un único esfuerzo, sacrificándolo todo por él (la ciencia, la tecnología, el desarrollo, la riqueza), aceptando la pobreza, la enfermedad, la muerte, pero sin abandonar la búsqueda a ningún precio... Se ha creado una cierta atmósfera, un cierto océano de vibraciones alrededor.

Si vienes aquí con una actitud un poco meditativa, te pondrás en contacto con ello. Si vienes aquí tan sólo como un turista, no lo notarás. Verás las ruinas, los palacios, el Taj Mahal, los templos, Kajuraho, los Himalayas, pero no verás la India; habrás pasado a través de ella sin encontrarla. Estaba por todas partes, pero tú no eras lo suficientemente sensible, receptivo. Habrás venido aquí para ver algo que no es verdaderamente la India, no su alma, sino su esqueleto. Podrás sacar fotos de su esqueleto y rellenar álbumes con ellas, pensarás que has estado en la India y que la conoces, pero te estarás engañando sólo a ti mismo.

Hay una parte espiritual que las cámaras no pueden fotografiar; que ni tu formación, ni tu educación pueden captar.

Puedes ir a cualquier país, Alemania, Italia, Francia, Inglaterra, y ser perfectamente capaz de encontrar su gente, su historia, su pasado. Pero en la India no puedes hacer lo mismo. Te equivocas si tratas de compararla con otros países, porque todos esos países no tienen este aura espiritual. No han producido un Gautama Buda, un Mahavira, un Neminatha, un Adinatha. No han producido un Kabir, un Farid, un Dadu. Han producido científicos, han producido poetas, grandes artistas, pintores, toda clase de gente con talento. Pero los místicos son monopolio de la India; al menos hasta ahora así ha sido.

Y el místico es una clase de ser humano totalmente diferente. No es simplemente un genio, simplemente un gran pintor o un gran poeta; es un vehículo de lo divino, una provocación, una invitación de lo divino. Él abre las puertas para que lo divino entre. Y durante miles de años, millones de personas han abierto las puertas para que lo divino llenara la atmósfera de este país. Para mí, esta atmósfera es la auténtica India. Pero para conocerla, tendrás que estar en el estado mental adecuado.

Porque al meditar, al tratar de estar en silencio, permites a esa India auténtica ponerse en contacto contigo. Sí, tienes razón, de la forma en que se puede encontrar la verdad en este pobre país, no se puede encontrar en ningún otro sitio. A pesar de ser profundamente pobre, espiritualmente tiene una herencia tan rica, que si puedes abrir los ojos y verla te sorprenderás. Quizá este sea el único país que se ha interesado profundamente en la evolución de la consciencia exclusivamente. Todos los demás países se han interesado en mil y una otras cosas. Pero este país ha estado centrado en un solo punto, en una sola meta: cómo se puede desarrollar la consciencia humana hasta el punto donde se encuentre con lo divino; cómo acercar lo humano y lo divino.

Y no es cuestión de un día, un mes o un año, sino de miles de años. Naturalmente, se ha creado un tremendo campo de energía alrededor de todo este país. Está esparcido por todos los lados, tú solamente tienes que estar dispuesto a recibirlo.

No es sólo coincidencia que siempre que alguien tiene sed de la verdad, se interese por la India, se dirija hacia Oriente. Y no ocurre solamente en la actualidad, es algo tan antiguo como la memoria. Pitágoras, hace veinticinco siglos, vino a la India en busca de la verdad. Jesucristo vino a la India.

En la Biblia no hay ninguna mención acerca de Jesús entre los trece y los treinta años (casi toda su vida, porque fue crucificado a los treinta y tres). Desde los trece a los treinta, faltan diecisiete años. ¿Dónde estuvo? y ¿por qué no se menciona nada acerca de ello en la Biblia? Lo han eliminado deliberadamente, porque hubiera expuesto el hecho de que el cristianismo no es una religión nueva, no es una religión original; que lo que Cristo dijo lo trajo de la India.

Es algo tremendamente intrigante. Él nació judío, vivió judío y murió judío. Nunca fue cristiano, nunca escuchó las palabras «cristiano» o «Cristo». ¿Por qué estaban los judíos tan en contra de este hombre? Los cristianos no tienen una respuesta clara, tampoco los judíos pueden responder; porque este hombre no le hacía daño a nadie. Era lo más inocente que uno se pueda imaginar. Pero su delito era muy sutil. Los rabinos, los eruditos judíos, lo vieron claramente; él traía ideas de Oriente que no eran judías. Traía algo extraño, del extranjero.

Y si se mira desde este ángulo se puede ver claramente, porque él dice una y otra vez: «Los profetas de la antigüedad os han dicho: "Si alguien es violento con vosotros, respondedle. Vuestra respuesta tiene que ser ojo por ojo y diente por diente". Pero yo os digo que si alguien os golpea en una mejilla, poned la otra». Y esto no es en absoluto judío. Esto lo había aprendido de las enseñanzas de Gautama Buda y Mahavira.

Cuando él vino a la India (y todavía hay pruebas de esta visita) el budismo estaba todavía en su apogeo, aunque ya hacía tiempo que Buda había muerto. Jesús llegó quinientos años después de la muerte de Buda, pero Buda creó una tormenta tan grande, que todo el país se ahogó en ella emborrachándose con su idea de la compasión, con su idea del perdón, con su idea del amor. Jesús dice: «Los profetas de la antigüedad os han dicho que Dios es un Dios violento, que nunca perdona». ¿Y quiénes son esos profetas de la antigüedad?; son todos profetas judíos: Ezequiel, Elías, Moisés.

Hasta han puesto palabras en boca de Dios. En el Antiguo Testamento Dios dice: «Yo no soy vuestro tío, no soy un ser amable. Soy un Dios celoso y furioso. Y aquellos que no están conmigo están contra mí».

Y Jesús dice: «Yo os digo que Dios es amor». ¿De dónde sacó la idea de que Dios es amor? Nunca se había oído en el mundo que Dios es amor excepto en las enseñanzas de Gautama Buda. Durante esos diecisiete años Jesús estuvo errando a través de Egipto, la India, Ladakh, el Tíbet. Y ese fue su crimen; traía ideas extrañas a la tradición judía. Y no sólo eran extrañas, sino que además iban en contra suya.

También te sorprenderá saber que finalmente murió en la India, y los textos cristianos simplemente evitan ese hecho. Si llevan razón en que realmente resucitó, entonces, ¿qué ocurrió después de la resurrección? ¿Dónde está? ¿Por qué no hay noticia de su muerte? De hecho, nunca resucitó. De hecho nunca murió en la cruz.

... ¿Por qué quiso Jesús morir en la India?: porque en su juventud, durante años vivió en la India. Saboreó tan de cerca lo espiritual, lo cósmico, lo supremo, que quiso regresar. Y cuando se curó, regreso a la India y vivió hasta los ciento doce años.

Su tumba todavía está allí, en Cachemira. La inscripción está en hebreo... en la India no hay judíos. La inscripción dice Joshua, que es el nombre Jesús en hebreo; Jesús es Joshua en griego. «Joshua vivió aquí (el tiempo, la fecha), fue un gran maestro, vivió con sus discípulos en silencio, vivió mucho tiempo, durante ciento doce años, y solía llamarse a sí mismo "el pastor"». Por eso el propio lugar llegó a ser conocido como «el pueblo del pastor». Se puede ir a este pueblo, todavía existe (Pahalgam). Esa es la traducción hindú de «el pueblo del pastor».

Él quiso venir aquí para poder crecer más; él quiso venir aquí con un pequeño grupo para poder crecer, en silencio. Y quiso morir aquí, porque al igual que vivir aquí tiene su belleza si sabes cómo vivir, también morir aquí es tremendamente significativo si sabes cómo morir.

Solamente en la India se ha explorado el arte de morir, exactamente igual que el arte de vivir; son ambas partes de un solo proceso.

Y todavía es más sorprendente el hecho de que hasta Moisés muriera en la India. ¿Por qué quiso venir a la India?; ¿sólo para morir? Sí, ese es uno de los secretos: si mueres en un campo búdico, en una tierra donde las vibraciones no sean solamente humanas, sino divinas, tu muerte por sí misma se vuelve una celebración, una liberación.

A lo largo de los siglos, los buscadores han estado viniendo a esta tierra desde todo el mundo. El país es pobre, el país no tiene nada que ofrecer, pero para aquellos que son sensibles, es el lugar más rico de la Tierra. Pero su riqueza está en su interior. Tienes razón. Sé más abierto, más relajado, déjate llevar, y este pobre país puede darte el mayor tesoro que los seres humanos se puedan imaginar.

The Osho Upanishad. Discurso 21

PARA MÁS INFORMACIÓN

www.osho.com

Una dirección web en diferentes idiomas que ofrece
meditaciones de Osho, libros y casetes, un recorrido *online*
una de la Osho ® Meditation Resort, de los centros
de información de Osho en el mundo
y una selección de charlas de Osho.

Osho ® Meditation Resort

www.osho.com/resort

Osho International

Nueva York (EE. UU.)
e-mail: oshointernational@oshointernational.com
www.osho.com/oshointernational

Sobre otras obras de Osho en español:

www.alfaomega.es

Si deseas recibir información
sobre nuestras novedades

· Visita nuestra página web en Internet

o

· Llámanos

o

· Manda un fax

o

· Manda un e-mail

o

· Escribe

o

· Recorta y envía esta página a:

ARKANO BOOKS

C/ Alquimia, 6
28933 Móstoles (Madrid)
Tel.: 91 617 08 67
Fax: 91 617 97 14
e-mail: editorial@alfaomega.es - www.alfaomega.es

Nombre: ....

Primer apellido: ....

Segundo apellido: ....

Domicilio: ....

Código Postal: ....

Población: ....

País: ....

Teléfono: ....

e-mail: ....

Los misterios de la vida